最悪の危機と
最良の時代を経験した両親へ

＊本文中の〔　〕は訳注です。

汽笛がホームに鳴り響き、駅員が列車の乗降口の扉を閉めた。少女は、ホームで手を振る女性の姿を見つめ、涙をこらえながら手を振り返した。

列車は駅を出発し、美しい景色の広がる野原、牧草地、森、丘、ブドウの段々畑を通り抜けた。しばらくして少女は、ハンドバッグから、14歳の誕生日にプレゼントしてもらった銀色のネックレスを取り出した。とても大切にしていたネックレスだった。ほとんど価値のないものだったが、やらねばならないことが一つあった。

少女は席を立ち、通路を歩いてトイレに向かい、ネックレスを便器にそっと落とし、それまでの思い出とともに消えていくのを見届けた。

列車が国境付近に近づくと、少女は席に戻った。入国管理の係官の足音が近づいてくるにつれ、心臓の鼓動が激しくなった。貫通扉が開いた。若い係官は少女にパスポートの提示を求め、ハンドバッグの中身を調べた。係官はバッグの裏地が少し破れているのを見て、「何か引っかけたちゃったの?」と尋ねた。少女は弱々しい笑みを浮かべた。職員もほほ笑みながらパスポートを返した。

数分後に電車は停車した。列車はついに国境を越え、オランダに入ったのだ。

その少女は、私の母だった。発車時に駅のホームにいた女性は私の祖母だ。ときは1939年、少女はナチス支配下のドイツからオランダへの脱出を試み、運良く成功した一人だった。

序文

本書を執筆している今、世界はさまざまな危機に瀕している。ロシア・ウクライナ戦争、干ばつ、洪水、パンデミック、エネルギー危機、食糧危機、気候危機、そして民主主義と政治システムの危機である。少し前、世界は金融危機に直面していたが、現在はインフレと景気後退が問題となっている。あなたが本書を読むころには、さらに別の危機が発生しているだろう。

危機は頻度と激しさを増しており、根幹の問題が解決されるまで間違いなくそれは続く。その問題とは、資本主義システムだ。資本主義システムは、繁栄や成長、雇用、貧困緩和の源であると同時に、耐え難い苦しみや災難、不平等、環境破壊、社会的排除を引き起こしている原因でもあり、状況は悪化の一途をたどっている。

本書は、この問題を解決するための一冊であり、三部作の第三弾に当たる。最初の本『Firm Commitment（邦題『ファーム・コミットメント』）』では何が問題なのか、2作目の『Prosperity（邦題『株式会社規範のコペルニクス的転回』）』ではそれらの問題の解決策について書いた。本書は、資本主義システムに必要な根本的な変革について書いた。

最初の本では、市場主導のシステムにおいて信頼とコミットメントの欠如が問題だと指摘した。2作目では、問題の解決策として「パーパス（目的）」を取り上げた。本書は、信頼とコミットメントが欠如している現在の状況から「パーパス」に向かうための根本的な変革の方法について述べる。

前の2作では、何がうまくいかなかったのか、なぜ問題が生じ、その解決のために何が必要なのか、さらに、私たちの未来に何が必要なのかを考察し、過去にとらわれるのではなく過去を尊重し、革命ではなく未来と過去から何が学べるかを説いた。

1作目では、私たちの生活で最も重要な制度の一つである企業がテーマだった。2作目は、経済と法制度にまで範囲を広げた。本書では、すべての制度や組織（つまり、経済、法律、政治、公共、社会、商業）に視野を広げ、これらすべてに変革をもたらす共通のアプローチがあることを強調している。

それを理解する鍵は、制度と組織をシステムとして認識すること、つまり、制度と組織を刷新するにはシステムの根本的な変革が必須だということだ。

これは、政策をいくつか実行してシステムを部分的に調整することではなく、首尾一貫した矛盾のない一連の政策が求められる。

同様に、良いものを切り捨てたり、弱体化させたりせず、21世紀にふさわしいパーパスにかなうように、既存の仕組みを強化し改革することである。

それらは現在のパーパスには合っておらず、少数の人たちだけに都合の良いものとなっている。残りの人々は、貧しく、不利な立場に置かれ、満たされず、排除され、不公正な扱いを受けている。現在の資本主義システムは、政治、社会、経済、環境を脅かし、もはや容認できないほどの不満の根源となっており、一刻も早く変革を実現しなければならない。

ただし、それが人々の利益とならない限り実現しないだろう。企業や投資家が儲からないのであれば、それは非現実的な夢物語にすぎない。たとえ私たちが、国や組織のリーダー、投資家、地域社会、社会の善意をどれほど信頼していたとしても、利益が伴わない限り、変革は実現不可能だ。資本主義システムを正しく再興するためには、何が必要かを現実的に考える必要がある。

利益は、資本主義システムのなかで鍵となる企業の原動力であるということが、正しく認識されなければならない。利益とは企業が存在する理由であり、ビジネスの目的、すなわち存在意義である。企業は利益を上げるために存在する。そして、利益は進歩を促し、進歩は繁栄を生み出す。

しかし、利益は深刻な問題も生み出し、資本主義はいくつもの制御不能な問題の原因になっている。利益は恩恵も災いももたらすが、利益が引き起こす問題が深刻化するにつれ、災いの面が顕著になっている。なぜだろうか。

答えは、利益は問題を解決することだけでなく、問題を引き起こすことからも得られるからだ。利益は、環境、健康、家庭、隣人関係、地域、社会にとって恩恵となる一方で、それらを犠牲にしても得られる。他者の犠牲のうえに利益を得てはならない。利益は、問題を引き起こしてではなく、問題を解決することで得られるべきだ。

企業は利益を稼ぐために存在し、企業の目的は利益を得ることだ。しかし、これまで問われていなかったのは、その利益がどこから来るのか、利益の源泉は何かという点である。他者の問題を解決することでもたらされるのはすべて「良い利益」であり、それ以外は「良い利益」ではない。

利益は問題を解決することで得られるべきであり、問題を引き起こすことで得られるべきではない。言い換えると、企業の目的とは、人々や地球が抱える問題に有効な解決策を考え、それを実行して利益を上げることであり、問題を引き起こして利益を得ることではない（注1）。つまり、問題ではなく解決策を生み出すことで利益を得るのである。

この点は非常に重要だ。単に地球を救えるとか、私たちの健康やウェルビーイングを守れるというだけではなく、そのほうが、人間の根源的な部分で心と動機を一致させることにつながるからだ。利益の追求によって、私たちの動機と「人間らしい感情」が食い違うようになり、お金の道徳性は矛盾したものになっていった。資本主義が危機の原因ではなく打開策となるためには、両者が食い違ってはならない。

「利益は他者の抱える問題を解決することで得られるものだ」と認識されるようになれば、私たちの感情と理性的な動機は食い違うどころか見事に一致し、自分たちを取り巻く世界とも一致する。利益とは問題を引き起こすことによってではなく、問題を解決することで得られ、その結果、すべての人々や地球全体の利益のために、世界の資源を活用する力が生まれる。

利益をこのように捉えることが重要なもう一つの理由は、市場と経済が機能するためには利益が不可欠だからだ。他者を犠牲にして利益が得られるなら、人はそれをやり続ける。そうしない者は、愚かで、ナイーブで、独善的だと思われるだろう。

不当な利益が及ぼす害悪を過小評価してはならない。なぜなら、他者の犠牲から利益を得る行為は、そのやり方を望まない人々を弱体化させるからだ。不当な利益獲得は、競争を阻害し、人々のウェルビーイングの促進という経済学が示唆することとは正反対の結果を生み出す。

破壊を伴わないイノベーション、無駄ゼロの効率性、問題のない利益など、負の部分なしに資本主義の良い部分を享受することなどできない、と考える人もいる。しかし、この考え方は的外れだ。悪いことが許されれば、良いことの実現は不可能だ。問題解決に焦点を当てることで、イノベーション、効率性、利益を追求する意欲は、減るどころか高まっていく。問題を引き起こして利益を得ることを禁止することによって、問題解決から利益を得ることが唯一の行動となる。それは私たちを単なる利益追求から、公正な利益に導き、利益を尊重しながら正義を実現することにつながる。また、私たちに力を与え、可能性を広げ、豊かにしてくれ、思いやりがあり、共同参加的であり、思慮に満ちている。

さらに、利益は当然ビジネスと関連しているが、私たちの生活、経済、政府、社会のあらゆる側面と関わり合っている。現在世代が将来世代を犠牲に、ある国（地域）が他の国（地域）を犠牲に、ある個人（グループ）が別の個人（グループ）を犠牲に利益を得たり、あるいは、自然界で何かを絶滅させて人類が繁栄したりすることを容認してはならない。

これらは、誰（何）かの犠牲によってもう一方の当事者が利益を得る「不当利得」の例だ。資本主義が拡大し、とてつもない繁栄をもたらすと同時に、個人や地域、社会、自然界の犠牲から生じる不当利得の規模も巨大化した。このような状況から人々を守り、貢献に応じて利益を享受できるようにすべきだ。

これは、富裕層と貧困層との間での所得や富の分配に限った話ではない。分配だけでなく貢献も重要であり、成長、発展、繁栄、隆盛、イノベーション、投資、金融、リスクテイキングにも関わる話だ。これらに対する個人や集団の貢献を促進することが重要なのだが、現在の資本主義システムはまさにこれとは正反対のことを行っている。

利益は成長の原動力であるのに、どうしてそうなってしまうのか。その答えは、利益を誤った方法で測定しているため、すべての資源（今あるものから、将来、未知のものも含め）が誤って分配されているからだ。原則として、現在の経済システムは、収益性の高い投資機会を見つけ出すことにおいて自己調整的であり、それがどこに隠れていても見逃さない。よく言われるように「金儲けのチャンスを逃さない」のだ。

収益機会が最大であれば、流れ込む資金も最大となる。資本主義における金融は、ニーズと利益の大きいところへ向かう。そして、社会的ニーズが私的利益を超え、必要なものを市場が供給できなくなっても心配する必要はない。民間企業が埋め切れなかった空白を埋めるために、政府が駆けつけてくれるだろう。

だがこれは、システムがきちんと機能していればの話だ。実際には、不幸にも正反対のことが起きている。資金は貧困で苦しんでいる地域には流れず、むしろ、そうした地域を避けて、発展した豊かな地域に引き寄せられる。なぜなら、そこにはお金があり購買力もあるからだ。これは著しく不公平で非効率である。

「それは民間の役割ではなく、政府と公共部門の役割だ」との主張は、基本的には政府を信じていないが都合のいいときだけ政府の役割を強調する人々にありがちな反論だ。原則的には、空白を埋めるのは政府の役割だが、実際にはそうならない。

どこに資金を投入すべきかという点で、政府は民間部門と同様の圧力にさらされており、ある意味で、民間部門よりその圧力に弱い。政府も民間部門と同じように資金による制約から完全に開放されているわけではない。「身の丈に合った生活」という言葉は、1980年代に英国のマーガレット・サッチャー元首相が緊縮財政を正当化するために用いた例えだ。(注2)

問題は、私たちが民間と公共の両部門において、システム全体を根本的に誤解していることだ

とだ。どちらも誤った尺度に基づいて動いている。私はその尺度を「利益」と呼んできた。他者を犠牲にして利益を得ることの不公平さを理解しやすいからだ。このことは、あらゆる形態の収入に当てはまる。個人の収入と企業の収益、公的および私的な収益、個人および社会の収益、国の歳入および国際的な収益などだ。これらは、問題解決によって得た利益から、問題を引き起こして得た利益を差し引いていないため、著しく誤って計上されている。

わかりやすい例を挙げれば、医薬品や公衆衛生による支出と収入の多くは、アルコール、自動車、タバコ、ソーシャルメディア、公害によって生じた支出と収入を単に裏返したにすぎない。私たちは、実際には害を生じさせる活動から得られるものを、利益やウェルビーイングとして捉えている。

しかし、この説明も、問題の根本原因を捉えていない。真の問題は、原因と結果の混同から生じている。私たちはお金ではなく、問題の解決策を追い求めるべきだ。あなた、私、家族、友人、地域、国家、自然界が直面している問題はどこにあるのか探し出し、持っている能力を最大限活用して問題の解決に当たるべきだ。

そして、問題解決を実行に移すために必要なツールや支援が、私たち全員に提供されるべきだ。なぜなら、他者の問題解決こそが私たちの存在理由だからだ。プラトンが紀元前387年のギリシャで、キケローが紀元前44年の共和政ローマで示したように、私たちは他者を手助けするために存在し、他者もまた別の者を手助けするために存在し、その過程で収入を得て利益を上げることができる。(注3)しかし、収入や利益は私たちが存在する動機や目的ではなく、他者を手助けするという目的から派生するものだ。

これが、資本主義システムが狂い始めている根本的な理由だ。もし私たちがお金を追求するならば、必然的に、世界の大部分やお金とは無縁の自然界全体を無視することになる。それが単に時間の問題であり、長期的に見ればすべてが上手くいくと信じてはならない。社会の底辺にいる人々にもいつか富が滴り落ちてくるという期待を抱くべきではない。トリクルダウンはけっして起こらない。

これは「長期的に見れば私たちは皆死んでいる」あるいは「人は皆そのうち死ぬ」という問題ではなく、何も変わらなければ、短期的であれ長期的であれ、貧しい者は貧しいまま、恵まれない地域は恵まれないまま、金持ちはより裕福になり、自然は消えていく。

資本主義システムは自己調整的ではない。金銭が目的であり、ウェルビーイングが金銭的利益追求を巡る競争の副産物である限り、逆の事態が生じる。富を持たない者はゲームから排除されるからだ。目的をウェルビーイングの促進に切り替え、金銭をその結果と位置付けると、排除されていた者たちは、テクノロジー、ビジネス、社会的・公的なイノベーションの組み合わせによって、ゲームに参加できるようになる。

私が社会的ウェルビーイングや福祉だけでなく、問題解決と創造について語るのはそのためだ。私たちは問題に積極的に取り組み、解決策を見つけるべきであり、問題が発生した後にそれを是正するための分配政策を実施するだけでは不十分だ。

なぜなら、私たちが抱える問題は、西洋文明や資本主義だけでなく世界中の多くの文明で採用されている、基本的な道徳基盤の欠陥に起因しているからだ。その道徳基盤とは、「自分がしてほしいと望むことを他者にしなさい」という黄金律だ。この教えは一見、啓発的に思えるが、結果は全く逆だった。この教えが、団結ではなく対立を、共通の利益ではなく自己利益を、共同体主義ではなく個人主義を助長していった。

その理由は、黄金律が自己参照的［自分の視点や基準に基づいて他者や状況を評価する］だからだ。黄金律は私たちに、自分自身を超えた世界を認識し他者の利益に従って行動するよう説いているが、他者ではなく自分の視点で判断して行動せよと言っている。これにより、相手に何かしてあげる際に、私たちの好みや優先順位を押し付けることになる。もし、自分が相手の立場にいたらと考え、自分にしてほしいことを相手に実行する。

これとは対照的に、「他者がしてほしいと望むことを他者にしなさい」と再定義された黄金律は、相手がどのような人で何を望んでいるのかを理解し、それを尊重する形で他者に接し、行動することを求めている。つまり、他者にとって真に利益となる行動をとることが、自分自身にとっても利益になるということだ。再定義された黄金律は、私たちにより厳しい要求を突きつけるが（だから、従来の黄金律はこうした表現にならなかったのかもしれない）、これが浸透すれば、私たちの生活や制度・組織の運営は大きく変わるだろう。

私たちはどこで間違えたのだろうか。答えは、「最初から」だ。18世紀後半に資本主義の救世主ともいえるアダム・スミスがこの世界に降臨した。彼は資本主義の教えを説いたが、私たちはその半分しか読まなかった。まるで、石板を裏返すことを忘れ、反対側に記された文章を読み損ねたようなものだ。

これは、私が学校で初めて受けた試験でやらかした過ちと同じだ。試験問題の最後は、略語（例えば「e.g.」など）がいくつか示され、その説明をするというものだった。私は次々と答えを書き込んだが、最後の「ＰＴＯ」だけは意味がわからなかった。そのため問題用紙を裏返さなかったので、出題の半分について解答し損ない、落第してしまった［ＰＴＯ＝Please turn over（裏面に続く）］。

アダム・スミスについても、順序が逆なだけで、同じ過ちを犯した。2番目の著書『国富論』に熱中する一方で、最初の著書『道徳感情論』を都合よく忘れてしまったのだ。「金儲け」をすることが市場の発展に貢献し、私たちの底知れない欲望を和らげるのに役立つという話を喜んで受け入れてきたが、市場が機能するために必要な道徳的な前提条件に関する1作目の教えは無視してしまった。後者がなければ、市場は健全に機能するどころか悪意に満ちたものとなってしまう。

資本主義の出現とともに、政治における左派と右派の分裂、特に、生産手段の公的所有と私的所有の区別が生まれた。(注4) 左派にとって公益の問題を解決する方法は公的所有であり、右派にとって公有制の明らかな問題は私的利益だった。中道派は、問題自体に関心を示さなかった。

ここに問題の核心がある。所有とは、「生産手段（資産）を所有する」ことだけではなく、それらの資産が関わっている「問題を解決する責任を負う」ことなのだ。その意味では、ほとんどの場合、生産のための資産を所有している者も、それらの資産が引き起こした問題に対し責任を負う者も誰もいない。

資産を所有しそれが引き起こす問題の解決を図る、という順序にすべきではない。そうではなく、問題の認識から出発し、問題を解決するのに必要な資産を決定すべきだ。そうすれば、機会と収入の不平等に対処するために必要な人的能力と物的資源への投資を怠ってきた、マクロ経済上の緊縮政策の失敗が是正されるだろう。

本書は、私たちが自身の存在理由は何か、その存在理由が生活や制度のあらゆる面にどのような影響を与えるのかを認識することによって、現在の世界に必要な変革を成し遂げる方法について述べている。これらは、非現実的でも希望的観測でもない。この変革は実行可能であり、民間、公共、非営利の各部門で、優れたマネジメント、健全な政策、ベストプラクティスとなるものだ。

会社法を変える必要はない。これらの考え方は、世界の一部地域において、会社法を解釈し、企業の成功を評価する際の基礎となっており、このやり方を実践している国が少なくとも一つある。国民1人当たりの所得水準と幸福指数が非常に高く、不平等レベルがきわめて低い国デンマークだ。

これは希望的観測ではなく、私たちが望んでいることから出発し、そこに到達するにはどうすればいいかを逆算する思考だ。所与のものを不変であると決め付けてはならない。資本主義をつくりあげたのは私たちだ。私たちには資本主義を、望む形、必要とする形につくり変えることができるポテンシャルがある。

本書はまさに、それについて論じている。『Firm Commitment（ファーム・コミットメント）』では、解決すべき問題としてコミットメントと信頼の欠如を挙げ、『Prosperity（株式会社規範のコペルニクス的転回）』では、パーパスと繁栄を解決策として示した。本書は、資本主義を再興し危機を乗り越えるための問題解決方法と利益について書かれている。まずは、私たちは現在どこにいるのか、どうしてそこに至ったのか、その結果どのような問題が引き起こされたのか説明する。そして、どこを目指すのか、どうありたいのかを決定するための原則を示す。

次に、現在地からその目的地までどのように進んでいけばいいのか、法律、株式所有、ガバナンス、測定、成果、金融、投資の各分野で、どのようなシステム改革が必要なのかを述べる。本書では、私たちが必要とし望むものを実現するために、現在あるものから何をどう変えるべきか、一貫した実用的なプログラムを提供する。もし、これらが実現すれば、21世紀の時代は、大勢の人が懸念している壊滅的な崩壊どころか想像を絶するほどの恩恵を、少数ではなく大多数の人々に、現在世代だけでなく将来世代にももたらすだろう。

本書では、新型コロナウイルスの世界的流行の収束、ロシア・ウクライナ戦争の激化、気候変動による影響の深刻化、西側の民主主義政府の機能不全など、ここ数年の状況と経験が生かされている。これらの出来事から見えてくるのは、全世界が切望しているグローバル・リーダーシップが欠如していることだ。

私たちは、共通の利益より自己の利益を、実用主義より理想主義を、パーパスより利益を、地球上の問題より国内問題を優先させるシステムをつくりあげてしまった。私たちはどこへ行こうとしているのか、どうすればそこにたどり着けるのか、直面している巨大で深刻な問題にどうすれば協力しながら対処できるのかを見失ってしまった。

本書の執筆が終盤に差しかかったころ、私は両眼の白内障手術を受けた。この手術の驚くべき点は、世界の見え方を劇的に変える力があることだ。アイデアにも、同様の力がある。眼は持ち主（の寿命）よりも長く持たないが、アイデアは永遠に持ちこたえることができる。私に付いて来てほしい。幾つかのシンプルなアイデアが、人類と資本主義システムに対する信頼を回復するのに役立つことを、これから説明しよう。

2023年1月31日　オックスフォードにて

日本語版への序文

日本の企業社会は今、大きな変革期を迎えている。日本企業の業績向上、効率性の改善、投資の促進、経済成長の実現などの要請に応える形で、株式所有構造、ガバナンス、規制、経営に関する一連の制度改革が取り組まれてきた。それにより、日本企業の株主構成も変化し、伝統的な株式の持ち合いや、金融機関や系列企業による投資は、新たな提携、グローバルな機関投資家によるポートフォリオ保有、海外投資家による直接投資へと大きく移行している。

しかし、高齢化、人工知能、気候変動、環境問題などへの取り組みについては、依然として多くの課題が残っている。これらの問題の中には、相反する政策対応を必要とするものもある。すなわち、投資、成長、雇用を促進し、効率性を引き上げるためには、利益に焦点を当てることが必要である一方、環境や社会への影響をより重視することも要請されている。

これらの問題は、19世紀の明治時代に近代資本主義が誕生して以来、議論されてきた。しかし、21世紀に入って、企業が環境や社会に与える影響が顕著になるにつれ、これらの問題は新たな緊急性を帯びてきた。本書で論じられている考え方は、これら一見して対立すると思われる問題を解決し、日本の企業、経済、環境、社会の繁栄を促す形で、これらの問題に取り組むための新たな洞察を提供する。

その核心には、日本の資本主義の原動力である「利益」がある。利益は資本主義を推進し、企業にインセンティブを与える原動力である。利益がなければ資本主義の資本は存在しない。しかし、私たちは利益の本質を誤解しているのだ。利益はラテン語のproficere / profectus（前進、進歩）に由来する。利益はまさに、前進と進歩から得られるべきものである。しかし、問題や損害を引き起こすこと、すなわち環境、従業員、消費者、サプライヤーに損害を与えることによって利益がもたらされることがあまりにも多い。

本書で私が提示するのは、ビジネスを動機づけ、その源泉ともなる利益を、ビジネスが環境や社会に与えるインパクトと整合させる、明確かつ効果的な方法であり、この方法を通じて、日本は直面する課題に取り組むことができる。それは、道徳的な基盤をしっかりと備えながらも、非常に現実的な応用が可能なシンプルな命題、すなわち、ビジネスは「他者を傷つけることなく利益を得る」べきだという命題から導かれる。

私は本書の中で、この考え方が、ビジネスが社会の悪影響を回避するだけでなく、競争と市場の機能にとって不可欠であることも説明している。その理由は、この考え方が、企業に他者への影響を考慮するように適切なインセンティブを与えるだけでなく、公平な競争市場の条件を担保するからである。これによって、多くの企業が現在直面している、正しいことをしようとしても、そうでない企業と競争できないという困難を回避できるのだ。

私は、これらは新しい発想だと述べているが、これは、由緒正しき新しい発想である。西洋の経済では、これらは、資本主義の父であるアダム・スミスと、特に彼の著書『国富論』と関連づけられている。本書では、競争と市場が、利益を求める私利私欲によって動機づけられた企業が「見えざる手」によって導かれ、社会的な利益を生み出すことをいかにして確実にするかが論じられている。しかし、しばしば忘れられている点は、競争市場がこのように機能するためには、必要な道徳的条件があり、これについては、彼の初期の著書『道徳感情論』に述べられていることだ。

アダム・スミスが西洋の資本主義の父であるように、渋沢栄一は日本の資本主義の父である。渋沢は『論語と算盤』で、利益の重要性を強調し、「正しい方法」で得られた利益は、孔子の論語と矛盾することはないという見方を示した。渋沢が主張したのは、利益は目的としてではなく、社会の調和を促進する過程の産物と捉えるべきであるということだ。言い換えれば、利益は「害を及ぼさずに」、つまり他者に損害を与えずに得るべきであるということである。

このことから見えてくる興味深い特徴は、私がこの本で提案していることが、1世紀以上前に渋沢が日本で提唱していたこととほぼ正確に一致しているということだけでなく、世界中の資本主義システムを支える道徳原則が類似しているという事実だ。しかし、私たちはこのことを見失ってしまった。こうした考え方は、ミルトン・フリードマンが提唱した「企業の社会的責任は利益の増大のみである」という教義（ここには利益を上げる際には環境や社会に害を与えないという条件が含まれていない）などの、より新しい考えに取って代わられてしまったからだ。

本書や、渋沢の提唱したことが、単なるステークホルダー資本主義論ではないことを理解することは重要だ。企業は慈善事業や博愛団体ではない。企業は環境や社会に害を与えて利益を得るべきではないが、社会の利益に相応して、利益を得られることを目的として活動を行うべきである。その目的は、人々や地球の問題に対して利益を生み出す解決策を提示することであり、問題を生み出すことで利益を得ることではない。この見方は、もっぱら利益（もっとも、この利益は、他者に問題を生じさせず、他者の問題を解決することで得られる利益を意味する）に焦点をあて、しかも、複数のステークホルダーではなく、唯一株主に対してのみ説明責任を果たすという単純さを維持している。

これを実現する条件は、企業がどのように組織され、運営されるべきかに関して深い意味を持つ。他者に問題を引き起こすのではなく、問題を解決することで長期的に利益を確保するために必要とされる安定性を日本企業に提供するため、本書は企業の所有の重要性を強調した。同時に、企業が効率的かつ生産的に運営されていることを保証するため、外部からの監視と関与を担う外部株主の必要性についても指摘している。本書で述べているように、この長期的なコミットメントとエンゲージメントを並行して行う外部株主という形態は、まさに現在、日本をはじめとする各国で台頭しつつある所有形態である。
しかし、本書では企業業績の向上とより良い社会・環境成果の双方の利益を達成するうえで、所有形態に加えて、会社法、リーダーシップ、ガバナンス、金融、投資、会計、業績報告の組み合わせが果たす重要な役割についても指摘した。実際、本書が提示しているのは、他者に損害を及ぼすことで利益を得ることを避け、他者に害を及ぼす問題の解決ではなく、他者に損害を与えない問題解決によって、資本効率、収益性、企業の競争優位性を高めるビジネス慣行と公共政策についてである。したがって、本書は、21世紀型の「正しい方法」でお金を稼ぐためのアプローチを提案するという意味で、渋沢の足跡をたどっているともいえるのだ。

2024年8月　オックスフォードにて

資本主義再興

CONTENTS

パート
4
THE PRIZE
真の価値

パート
5
THE COMMIT-MENT
コミットメント

序　章

経済学は、
目的と希少な手段との
関係だけでなく、
その間のこと、
つまり、損失を回避し
目的実現の可能性を
最大にするには
どうしたらよいかを
考える学問である。

資本主義

資本主義は驚くべきシステムだ。私たちに食料、衣服、住宅、娯楽などを供給するが、システムの中心にそのプロセスを調整・管理する指導者や監督者、リーダーは存在しない。実際、資本主義は人が介在するよりもはるかにうまくそれをやり遂げる。なぜなら、この離れ技に必要な知識や情報を持つ人はいないからだ。まるでビリヤードのボールがランダムにぶつかり合い、突如、美しい配列を、最新のコンピューターでも再現できない形で生み出すようなものだ。資本主義は魔法のような存在であり、就寝前に毎日感謝の祈りをささげるべき

21世紀の太陽王でもある。

資本主義はどのようにしてその地位を得たのか。その答えは、驚異的な転換システムにある。資本主義は、個人の私利私欲を共同の利益（collective good）へと転換するのだ。

それがどういうことか、あなたを例に説明しよう。こう言うと気分を害するかもしれないが、あなたは利己的な人間だ。自分の家族や友人、病人、高齢者の面倒を見ているときは聖人のようだと思うかもしれないが、正直に言えば、他人を助けるのは自分がいい気分になり、周りに良い印象を与えられるからだ。誰かを助けても喜びを得られない人よりはましかもしれないが、他者への関心はあなたがそこから得られる喜びとせいぜい同程度だろう。

あなたの「善良性」をネガティブに描写したことに不満かもしれないが、もう少し付き合ってほしい。資本主義は、あなたが利己的かどうかは少しも気にしない。心を深く掘り下げ、あなたが真の聖人か、それとも聖人のふりをした罪人かを判断することもない。むしろ、あなたが利己的であることを歓迎する面もある。なぜなら資本主義は、困難な問題に立ち向かうのが好きだからだ。

たとえ、あなたがどれだけ利己的でも、資本主義は利己性を共同の利益に転換する。なぜだろうか。あなたの欲望と利己心が何かを強く求めるほど、それに対してより多くのお金を支払うことをいとわなくなり、そうなればなるほど、誰かがあなたの欲しい物を供給しようとする。そして、それをより多く供給しようとすればするほど、生産者への支払いが増え、増産のための資金調達額も増えることになるからだ。

これが資本主義と自由市場の本質だ。あなたがどのように行動し、何を生産し、誰を雇用し、誰に資金を供給するかを指示する必要はない。一連の連鎖反応が引き起こされ、自動的に望ましい結果が生み出される。(注1)資本主義は、悪徳の掃きだめから、自ら発火する美徳のかがり火をつくり出すのだ。

この驚くべき生産能力と並んで、資本主義はもう一つ重要な特徴(こちらのほうがより重要と考える者もいる)がある。それは、選択の自由だ。資本主義は、私たちが行動や行為を決定する際に「主体性」を与えてくれる。指導者や監督者がいないということは、私たちの生活に誰も口を出さないことを意味する。私たちはどう行動し、何を買い、何を消費し、何に投資し、何を浪費し、何を貯蓄するかを自分で決めることができる。言い換えると、資本主義は、かつて農奴制や抑圧から人々を解放し、悪しき扇動者から自己決定権をもたらした自由を与えてくれる。(注2)

資本主義は、利己性を共同の利益に、抑圧を自由に変える。資本主義への攻撃は、私たちの自由や権利、利益に対する根本的な脅威であると認識され、人々が直感的に敵意を引き起こすのも無理はない。資本主義は、民主主義や人権、健康、幸福と同様に、どんな場合にも例外なく守られなければならない。資本主義の長所に少しでも疑問を抱くと、共産主義者や社会主義者と見なされるリスクがある。つまり、資本主義者という羊の皮をかぶった中央集権的な計画経済のオオカミという最も危険なレッテルを貼られるかもしれない。

しかし、多くの狂信者と同様に、資本主義の創造主たちは、彼らがよって立つ自由・解放の原則そのものを弱体化させている。彼らは別の資本主義の世界を思い描く権利を否定するからだ。

たとえ別の資本主義の世界を思い描いたとしても、資本主義には大きな利点があり、社会主義や共産主義という選択肢には大きな欠点や危険を伴うことは否定されない。それにもかかわらず、資本主義の創造主たちは、資本主義に欠陥がある可能性や、中央集権的な計画経済の恐怖を伴わない代替案を一切見ようともしない。では、資本主義にどのような問題があるのだろうか。（注3）

競争

話を戻そう。資本主義システムがあなたの望む物をどのように提供し、価格を設定するのか。価格とは一体何か。適正価格（right price）とは、あなたが求めているものを生産・供給するのにかかるコストに等しい。ではなぜ、それが適正だといえるのか。答えは、もし価格が、あなたの求めているものを生産・供給するコストより低ければ誰もそれをつくらないだろうし、価格がコストより高ければ利益が得られるため、皆がそれを生産しようとするからだ。言い換えると、あなたの利己的な要求に応えるための競争が起こり、その結果、価格はその要求に応えるため、生産・供給コストに見合うように押し下げられる。
市場は選択肢を提供するだけでなく、競争を通じて、コストに見合う適正価格で供給することを保証する。この点こそ、市場の真骨頂であり、コストと価格を決定するすべての計算は、外部からの干渉なしに、消費者と供給者が完全に独立して行う。これぞアダム・スミスの「見えざる手」である。(注4)
したがって、競争は資本主義において、唯一ではないかもしれないが、重要な「鍵」だ。ビリヤードのボールが勝手に配列をなすのは、単なる奇跡ではない。さらに注目すべきは、ボールが2個か3個しかなければ、驚くような配列パターンは生まれないことだ。競争がなければ、市場という偉大な計算機は、正しい価格を算出できず、利己的な要求に応えるために適正な金額を請求することができない。
競争のない資本主義は絵筆を持たないピカソのようなもので、本来の可能性を十分に発揮できない。したがって、政府の役割は、競争に参加する企業が従う「ゲームのルール」を定め、遵守させることだけだ。そして、ルールに違反した企業には罰を与える。政府がそれ以上介入すると、市場信奉者からは、支援者ではなく邪魔者、促進者ではなく妨害者と見なされる。(注5)しかし、他の人々にとっては、それで話が終わるわけではない。

―― 信頼と信頼の破壊者

市場調査会社イプソス・モリは、過去39年間にわたり毎年、どの職業の人が普段から真実を語っていると信頼できるか調査している。調査では毎年、約1000人に同じ質問を投げかける。「これからさまざまな職業のリストを読み上げます。それぞれについて、真実を語っていると信頼できるかどうか教えてください」。これは、世界で大規模かつ長期にわたって綿密に実施されている、信頼に関する重要な調査の一つだ。

人々が信頼を置く職業の上位には、医師、看護師、教師と並んで、うれしいことに大学教授が入っている。私たち大学教授には、権力も、高い報酬も、名声もないかもしれないが、少なくとも見返りを求めず誠実に働いていることが信頼されている。下位のほうは、経営者、不動産業者、プロサッカー選手、ジャーナリストが並び、最下位は想像通り、政治家と広告代理業だ。経営者は、労働組合幹部や「ごく一般の男女」よりも評価が低い。

経営者に対する低評価は、銀行家に対する不信感を反映しているだけではない。実際、経営者は銀行家よりも信頼度が低い。これは一時的な現象でも、直近の危機に対する突発的な反応でもない。調査開始以来ずっとそうであり、経営者に対する不信感は、長期にわたって深く、広く浸透している。(注6)

ビジネスとは金儲けという汚い仕事であり、いかがわしい活動で、人の命を救ったり、若い世代を育てたり、画期的な科学的発見を追究したりといった崇高な活動の対極にあると多くの人が考えていることが、この調査からうかがえる。

19世紀の米国で典型的な「泥棒男爵［不公正な商慣習を利用して裕福になった人たちを揶揄した表現］」であるコーネリアス・ヴァンダービルトは、その対極を体現した人物だろう。彼は1869年から1871年にニューヨークのグランド・セントラル駅の建設を手がけるなど数多くの実績を残した。ヴァンダービルトの成功の裏には富の蓄積への飽くなき欲望があった。マーク・トウェインは1869年にヴァンダービルトに出した公開書簡で、この欲望を巧みに描写している。

> あなたは7000万ドルを持っているが、必要なのは5億ドルであり、そのためにとても苦しんでいる。あなたの渇望は驚くべきものだ。正直に言うと、私だったら4億3000万ドルの重圧に押し潰されて、24時間も生きられるとは思えない。きっと死んでしまうだろう。あなたのどうしようもない渇望ぶりに、私は心を揺さぶられている。もし、あなたが今、私のところにカップを手にしてやって来たら、喜んでそこに10セント玉を入れ『この不幸な人に神のあわれみを』と言うだろう。（注7）

しかし、トウェインを本当に動揺させたのは、ヴァンダービルトの莫大な財産やそれを手に入れるための強引な手段ではなく、その富が大衆の心に引き起こした偶像化だった。

あなたは、小さい魂の群れが崇拝する偶像のように見える。彼らは、あなたの欠点まで新聞や雑誌で賛美し、あなたの莫大な財産をあがめるように称賛する。また、あなたのどうでもいいような私生活での習慣や言動を、まるで巨額の財産を築いた秘訣であるかのように取り上げる。

ヴァンダービルトだけでなく、カーネギー、メロン、ロックフェラーのような「泥棒男爵」による想像を絶する富の蓄積が、無条件で大衆に広く受け入れられていることに、トウェインは困惑した。

当時も、そして現在でも、米国の多くの地域では依然として、「泥棒男爵」たちの富が米国の偉大さの源であり、彼らが西部を切り開いたという認識が広く定着している。11歳で学校をやめ、ニューヨーク港で父親のフェリーの仕事を手伝い始めたヴァンダービルトのような少年が、根気強い努力と強い意志、忍耐力によって世界で最も裕福な人物に大成できるというのが、まさにアメリカンドリームの一部だった。どんなに野蛮で残酷な手段を取ったとしても、富の追求は個人の自由として尊重され、基本的人権と見なされた。

「若者よ、西を目指せ（注8）」、そして富を築けというスローガンは今日でも、シリコンバレーを目指す多くの起業家の夢であるだけでなく、過去60年にわたり、富を築くという野望は高尚な野心であり、企業帝国を築こうとする人々の「唯一の正当な目的」だという主張によって、この「権利」は強化されてきた。彼らは、投資家の資金を増やすこと以外に、何も権限や手段を与えられていない。企業の目的は利益追求であり、社会的な善行に惑わされてお金を使い果たしてはいけない、との考え方が広く受け入れられている。

┃政府

「泥棒男爵」たちは大成功を収め、彼らの会社は帝国へと成長した。アンドリュー・カーネギーの製鉄会社はUSスチールに、アンドリュー・メロンのT・メロン&サンズはメロン・ナショナル・バンクに、ジョン・D・ロックフェラーのスタンダード・オイル・オブ・オハイオはスタンダード・オイルになった。(注9)

しかし、帝国が成長するにつれ、彼らは20世紀のビジネスに立ちはだかる新たな障壁にぶつかった。それは政府だ。19世紀末から第1次世界大戦が勃発するまでの間、米国では、新たに勃興した独占企業を規制するため、多くの法律が制定された。(注10) 1890年のシャーマン反トラスト法によって、1911年にロックフェラーのスタンダード・オイルが解体され、1920年に司法省がUSスチールの解体を求めて訴訟を起こし(失敗に終わった)、そこから60年たった1982年にはAT&Tが長距離通信会社と七つの地域電話会社(ベビーベル)

に分割された。２０２０年には、アマゾン、アップル、フェイスブック、グーグルなど、米国で最も成功を収めた企業が、今後数年間にわたって公正な競争や独占に関する調査に直面する可能性が出てきている。

企業が政府と対立するのは競争政策だけではない。規制もその一つだ。２０１０年代は、金融分野、特に銀行に対する規制が強化された。規制当局は金融危機によって明らかになった数々の重大な不正行為を是正しようとした。

２０２０年代には、地球温暖化が人類の存続を脅かす危機として認識されるようになり、環境規制が強化され、二酸化炭素の排出規制などが導入された。企業は自社の二酸化炭素排出量を公表し、今後数十年でどのように削減していくのか示すよう求められている。企業に投資する金融機関は、その投資に関連する二酸化炭素排出量と「地球温暖化に与える影響」を記録し、それらをどのように減少させるか示すよう求められるようになっている。銀行には、融資先企業が抱える環境リスクが自行の財務に及ぼす影響について説明することが求められ、保険会社は自分たちの保険契約が抱える気候変動リスクを説明しなければならない。

ここに挙げたすべてのことが、企業や投資家の際限なき利益追求に制限を課している。したがって、20世紀と21世紀の資本主義は、反トラスト政策や規制の壁に直面するまで企業はどん欲に利益と成長を追求し、その壁にぶつかったところで急ブレーキがかかり活動を変えるか解体される、という特徴を持っている。別の言い方をすれば、私たちは企業に対して、あらゆる手段を尽くして成長、繁栄し、雇用の機会を提供してくれることを望み、企業が私たちの手に負えなくなったとき、競争政策と規制を通じて企業を抑制することを政府に期待する。

この飽くなき利益追求と、国家権力による制限という組み合わせはうまく機能するのだろうか。答えはノーだ。これまでまともに機能したことはなく、ますます機能しなくなっている。それには四つの理由がある。第一は市場の失敗、第二は政府の失敗、第三は規制の失敗、第四は人間の失敗である。

┃ 市場と政府の限界

企業が成長するにつれ市場が失敗するのには、もっともな理由がある。企業が小規模な地域ビジネスから、国の内外に事業を拡大させていくようになるにつれて、企業は莫大な資源や人員を掌握するようになる。事業活動を体系化・標準化するための手順やルールを次々と確立させていき、それにより国内外で低コストによる経営が可能になる。その結果、彼らは「自然に」独占企業となり、自分たちが事業展開する市場を支配し、顧客やサプライヤーとの間に網の目のような緊密な関係を構築し、単純な組織から、他社がまねしようとしても、コスト面でも仕組み面でもそれが難しい複雑なシステムへと進化する。

フェイスブック（現・メタ）とグーグル（現・アルファベット）を例に説明しよう。両社とも実体的な工場は持っていないが、利用者が情報や分析データを活用できるようにしたり、利用者同士をつなげたりするため、データを収集、保存、処理する巨大なシステムとプロセスを持っている。両社は、世界中に巨大な工場を持つ従来型の独占企業ではなく、顧客がグローバルにつながり合うことで利益を得る市場を支配することにより、自然にできあがったグローバル独占企業だ。競合他社がまねしたり代替したりできないのは、両社が持っているのが物理的なインフラではなく、利用者と情報の複雑なネットワークだからだ。

また、彼らの「システム的な性質」は、政府による「市場の失敗」の是正を困難にしている。複雑なシステムを解体することは顧客にとって痛手となり、高コストであり、損害が生じる。AT&Tの裁判は1974年に始まり、最終的な和解まで約8年かかった。1969年に米司法省がIBMに対して起こした訴訟は13年も続いたが、1983年に同省が訴えを取り下げた時には係争の対象になっていたIBM製品の半分はもはや存在していなかった。

企業を強制的に解体するような反トラスト政策の代わりに、もう少し緩やかな規制がある。例えば、デジタルや通信サービス分野における競争の問題では、「アクセス」協定と「相互運用性」協定と呼ばれる方法が用いられることがある。これにより、他のサービスプロバイダーは「公正な価格」で支配的企業のシステムにアクセスできるようになる。より一般的に言うと、こうした規制は、独占的な供給者に対して価格を供給コストに見合うレベルに抑えて設定させることを目指している。

過去40年間で様々な業界に対する規制が設けられた。英国は「価格上限」規制の先駆者であり、エネルギーや交通、水道などの公益企業が顧客に請求できる料金は規制当局によって制限されている。私は、これらの規制の初期の開発時、特に水道部門で開発されたときや、また後に英国競争審判所（ＣＡＴ）の審判官として規制当局と企業間の紛争裁定に携わった際に、それらの規制と直に向き合った。

規制の原理は単純だが、実践は複雑で困難が伴う。前述の公正な価格でのアクセスや相互運用性の協定を例に説明すると、これらを実践するには、支配的企業のシステムに他の企業がアクセスする際のコストを規制当局が決定する必要がある。しかし、前にも指摘したようにこうした企業は巨大で複雑なシステムから成り立っているため、その特定部分にアクセスするためのコストを特定することは無意味とは言わないがほとんど不可能だ。

これらの規制の問題は、最近の三つの動きによってさらに悪化している。第一の問題は、フェイスブックとグーグルが示すように、企業は工場や機械などの物的資産ではなく、人間の知性、研究開発、評判といった「無形資産」にますます依存するようになっている点だ。(注11)(注12)これらのコストや価値を評価するのは非常に難しい作業だ。

第二の問題は、規制はそのほとんどが国家レベルで定められるのに対し、支配的企業は国際的に活動しているため、フェイスブックやグーグルもそうだが、事業展開している国に必ずしも物理的な拠点を置いているわけではないことだ。そのため、ある国の規制当局がその支配的企業に圧力をかけようとすれば、それらの企業が他の国に活動の場を移すのを促すだけだ。この問題は「規制のアービトラージ」と呼ばれ、企業が各国の規制当局を競争させ、規制の緩い国を選んで活動することを指す。これは、企業が各国の税務当局を競争させ、税率の低い国に利益を移転し法人税の支払いを回避する『利益移転』と似ている。

第三の問題は、規制当局はゲームのルールを決め、企業がそのルールに従って利益を最大化するという単純化された図式が、全く非現実的な点だ。企業は規制を回避するためにあらゆる手段を講じ、場合によっては、規制がむしろ新規参入者の障壁になるよう参入コストを引き上げ、自らの競争優位性を高めようとする。企業は政治的影響力や豊富な資金力、そして一部の国では賄賂などを利用して規制を回避する。その際、コンサルタント、広報企業、弁護士、ロビイストからなる専門家チームが支援に当たる。

これらはすべて、企業の行動を監督・管理する規制当局への重大な制約であり、多くの場合、企業は国家・政府よりも多くのリソースと高い収益力を持っている。しかし、規制当局にとって、今後さらに深刻な脅威となるものが存在する。それは、人工知能だ。

現在私たちは、人工知能によって、コンピューターが膨大な量のデータを人間よりも迅速に処理し、日常的な作業も人間より効率かつ正確に遂行できるようになると考えている。しかし、現在使われ始めている人工知能は、それを超える非常に厄介な特徴を持っている。それは機械学習を活用している点だ。(注13)人間のプログラマーによってあらかじめ決められた方法でタスクを実行するアルゴリズムを超えて、それらのタスクをどのように最適に実行するか学習するシステムに進化している。人間のように、人工知能もより良い方法を学習するのだ。

最近発表されたある論文（注14）は、機械学習が資本主義システムの機能に深刻な影響を及ぼす可能性があることを示唆しており興味深い。その論文は、機械学習する複数の人工知能がそれぞれ利益を最大化するようプログラムされたとき、市場でどのような行動をとるかを検討している。これらの人工知能はすぐに、競争価格よりも独占価格に近い水準で価格を設定するようになることがわかった。その理由は、ある人工知能が市場シェアを拡大するために価格を引き下げた場合に何が起こるかを見れば明らかだ。通常であれば、他の人工知能もそれに対抗して価格競争が起き、競争価格に向かって価格が下落していくことが予想される。しかし、これらの人工知能は、価格競争がすべての市場参加者にとって不利益となり、価格を独占価格まで引き上げることで大きな利益を得られることを素早く学び取る。

ここで特に注目すべき点は、こうした行動が互いのコミュニケーションもなく起きていることだ。それぞれの人工知能は、価格変動が自分の利益に及ぼす影響を観察することで、全体として最大の利益を生み出す方法を個別に学習する。規制当局は、当事者が裏で手を組んで価格操作をしていた証拠を探すが、この場合は、通常のやり取りからそのような証拠を見つけることはできない。当事者間のコミュニケーションは存在せず、それぞれが利益最大化の方法を自己学習しているだけだからだ。

こうした場合に有効な規制を打ち出すのは難しそうだ。人工知能を活用する企業から見れば、規制当局は競争相手の別の人工知能の一つにすぎない。もし規制当局が観察できるコストから競争価格を決定することしかできないなら、人工知能を利用する企業は報告されるコストや顧客に提示する価格について、共謀の証拠を残さずに共謀をする方法を見つけようとするだろう。そのため、機械学習をする人工知能は、市場政策と規制が企業の不正行為を制御できないという問題を著しく悪化させるだろう。

人工知能に自己学習の自由を与えざるを得ないのは、軍事紛争のときだけではない。利益や生き残りのため、あるいは競合他社に勝つというインセンティブがある状況では常に起こり得る。そうした場面では、人間が制御を失うリスクが現実問題となる。最近の例では、まるで人間のように対話するチャットボットと、会話が人工知能か人間かを見抜くボットとの超人的なレベルでの競争が挙げられる。

しかし、人工知能が今後も人間に勝てない点が一つある。それは人間性に関する部分だ。(注15) 人間性以外の面で、人工知能が人間を凌駕するのはほぼ確実だが、人間を理解することに関して人工知能は強みを発揮できない。この点は「常識」の欠如という言葉で説明されることがある。

常識には二つの概念がある。一つは、アリストテレスのいう共通感覚で、感情や理性などの個人の感覚を全体的に表したものである。もう一つは、キケローがいう共通感覚

(communis sensus)であり、これは個人の感覚や認識に対する「集団」の感覚という意味だ。(注16)後者は人間の脳が得意とする「つながり」から生じるものであり、人工知能が間に入ると、それが強化されるどころか弱体化する。

この点において人工知能の失敗は、それが依拠するテクノロジーに一因がある。つまり、人間の脳が水分子で動作するのに対し、人工知能はシリコンに依存しているからだといわれているが、(注17)より重要な要因は、人工知能が人間の状況を意味ある形で理解できないことにある。他者の不利益から利益を得るようにプログラミングすることは簡単だが、人間のウェルビーイング促進という目的だけに絞って機能させることはできず、将来も不可能だろう。自分の子どもを、ましてやネコや昆虫の心を理解するのがいかに難しいかを考えると、共感や理解の源は単に優れた知識や知能ではないことがわかるはずだ。

この点に関する利益動機の中心的な問題は、他者との間で利益相反が生じ、壊滅的な影響を及ぼすおそれがある場合に、自分の利害に左右されることなく、共感に基づいて客観的に判断することができなくなる点だ。(注18)資本主義は自己利益をどん欲に追い求めることに強いインセンティブを与えるため、競争政策や規制だけでは、それがもたらす重大な濫用リスクを抑制できない。

この根底にあるのは、より一般的な政府の失敗だ。公共部門には、民間部門のように単に限られた部門の利益ためではなく、原則として社会全体のウェルビーイングを促進させるために活動できるという利点がある。しかし、全国民に対し説明責任を果たすことに関して、誰からも実効性のある監督を受けていない。国民は、自らの代表である国会議員やリーダーの実績を表面的にしか評価することができない。対照的に、企業のオーナーや大株主には、自らの代理人である取締役が自分たちの利益を図るよう促す強力なインセンティブがある。

そのため、適切に設計されていれば、政府よりも企業のガバナンスのほうが優れているといえるだろう。政府は社会的利益の促進という価値あるパーパスを持っているが、それを達成するための手段は不十分だ。企業に厳格な説明責任を負わせることは可能だが、企業のパーパスは範囲が限定されている。政府に企業の利益追求を監督させようとしても、監督側の欠点が露呈するだけだ。(注19) イプソスによる英国の信頼度調査で経営者の評価が低く、政治家がさらにそれを下回るのはそのためだ。

企業の欠点の是正を政府に期待するのではなく、経済と国家を、ひたすら利益追求に走る企業と、社会的利益を促進させるがガバナンスが脆弱な政府に区分している現在の資本主義システムに欠陥があると認識すべきだ。政府や規制当局によって上から押さえつけるのではなく、企業が社会的利益を追求し、それが企業自身の利益にもなるシステムが必要だ。私たちは失敗せず機能するよう設計された資本主義システムを必要としている。そのような資本主義システムをどのように構築したらよいか、現在の資本主義システムの創始者が教えを授けてくれる。

アダム・スミス

『道徳感情論』において、アダム・スミスは次のように述べている。

　賢明で徳のある人は常に、自分が属する集団や社会全体の利益のために、自分の私的な利益を犠牲にすることをいとわない。また、彼は常に、自分の集団や社会の利益が、さらに上位にある国家や独立国の大きな利益のために犠牲にされることもいとわない。つまり彼は、これらすべての小さな利益を、宇宙全体のより大きな利益、すなわち神が直接管理し導く、あらゆる知的な存在からなる偉大な社会の利益のために犠牲にすることもいとわないのである。(注20)

アダム・スミスは、著名な『国富論』で次のように述べている。「私たちが夕食を得られるのは、肉屋やビール醸造家、パン屋の善意からではなく、彼らが自分の利益を求めているからだ。私たちは彼らの人間愛にではなく、自己愛に訴えかけるのであり、伝えるべきは自分の窮状ではなく、彼らにいかに利益になるかである(注21)」。

なぜ、私たちは、同じ人物が全く異なる記述をしていると感じるのだろうか。

それは、私たちが『道徳感情論』を『国富論』の道徳的基盤として認識し損ねていることの証しだ。『道徳感情論』は間違いなく、啓蒙時代における最も重要な文献の一つだ。(注22) それは、アダム・スミスが説く市場の利点を道徳的観点から説明している。『国富論』を急いで採用しようとするあまり、『道徳感情論』を忘れてしまったと指摘されることもある。しかし、その説明は、過ちを犯しやすいという人間性の本質への理解が浅い。『道徳感情論』が忘れ去られたのには、それなりの理由がある。『国富論』に比べて実際的でないからだ。『国富論』が実用的で親しみやすいのに対し、『道徳感情論』は難解で理想主義的な印象を抱かれやすい。

さらに、19世紀の知的思想の発展が、『道徳感情論』をほぼ無意味なものにしてしまった。最初の発展は、功利主義の概念と、経済的な成功が人間の幸福と社会的ウェルビーイングへの貢献という面で評価できるとする帰結主義の考え方の出現だ。(注23) 最大多数の最大幸福に向かって進む限り、すべてがうまくいき、私たちは個人と社会全体にとって究極の幸福(ニルヴァーナ)を達成する道を歩んでいた。そのような成功の尺度と、『国富論』が提供する市場と競争の役割に関する指針は、経済を望ましい目標に向けて無理なく導くのに十分だった。

何らかの理由で右の方向性がずれ、市場と競争が有益な結果をもたらさなかった場合はどうすべきか。政府の役割に関する新たな考え方が、この問題の解決策として生まれた。つまり、経済学だけでは、私たちの自然に湧き起こる利己心を、個人と集団のウェルビーイングの実現に向けて導くことができない場合、政府、法律、規制の介入による政治的解決が必要

とされた。競争市場と公共政策に基づく経済的自由主義は、20世紀の新たなコンセンサスの基礎になった。(注24)

しかし、アダム・スミスの『道徳感情論』を無意味なものから積極的に望ましくないものにする決定打があった。19世紀以降、大企業が成長し、特に製造業から巨額の資金需要が生まれ、金融業という新しい産業が誕生した。資本市場は、ビジネスに不可欠なものとなり、企業は顧客が求めるものを販売することで互いに競争するだけでなく、投資家から資金を調達することも求められた。企業は、顧客による具体的な製品・サービスに関する要求だけでなく、投資家による金銭的リターンへの要求にも応えなければならなくなった。

さらに、企業が必要とする資本提供者であり所有者でもある投資家たちは、業界のリーダーたちに指示を与える立場になった。それに従わなければ、リーダーは最も重要な義務と責任を果たしていないと見なされた。

私たちは怠惰で、欲深く、利己的な経済人（ホモ・エコノミクス）(注25)だ。もしそうでなければ、『国富論』の約70年前にバーナード・マンデヴィルが『蜂の寓話』で描いた運命をたどることになる。つまり、繁栄していた蜂の巣が、「皆が誠実である」ために崩壊し、満足と正直さによって「空洞の木」に変わってしまうという運命だ。(注26)

その結果、株主を成功させ、存続させ、満足させること以外のどんな義務も、非実際的であるばかりか非道徳的とされ、株主に対する義務以外は、経営者が負うべき義務の範囲外と考えられるようになった。特に、20世紀後半は、金儲けが唯一の道徳的動機になった時代、すなわちマンデヴィルが言う「どんぐりにも正直にも自由が与えられた黄金時代」だった。

もちろん、私たちは21世紀に入って、この考え方がもたらした結果を認識した。しかし、これは本書の中心的なメッセージだが、解決策はまだ見つかっていない。私たちは依然として間違った方向に進んでおり、これまでに示されてきた解決策は事態を改善するどころか悪化させている。

これまでに示された解決策として、利己的存在であると同時に社会的存在であることを認識する、長期的視点を短期的視点より重視する、株主の利益を「啓発的な」視点でとらえる、株主の金銭的利益とウェルビーイングの両方を満たす、株主だけでなくステークホルダーの利益も考慮する、などが挙げられる。他にも、サステナビリティや各種の指標、国際基準、規制などにより、十分に問題を解決できると考えられてきた。

しかし、これらは決して問題を解決できない。その理由は、何が本質的問題なのか、なぜ道徳感情の理論なしに国富を生み出せないのかという点を、これらの対策は見逃しているからだ。完全な市場と道徳感情がなければ、競争は望ましい結果を生まないばかりか、きわめて望ましくない結果を招く。(注27)それは「トップへの競争」ではなく「ボトムへの競争」を促す。そこでは、全員が他の誰かからできる限り多くを奪い取ろうと競争する。規制当局も、ある意味でこうしたご都合主義の犠牲者といえるかもしれない。調和の取れたパターンが自然発生するどころか、逆の結果が生じている。資本主義は、分配の公平性にだけではなく、第10章で述べるように経済効率性やマクロ経済のパフォーマンスにおいても、不協和音やひずみを生み出している。

本書が提供するのは、アダム・スミスが意図したように「国富」と私たちの「道徳感情」を結合させるための接着剤である。本書は、ホモ・エコノミクス、市場、政府のそれぞれの失敗が相まって引き起こされた問題の解決を試みる。それにより、「国富」と私たちの「道徳感情」は頭から足先まで結びつく。社会的なつながりや競争、規制はきわめて重要だが、この二つを結合させる資本主義システムが存在しない場合は、効果を十分に発揮できない。

本書の構成

本書のパート1では、資本主義システムの性質と、それが現在どのように捉えられているかを論じている。資本主義システムは個人の行動を基礎とするボトムアップの視点から成り立っているが、この考え方はシステム全体をトップダウンの視点で捉える立場から疑問を投げかけられている。本書は、どちらの視点にも欠陥があることを示し、個人の選択によるメリットを保ちながら、個人や組織がシステム全体にどう貢献すべきかを理解する必要があると提案している。個人の行動の基盤となる価値観に基づいて、それをどのように達成できるかを示した。

次に、現在生じている数々の危機に対応するために、資本主義システムが直面している課題に目を向け、それらの課題がシステム自体の失敗の現れだと主張する。現在、これらの課題は解決されておらず、根本原因になっているシステム自体の問題を理解して変革しない限り、状況は好転しないだろう。そのためには、「合法」と「利益をもたらす」との概念だけではもはや不十分だと認識する必要がある。「合法」で「利益をもたらす」ものとして受け入れるための倫理的基盤をつくらなければならない。

パート2では、資本主義の倫理的枠組みを構築する。成功と失敗を判別する基準は何か、私たちは何を達成するために努力すべきか。本書が掲げる基本原則である「道徳律」は、黄金律を再定義したものに基づき、他者を犠牲にして利益を得ないことが、公正な競争と市場を維持し、不当な利益獲得を避けるうえで鍵となることを示している。

経済と市場が効果的に機能するためには、道徳律が世界中の法システムと法の支配の中心的な支柱とならなければならない。会社法は、企業が問題を解決することで利益を上げ、問題を引き起こすことで利益を得ないよう、コミットできるようにすべきだ。一部の国の会社法はこのように解釈できるが、ほとんどの国の会社法は違う。これは現行法が、他者に害を与えて利益を得る行為を防ぐことに失敗している状況を反映している。「問題を生むのではなく解決することで利益を得る」という企業のパーパスが、会社法が取締役の義務を定める際の基礎となるべきだ。

パート3では、問題解決志向型組織に関する重要な二つの側面、すなわち「誰が所有するのか」「どのように統治されるべきか」に焦点を当てる。組織は自分たちが解決しようとする問題に責任を持ち、それに応じて株式所有構造を構築する必要があることを説明している。組織が解決しようとする問題や達成したいパーパスは多種多様であり、世界中でさまざまな株式所有構造が生み出されている。なかには他の所有構造よりも、利益を生みつつ問題を効果的に解決するのに適したものもある。特に、支配株主と分散した株主が併存する株式所有構造は、企業のパーパス実現に対し、それぞれが異なる役割や責任を持つことを意味している。

リーダーシップは、企業のパーパスを定義し、従業員を鼓舞し、実行するうえで重要な役割を果たす。しかし、問題解決の責任は組織のトップだけにあるわけではない。問題解決は、すべての管理職や従業員の文化と価値観に深く根付く必要がある。これにより、問題解決の特性を深く理解し、解決するための方法、手順、実験、評価、学びを現場の担当者に委ねることができるようになる。

パート4では、解決すべき問題に対して組織の成果をどのように測定すべきかを考察する。環境保護と人間社会の長期的存続を確保するため、国レベルと国際レベルで何をすべきかを述べている。広く用いられている測定方法のなかには、自然を確実に保全する方法と組み合わせて用いなければ、自然界に深刻な影響をもたらすものもある。自然資本と社会資本の保全は、国民所得の測定だけでなく、個々の組織の収益の測定にも重要な意味を持つ。そのために重要なのが、利益の計算方法だ。現状では、利益の計算において、それを獲得する際に生じた他者への損害の是正、補償などに要する「真のコスト（true costs）」は含まれていない。これにより、組織内だけでなく組織間でも資源の誤配分が生じている。

管理会計をうまく設計すれば、組織で働く人々に対し、利益を上げながら他者の抱える問題を解決することへのインセンティブを与えることが可能になる。組織の各部門が全体のパーパスにどう貢献しているか、問題解決がビジネスとして実行可能かつ利益を生むものであることを確認し、それを実現するため他の企業や組織とパートナーシップを組むことも必要だ。

パート5では、問題解決志向型組織のファイナンス、特にリスク共有型のエクイティ・キャピタルの供給について考察する。この資金は、企業、銀行、プライベート・エクイティ・ファンド、機関投資家から供給される。これは、世界の最貧地域での企業やスタートアップ、メンタリング、取り残された地域や不況地域における中小企業の発展とネットワーキング、あるいは大規模な国際企業の資金調達、スチュワードシップ、株式所有にとってもきわめて重要だ。ファイナンス、メンタリング、ネットワーキング、スチュワードシップを通じて、投資家は利益を生みながら問題を解決する組織の実現と、問題を発生させて利益を得ないこととの両方に貢献する。

法律と規制は、企業が問題を引き起こして利益を得ることを防止できるが、正の外部性を発生させるよう企業に強制することはできない。そこで、公共政策によって、正の外部性を発生させるが利益を伴わない解決策を、利益を生み出すものに変える必要がある。問題解決に取り組む企業と、投資家、政府、教育機関とのパートナーシップは、地域社会、国家、自然界全体で共有する繁栄を目指して共通のパーパスを定める。このパートナーシップは、成長、生産性、投資の促進に加え、地域格差、不平等、社会的排除、必要不可欠な財やサービスの提供などの問題解決において中心的役割を果たす。問題解決に取り組む企業、公的機関、社会的組織の間で共通のパーパスが確立されるとき、繁栄の共有が実現されるが、そうでないところでは莫大な経済的、社会的、政治的損失が生じる。

本書の重要ポイント

本書は次のことを主張している。

- 「他者がしてほしいと望むことを他者にする」という形で黄金律を再定義すべきだ。
- 人々や地球の抱える問題を解決して利益を上げるという企業のパーパスに新しい黄金律が反映されるべきであり、問題を生じさせて利益を得てはいけない。
- 企業は、他者に害を与えて利益を得てはいけないことを前提に、パーパスを自ら定めるべきだ。それにより、取締役は複数のステークホルダーではなく、株主に対してのみ義務を果たすよう専念できる。

そのためには、次の点が要求される。

・企業のパーパスを、各国の会社法の中心に位置づけるべきだ。
・一部の国では、現行の会社法を変えず、裁判所が適切な解釈を行うことでそれを実現できるかもしれないが、他の国では新しい会社法の制定が必要だ。
・支配株主は、自社が解決すべき問題に対して責任を負い、問題を引き起こすことなく利益を生み出す解決策の創出の後押しをすべきだ。
・リーダーはその組織のパーパス、価値観、文化を明確にし、コミットすべきだ。また、それらを実行する責任者に権限を委譲しリソースを与えるべきだ。

測定とファイナンスはきわめて重要だ。

・企業の利益や国民所得の計算に際しては、形式的な法的境界の内外にいる自然環境を含めたすべての人々のウェルビーイングを維持するために必要なコストを計算すべきだ。

- 組織は、自らが引き起こした問題の是正と改善のコストを負担し、それを管理会計や財務報告に反映させるべきだ。
- 企業のパーパスに関して、会計原則や財務報告の国際基準が策定されるべきだ。会計士や監査人はそれらの遵守を確保すべきだ。
- 機関投資家は、問題解決というパーパスを実現するために十分なリスクキャピタルを主としてエクイティ・キャピタルの形で供給し、そのパーパスが利益を生む形で実現されるよう関与すべきだ。

公共部門と民間部門は手を取り合うべきだ。

- 公共部門と民間部門のリーダーは、取り残された人々、地域、国を包摂する共通の繁栄を築くために共通のパーパスを策定すべきだ。
- 中央政府、金融機関、組織は、共通の繁栄を実現するため、最も効果的な部門や人材に権限を委譲し、資金を与えるべきだ。
- 規制当局は、支配的企業やエッセンシャルサービス提供者が掲げるパーパスを、顧客や地域、社会、環境の利益と一致させるよう、その役割を果たすべきだ。
- 大学やその他の教育機関は、リーダーや従業員に対し、パーパス主導の組織を支援するために必要な知識とスキルを提供すべきだ。

パート1では、私たちが受け継いだ、解決しなければならない問題を明らかにすることから始める。

パート 1

THE PROBLEM

問題

資本主義は、私たちの身の回りにある数多くのシステムのうちの一つだ。経済学の観点から見ると、資本主義は構成員である個人によってボトムアップ的に動く。これに対して、トップダウン的な視点は、社会や自然界との関係からシステム全体を捉える。

ボトムアップの概念は個人の自由意志と目的追求に、トップダウンの概念は社会全体に課せられた価値観、特に組織や政府の価値観に関連する。生物学、物理学、心理学といった他の学問分野でも、還元論をめぐって同様の論争があり、自由意志が存在するかどうかが議論されている。

資本主義に関しては、ボトムアップとトップダウンの概念の両方に限界があり、どちらか一方しか考慮しないのは誤りだ。資本主義の目的を達成するための価値観を基礎とする問題解決型アプローチを考える際、個人と集団の選択の両方を受け入れるべきだ。

システムのインテグリティは、そのパーパスの根底をなす価値観に左右される。問題解決というパーパスは、他者の成果に貢献することで価値を創出する。創出された価値は利益の源となり、利益はシステムに貢献する人々に資源や報酬を与える源になる。エクイティは報酬を享受する場合だけでなく共有する場合も含む。ケアは他者のウェルビーイングを促進させるための契約上の取り決めだけでなく、個人間の関係からも生じる。シチズンシップとは、繁栄の共有という共通のパーパスに協力して貢献することを指す。

ボトムアップとトップダウンの両方の概念を受け入れるためには、法律、規制、株式所有、ガバナンス、測定、成果、ファイナンス、投資のすべてに関して、システムを基礎とした政策が求められる。

今私たちが経験しているように、資本主義システムの失敗は、深刻な危機として次々に現れている。こうした危機は、資本主義の特性と欠陥のいくつかの側面を明らかにした。それは、①問題解決志向型企業が持つ危機をチャンスに変える能力、②問題解決というパーパスへの深い理解とコミットメントの必要性、③社会的圧力が企業活動に与える影響力、④相反する社会的要求が生み出す新たな課題である。

エネルギーのアフォーダビリティ（価格の手ごろさ）と気候変動や環境への影響、新型コロナウイルスのワクチン開発など公衆衛生上のイノベーションと全世界における入手のしやすさ、政治的に受け入れられない国から企業は撤退すべきか否かなどが、相反する社会的要求が衝突している事例だ。

世界で最も成功を収めている企業は、きわめて困難な課題に取り組んでいる。しかし、彼らは現在、問題を解決するだけでなく、同時に問題を引き起こしている。例えば、依存性がある製品、不健康や環境汚染を招いたりする製品を供給して莫大な利益を上げており、企業間で繰り広げられる人工知能の開発競争は人類に重大な脅威をもたらしている。さらに、企業は利益を最大化させようと富裕層ばかりを取り込もうとしているため、不平等と社会的排除が深刻化している。

現在、利益は、他者の抱える問題の解決からだけでなく、他者に問題を引き起こすことでも得られる。企業がその役割を果たし繁栄するために利益は不可欠だが、それは問題解決からもたらされるべきだ。企業が利益を稼ぐことは道徳的だが、利益を稼いでいる企業が必ずしも道徳的とは限らない。

第1章

システム

システムという言葉によって
私が理解しているのは、
同一の利害、
同一の仕事を中心に
結びついた
人々の集まりである。

トマス・ホッブズ
『リヴァイアサンⅡ』
第22章115（1651年）

システム

トマス・ホッブズは1651年にシステムについて、「体の一部分で言うと、合法的なものは筋肉、非合法なものは悪い体液が不自然に集まることによって引き起こされるいぼや腫れ物、膿に例えられる（注1）」と述べている。

私たちはシステムの犠牲者であり、産物でもある。そして、資本主義、生態系、教育、医療、ソーラー、生物、公共交通、社会、金融、進化、エネルギーなどの各システムに対して不満を抱く。私たちはシステムの一部であり、システムに貢献し、生活全体がシステムの影響を受けている。私たちはシステムを設計し、開発し、維持し、解体し、再構築する。それらは、自然科学、工学、生命科学、物理科学、数学、コンピューターシステムに基づいている。

にもかかわらず、システムについて理解せず、システムに対して無力感や疎外感を覚えている。システムは理解しがたいものだが、あらゆるところに普及している。「システムの変革」や「システムのリーダーシップ」が議論されることもあるが、それらが何を意味し、どう実現されるかはわかっていない。それらはバズワードであり、私たちはシステムを概念化し、理解することができないからだ。システムは、経済学の失敗、企業に対する誤解、政府の崩壊、私たちの疎外感の原因になっている。どのシステムにも共通する特性は、大規模、複雑性、静的ではなく動的な点にある。

システムの語源は、ギリシャ語のシステマ（組み立てたもの）であり、スン（ともに）とヒステミ（私は立つ）を組み合わせたものだ。つまり、システムとは、個々の独立した存在とは対照的に、一つのまとまりに組織化され一体となって動くことを意味する。この点は重要だ。システムは構成要素を個別に見た場合とは異なる特性を持っている。(注2) その違いは、一つのまとまりに組織化され一体となって動くことである。システムは多様な要素や組織体をまとめ上げ一貫性を持った全体を形成するための統一性を必要とし、さらに誠実さや強力な道徳原理を要求する。つまり、それは共通の利益のために団結して行動するコミュニティー、まさにホッブズが述べた「コモンウェルス」を創り出すことだ。

システムの設計、発展、提供に関する問題について考える際には、システムが何をどのように実現するかを説明するために、生命科学、物理科学、社会科学に頼るだけでなく、システムがなぜつくられ、存在し、何を実行するのかを考えるために人文科学にも頼る必要がある。したがって、私たちの知的理解と知識のすべてがシステムに関連しているのだ。

還元論の誤謬

現在のシステム概念の根底にあるのは前述の説明とは全く異なる考え方である。それは、すべてのものはその構成要素に還元することができ還元していくべきであるという考え方、つまり還元論である。最も広く浸透し影響力のある概念の一つで、物理学、心理学、生物学、経済学などいくつかの学問で支配的な考え方だ。還元論では、モノは原子の組み合わせ、知能はニューロンの集合体、生命体は遺伝コードの産物、経済は個人の集合体にすぎないと見なす。また、対象の構成要素（物、心、身体、経済など）以外から生じる特徴や特性、考え、進展、活動を一切認めず、許容しない。[注3]

還元論が成功したのは、単純でありながら包括的だからだ。それは、私たちが世界をどのように認識し理解するかに重大な意味を持つ。還元論は、世界は何らかの原因によってあらかじめ定められていると捉える。つまり、私たちには自ら考え、行動し、発言する自由意志はなく、すべてはＤＮＡやニューロンによってあらかじめ決定されている。また、ウェルビーイングは個人レベルでは存在するが、地域や社会レベルでは存在しない。このような考え方は、あらかじめプログラムされた有機体が、自身の行動の自由裁量を持たず、個人の利益以外の共通の利益を考えずロボットのように振る舞うすさんだ世界だ。

還元論は、先述した経済の特性、つまり競争と結びついたとき強力になる。資源に限りがあるため、生物の個体数（企業も同様）が増加すると、生き残りをかけた競争に直面する。チャールズ・ダーウィンが進化論で述べたように、自然淘汰の中で競争相手や捕食者から身を守って生き残れるのは、最も適応能力の高い生物だけだ。

物理学、心理学、生物学、経済学のシステムの特性は、その構成要素の集合にすぎない。それは自明のことだが、別の見方をすれば洞察に欠けているともいえる。なぜなら、異なるものが存在し、それらが何をするのかを単に説明しただけで、なぜそれらが存在し、創造されたのかは説明しないからだ。還元論は、世界はどのようなものであるかを説明しているが、その説明は十分なものではない。

私たちは生存競争に勝ち残るために自己利益を追求する、原子、ニューロン、ＤＮＡ、個人の集合体であるかもしれない。一方で、この還元論による説明に、より高次の見方を追加することができる。具体的には、構成要素の集合を超えた特性や影響力を持つシステムとして集合体を捉えることだ。

このような高次の影響力という概念に、本能的に反発する人もいる。そうした概念から神聖なものが連想されるからだ。そう解釈する人もいるがそれが唯一の見方ではない。システムは超自然的なプロセスによるものではなく、求められ、有益だからつくり出され存在しているという見方もできる。

新しい技術が生まれたり、それまで存在していなかった要素が利用可能になったりすることで、あるいは、新たに発生した問題の解決や既存のシステムの革新が求められるときに、新たなシステムが生まれるかもしれない。言い換えると、新たなシステムは、新しい問題を解決するため、または古くからの問題に対する新しい解決策を提供するためにつくられる。

システムのなかにいる人から見ると、システムの創設者は神のように思えるかもしれないが、実際には問題解決能力を持つ生物、植物、人間、社会にすぎない。では、結局のところ、システムとは還元論が示唆するように、原子、ニューロン、ＤＮＡ、個人の集合体にすぎないのだろうか。その答えはノーである。システムの創設と存在を支えるのは、そのようなシステムが存在する理由、それはすなわちパーパスだ。パーパスとは、個人では手に負えないが集団でなら解決可能な問題に対処することだ。

目的（パーパス）

日常生活、仕事、娯楽、家庭生活など、日々のあらゆる活動の根底にはパーパスがある。

あなたのパーパスは何か。なぜあなたは存在しているのか。何をするためそこにいるか。これらは、経済書やビジネス書が扱うような問いではない。どうしたら幸福やウェルビーイング、健康を向上させ、金持ちになれるか。これらの問いは、存在理由の問いに比べると、はるかに一般的で身近なテーマだ。

経済書などで存在理由の問いかけがほとんどないという事実が、問題の所在を浮き彫りにしている。私たちは「幸せで、健康で、裕福で、成功するために存在している」が答えだと思い込んでいる。これらはすべて、個人に関係していることだ。私たちは自分自身、家族、友人、地域社会、自分が住む町に興味があるが、それ以外には関心を持たない。自身が自分の世界の頂点に座り、自分から離れるほど、物理的にも、感情的にも、他の人や物事が視界からどんどん消えていく。

これは当然の反応であり、それ以外の反応は不自然だ。人はごく親しい人以外に対して、本気で関わることはできない。また、高次元のパーパスや存在理由、公共の利益について語ることは大げさで気取った無駄話とされ、自己の存在理由に関心を持つよう提案するのもおこがましいことだ。

でも、少し待ってほしい。あなたがこの世に生まれ、存在し、人生を送る理由や目的は、それほど難解であいまいなものなのか。深く考察する価値は本当にないのか。それとも、あなたの行動や発言、思考のすべてを理解するための前提条件になるほど根本的なものなのか。

経済学では、あなたの存在理由はあなた自身であると想定してきた。経済学者はあなたの効用や幸福が、あなたの行動の引き金になっていると考えている。幸福の一部は他人を手助けすることから得ているかもしれないが、自分が喜びを感じられる場合に限られる。

このシンプルな考え方が、過去2世紀にわたって、個人、社会、経済、政治、政府、国家に関する議論や思考の基盤になってきた。世界を、自己利益によって動機づけられた個人や集団が住む場所と捉え、実際にそのような世界ができている。他人の面倒を見ることは人間の本能ではないため、他者の利益を考慮した行動をとらせるには十分な見返りを与えて動機づける必要があると考えられている。

本書は、このような考え方は根本的に誤っていると主張する。この考えは、原因と結果を混同している。私たちは生まれつき利己的ではなく社交的（ときには「社会的にプログラムされている」とも言われる）というわけではないものの、動機づけや強制だけでなく、個人と集団全体の幸福を評価することで、社交的になるよう促される。（注4）私たちは集団のパーパスに貢献することで利益を得る。なぜならそれにより、個人で達成できる以上のことを成し遂げられるからだ。

パーパスは、自分や家族や友人、地域社会、国、自然界や人間界が現在または将来直面する問題を解決することだ。それらが私たちの存在理由であり、他者が存在する理由だ。他者は私たちや別の人たちに喜びや幸福、充実感をもたらしてくれる。他者の問題を解決するという考え方は、論理が一貫している。他者を手助けすることで、私たちも同じパーパスを持つ他者から手助けを受けるからだ。これは世界が機能し発展していくための相互支援システムである。私たちは個人としても集団としても、他者の存在を手助けするために存在している。

それは私たちがこの世に生まれてきた理由であるだけでなく、モノ、概念や制度が生み出された理由でもある。行動、発言、生産、創造など私たちの活動のすべてが、私たちや他者の問題解決を手助けする目的で設計されており、問題を解決すればするほど、より多くのものを創造できる。システムが持つ高次のパーパスは、個々の人間やプロセスが単独で達成できるものを超えた、さまざまな可能性や選択肢を増やすことで全体を豊かにする。

ただし、これが常に当てはまると考えるのは拙速だ。人間は良いものだけでなく悪いものも生み出し、助け合うだけでなく傷つけ合う。創造だけでなく破壊もする。私たちは利己的であるだけでなく、同族意識によって動機づけられ、自分自身や自分の子ども、家族を最優先に考え、他者をはるか下に位置づける。無関心で怠慢で無知で、悪意を持っている。

さらに、高次のパーパスは、自由や可能性を引き出すよりも、制約的で権威主義に陥るリスクがある。それらは一部の人の信念や願望を他者に押しつけ、序章で述べた競争と市場の自由を脅かし、他者の考えに制約されずに個人がパーパスを追求する能力を損ない、人を豊かにするどころか貧しくする原因になり得る。

パーパスがもたらす利益だけでなく、問題についても認識しなければならない。個人の自由と集団のウェルビーイングという相反するイデオロギーを強引に広めるのではなく、ボトムアップの還元論とトップダウンの目的論の、両方の視点の長所を理解すべきだ。これはどちらか一方を選ぶという問題ではなく、両方の視点が必要であり、生物学的に言えば「特権的な次元は存在しない」(注5)。ボトムアップの「市場と競争」とトップダウンの「システムとパーパス」の、両方の利点を生かさなければならない。

問題は、それをどう達成するかだ。トップダウンのパーパスを押しつければ、より下位にあるパーパスの独立性が損なわれる。この点こそ、本書が解決しようとしている難問だ。私は、正しく設定された高次のパーパスは、下位の個人や集団に対してより大きな主体性を与えると主張する。それらは私たちの選択の能力を高め、遺伝的特性によって下位から押しつけられる決定論的条件から私たちを解放してくれる。そのためには、目的を支える価値観と、その成果を評価する基準の設定が欠かせない。

インテグリティ

2015年9月20日、独フォルクスワーゲン(VW)のマルティン・ヴィンターコルンCEOは、米国の排ガス試験で不正を働き、汚染物質の排出量が少なくなるよう見せかけていたことを公に認めた(注6)。この事件で特に問題となったのは、「ディフィートデバイス(無効化装置）」と呼ばれる仕組みを使っていた点だ。この装置は道路走行時と排ガス試験時とで、クルマが異なる動きをするよう作動する。ＶＷの不正発覚前、無効化装置は自動車業界以外の人にはほとんど知られていなかったが、業界関係者の間では有名だった。

無効化装置は二つの要素から成る。一つは排ガス試験中かどうかを判断するモニター、もう一つは試験実施中にクルマの挙動を変える修正ソフトだ。１９９１年から１９９５年にかけてゼネラル・モーターズは、排ガス試験時にエアコンはオフで実施されることに着目し、エアコンがオンのときに排ガス浄化装置の働きを弱め、エンジン出力が上がるようエンジンを制御するソフトを不正に設定した。(注7)

ＶＷ車の無効化装置には、ボッシュが供給する電子ディーゼル・コントロール・ユニット17と呼ばれる機器が使われていた。ボッシュは２０１7年2月に米国で起こされていた集団訴訟で和解に応じ、３億２８００万ドルの和解金を支払うことに合意した。(注8)環境を守るための排ガス試験を回避するためクルマに無効化装置を搭載したことは、顧客や社会、自然界の健康やウェルビーイングを守るための手続きを逃れることであり、誠実さ（インテグリティ）が欠如しているといえるかもしれない。

インテグリティには、互いに関連しているが異なる二つの意味がある。一つ目は完全に統一され分裂していない状態（統一性）、二つ目は正直で強い道徳観を持っていること（誠実さ）だ。システムが効率的かつ効果的に機能するには前者の要素、すなわち、各要素が互いに補完し合い、要素の総和以上の全体をつくり出すことが必要だ。これがシステムの仕組みであり、各要素が存在し、統一された分割不可能な全体をつくり出すよう相互作用する。

しかし、他者の抱える問題を解決し、問題を生み出さないようにするには、二つ目の意味を特徴として示す必要がある。それは、誠実さと確固たる信念という強い道徳的特徴だ。無効化装置は、技術面と収益面に貢献する点で統一性を備えていたかもしれないが、問題を引き起こさず正直に問題を解決するという二つ目の意味（誠実さ）には明らかに反している。

システムがパーパス実現に向けたコミットメントを示すための仕組みは、まずはそのための内部機能、構造、構成要素を持ち、次にパーパスに忠実であるための原則や価値観を持つことだ。(注9) この組み合わせこそ、インテグリティが持つ二つの意味を兼ね備えてシステムの完全性を実現する。この組み合わせは、序章で述べた完全で正常に機能する競争市場と資本主義の特性であり、それが私たち個人の自己利益を集団の共同利益に変換できる理由だ。

個々の構成要素である自己利益は、それらの総和よりも大きな価値を持つことによって、システムのパーパス実現に向けられる。(注10) その価値を実現するためには、構成員の価値観をシステムのパーパス実現と一致させる必要がある。資本主義システムの場合、市場は望ましい生産を引き出すのに十分な価格を設定することによって、必要な構成要素をすべて確保し、市場の価格メカニズムが供給者と顧客の価値観を一致させる。

したがって、うまく機能している市場システムは、両方の意味でのインテグリティ（統一性と誠実さ）を示す。しかし、市場システムだけがインテグリティを示すわけではない。必要な構成要素をまとめ、それらの利益とシステムのパーパスを一致させるすべてのシステムは、その条件を満たす。さらに皮肉なことに、他のシステムも市場と同じことを実行し、ときには市場よりもうまく実現できるため、市場は失敗する。

例えば、フェイスブックとグーグルは、ユーザーが一つのプラットフォーム上で互いに交流できる利点を生かして競争市場を支配するグローバルな内部システムを創出した。両社がグローバルな独占企業に成長するにつれ、他社は競争するのが不可能となった。この両社は市場よりも、市場の特性をうまく再現したのだ。

完全競争市場が存在している間は、資本主義システムはインテグリティを示すが、その中心的な特徴である「企業は常により多くの利益を追求する」が成功するようになると、競争が阻害され資本主義のインテグリティは必然的に崩壊する。競争に依存しながら独占を促すシステムにインテグリティは存在し得ない。なぜなら本質的に矛盾しているからだ。

このようなジレンマを解決する方法の一つに、ジョセフ・シュンペーターが提唱した「創造的破壊」がある。これは起業家精神に富んだ革新的な企業がすでに確立された巨大企業の領域に参入し、そのシステムを徐々に破壊していき、ついには巨大企業の崩壊を招くというものだ。（注11）コダックとノキアは写真フィルムと通信業界においてテクノロジーの変化を認識できず、他社が携帯電話にカメラとコンピューターを組み込むなかで立ち遅れ、壊滅的な打撃を受けた例としてしばしば取り上げられる。

しかし、例えばコダックのような企業をアップルのような支配的企業に置き換えることで問題は解決するのだろうか。さらに重要なのは、シュンペーターの創造的破壊は、利益追求競争の優位性よりも、目的意識を持った問題解決を目指す起業家の持つ力を示している点ではないだろうか。企業のパーパスは、存在意義を見失いがちな老舗の大企業よりもスタートアップのほうがより明確に表れる。

最も成功した企業の行き着く先は常に搾取的な独占であり、歴史上、自由放任の市場が失敗してきたことを考えると、ビジネスの目的は利益追求のみであるという前提が本当に正しいのか、再考しなければならない。

競争を通じて利益を追求する企業における私的利益と公益とを一致させる試みは失敗が避けられないため、競争がない場合でも、企業のパーパスが私たちの望むものと一致している必要がある。私たちが望まないことを企業がするのではなく、望むことをするよう促すべきであり、市場に問題を解決してもらおうと頼ってはいけない。

言い換えると、市場のインテグリティは、その参加者のインテグリティに依存している点を認識すべきだ。市場を独占する規模に達した参加者が、序章の冒頭で述べたような個人の自己利益を共同の利益に転換するというすばらしい変革を実行することは決してない。仮にあなたが完全に利己的であっても、それは大した問題ではない。残念ながら、あなたは小さすぎて影響力がないからだ。しかし、アマゾン、アップル、フェイスブック、グーグルのような企業は違う。これらの巨大企業には、私たち（顧客、社会、従業員、サプライヤー）が必要とするパーパスを持たせる必要がある。

競争（存在しないかもしれない）や規制（競争に代わる不完全な手段）に頼るのではなく、彼らと私たちのインセンティブを一致させなければならない。一致したインセンティブは彼ら自身の利益の一部であるべきだ。言い換えれば、企業のパーパスが自然に彼ら自身の利益を通じて私たちの問題を解決することに向かうようにし、企業は問題解決から利益を獲得し、問題を引き起こすことで利益が生じないようにすべきである。

利益

「利益」の語源はラテン語の「プロフェクタス（prōfectus：進歩、成功）」で、「プロフィセレ（prōficere：進歩する）」に由来する。[注12] つまり、利益は目標や目的の達成に向けた進歩や前進と考えると理解しやすい。今日では、利益とはお金であり、特に企業が事業活動に要した費用を上回った剰余金のことを指す。利益の本来の概念は進歩や前進だが、金銭的利益として理解されるようになった。

現代において「利益」は、個人的利益や金銭的利得の概念となっている。何か経済活動をする際、かかった費用を上回る部分が利益だ。ただし、利益は金銭的な報酬とは限らない。

私たちを突き動かす欲望や嫉妬、誇り、やさしさ、思いやり、気遣い、配慮といった人間の特性から生まれることもある。美徳や犠牲、善行や悪行からも生まれるかもしれない。

つまり、単に利益を上げながら問題を解決するだけでなく、その目的を深く考える必要がある。そのためには、利益とは何かを明確にし、目的が確実に他者の利益になるよう、利益の範囲を制限しなければならない。他者を犠牲にして獲得され蓄えられた利益は排除すべきだ。他者に問題を生じさせて得たものは利益ではない。無効化装置を車両に搭載することで得たＶＷの利益は、本当の意味での利益ではない。

このシンプルな利益の定義の変化が、世界の本質を根本的に変化させる。それがパーパスを利益獲得の意図と一致させ、利益獲得の意図をパーパスと一致させるからだ。パーパスには二つの要素がある。一つ目は、人々や地球の問題に対して利益を上げる形で解決策を提示すること、二つ目は、ここで議論したように、人々や地球に問題を起こして利益を得てはならないということだ。

二つ目の要素は一つ目に大きな影響を与える。なぜなら、他者に害を及ぼさない行為のみが利益によって報われるため、そのことがすべてのパーパスを正当化するからだ。したがって利益を追求する際には、企業や投資家は他者に害を及ぼさないパーパスだけを追求することになる。ここで重要なのは、企業や投資家に何らかのパーパスを押しつける必要はないことだ。パーパスを追求する過程で問題を引き起こし放置したまま利益を得るようなことがない限り、解決する問題を自由に選ぶことができる。

世界中の企業、経済、社会、国家における失敗の歴史の根底には、利益に対する誤解と誤った測定方法がある。私たちは利益を、より正確に言うと、利益でないものを利益として誤って計上してきた。利益の定義や会計上の単純な誤りがそのまま、法律、規制、株式所有、ガバナンス、金融、投資の基礎になってしまった。そのことは、信じられないほどの成長と繁栄の源となった半面、深刻な失敗や危機の原因となった。この誤りを正せば企業、経済、金融システムの多くの失敗を是正することが可能となり、公正で公平な繁栄する社会を築くことができる。

利益の概念を変えることで最も影響を受けるのは、株式を所有し利益配当を受ける人々、つまり投資家や株主だ。しかし、利益概念の見直しによって、「エクイティ（株主資本）」の概念を本来の意味に一致させることにもなる。

エクイティ

「エクイティ」の語源はラテン語の「エキタス（aequitas）」で正義、平等、公正を意味し、オックスフォード英語辞典には「権利を行使する際の合理性や節度、権利を強く主張しすぎない姿勢」とある。(注13) それは異なる人々が公平に扱われること、つまり、富を創出し増やすだけでなく、富の分配にも関係する。言い換えると、エクイティは私たちが蓄える金銭的価値だけでなく、公平性と価値、人間として信じ価値を置くものにも関係している。

このエクイティの二重の意味は、株式と株主にも通じる。株式所有とは株式を持つことだが、同時に所有を分かち合うことでもある。前者は受動的で個人主義的だ。これは株式に対する所有権を、あらゆる形態の財産の所有権と同等と見るエクイティ概念が反映されている。

一方、後者は能動的で共同参加的だ。これは、コモンロー（英米法）諸国におけるエクイティ（衡平法）と信託の受託者との関連に由来する。受託者は、他者のために財産を所有する。つまり、前者は株主自身の利益に、後者は企業のステークホルダーと株式所有による利益を分かち合うことにそれぞれ関係している。

エクイティに対する理解は、前者の解釈にますます支配されるようになっている。株式（エクイティ）とは所有者である株主の利益のために存在する。そして、受益者から出資を受け株式を所有する機関投資家の役割は、受益者の利益のために資産を運用することだ。同様に、企業の取締役会は株主の代理機関であり、株主の利益のために企業の成功を追求する。

後者の解釈は、これとは全く異なる。株式所有とは、株主から投資先企業への財産、すなわち金融資本の移転であり、それは企業のさまざまなステークホルダーの利益になる。機関投資家は、投資先企業と出資者である受益者の双方に対して役割を担う。同様に、取締役会は単なる株主の代理機関ではなく、受託者として顧客や従業員などその企業に関わるさまざまな当事者の利益を守る役割を担う。

皮肉なことに、私たちは経済効率性や生産性の向上を民間部門に期待し、分配と公平性の実現を公共部門や国家の役割としているが、コモンローにおけるエクイティの概念は、本来、分配と公平性に関するものだった。このエクイティの概念は、世界で最も成功を収めるいくつかの大企業や上場企業において今日でも存続している。これらの企業は「産業財団」「企業財団」と呼ばれる、信託や財団によって所有されている。

ボッシュ、イケア、ロレックス、タタ、ヴァレンベリ（ヴァレンベリ・スフィアと呼ばれる企業グループには、エレクトロラックス、エリクソン、ストラ・エンソが含まれる。これらは世界最古の株式会社だ）などは財団が所有している。デンマークには、カールスバーグ、モラー・マークス、ノボ・ノルディスクなど財団所有の有名企業がある。多くの場合、これらの企業は証券取引所に上場し株式が活発に取引されているが、支配株主は財団だ。

エクイティの二番目の解釈において、機関投資家と取締役会の役割は、信託に資金を預ける人（委託者）と信託から利益を受ける人（受益者）の関係に似ている。企業の取締役や機関投資家のマネジャーは、株主や受益者に対してだけでなく、企業自体や企業に参加し影響を受ける人々に対しても義務を負う。

この違いは、取締役の義務の性質にも影響を与える。最も頻繁に強調されるのは、忠実義務と注意義務だ。エクイティに関する伝統的な解釈では、取締役が負う忠実義務と注意義務は株主に対するものだ。他の解釈では、取締役の忠実義務は依然として株主に対するものだが、注意義務は企業自体とそのステークホルダーにも広く及ぶ。この場合、注意（ケア）の概念は一般的に理解される「配慮」に近くなる。

ケア

ケアは人間の感情、感覚、思考の中心にある。人間であることの本質であり、他者のウェルビーイングを気にかけ、配慮し、彼らに対して注意を払いながら行動することだ。ケアには、美徳から義務や責任まですべてが含まれる。

ケアは単なる抽象的な理論的概念ではなく、実践の場においても役立つものだ。ケアは他者への依存と、それに対しケアを提供するという人間の自然な本能と結びついている。家族や地域社会が崩壊し、従来のサポートが減少するなかで、ケアは急成長している産業の一つになった。従来のサポートの代わりに、若者、病人、高齢者を介護士が職業として専門的にケアするようになり、ケアの提供と評価の手順も形式化された。

ケアの形式化は、他者が私たちに依存することだけでなく、私たちが他者に与える影響からも生じている。組織の規模が拡大し重要性が増すにつれ、それらは利益と不利益の両方を与える可能性が高まる。組織運営者は利益を促進し不利益を回避するため、より広範な注意義務を負うようになった。これには、個人や組織の行動に対する規制強化が反映されている。

ケアは他者の問題を解決することと問題の発生を防止することの両方に関連している。しかし、ケアの提供に標準化や形式化が必要とされている点は、ケアを維持し促進するための現代の経済、政治、社会システムに根本的な失敗があることを反映している。ケアはそれを必要とする人に対する共感という人間の感情によって行われるべきであり、提供を保証するためのルールや規制、監督に依存すべきではない。

ケアは、個人の自己利益を他者の利益に転換し、利己心を無私の心に変える。当然、ケアは個人、組織、会社、国家、社会のすべての活動の基盤となるべきだ。しかし、現実にはそうなっておらず、家族や地域社会の崩壊、国家や国際秩序の分断が深刻化するなか、ますますその役割を果たせなくなっている。

ケアがあれば、経済や地域社会は、排除され取り残された人々の利益を組み込んだ包摂的な成長を促進することができる。これは、成功の果実を享受する人が、それを得られない人々に広めたいという内発的欲求から生まれるもので、経済や地域社会の発展には参加とアクセスが重要なカギとなる。

私たちは十分なケアを提供していない。感情よりも合理性を、価値観よりも価値を重視するあまり、人間にとって最も重要な資質である「思いやり」を保護し育むことに失敗している。数値化できる「ハード」な経済的価値を崇拝し、数値化できない「ソフト」な主観的な価値観を軽視している。経済や金融の価値を追求するあまり、ケアとそれに付随する価値観をないがしろにするようになってしまった。

私たちはケアの提供を、専門的に訓練を受けた人たちに委託するようになった。それにより、今度は一般の人がケアを提供することの正当性が問われ、ケアを提供する人と、提供の意欲はあるがその機会を失い疎外感を感じる人との間に隔たりを生む悪循環が生じている。

私たちは感情に基づくケアを、他者のウェルビーイングを気にかけるのではなく、契約を通じて提供される市場取引に置き換えている。これは、ケアを促進する二つの異なる政策を示している。市場取引を政府の支援で補完するか、それとも他者へのケアを促すような地域や社会の仕組みを強化するか。前者に焦点を当てることは、後者を阻害するリスクがある。

ケアは、さまざまな機関や組織のコアバリュー(中核的価値)として最初から組み込まれるべきものだ。そして、すべての機関や組織に対して、価値観と正当性を明確に示し、その中にケアを含めるよう求めるべきだ。「人的資源管理(human resource management)」の略語であるＨＲＭは、「人間関係の重要性(humane relations matter)」に置き換えられるべきである。さらに、世界中の国に対し、「国家、国民、企業、組織、機関は、最もケアが必要な人たちにケアを提供し、彼らのウェルビーイングを向上させるために存在している」という原則を憲法に盛り込むよう呼びかけるべきだ。

英米の会社法は、取締役は合理的に期待される程度の注意をもって職務を遂行しなければならないと規定している。(注14) その結果、「取締役は『監督』義務を負い、企業の事業遂行能力、法令遵守、財務成果を監視する。取締役会が『適切な情報収集と報告の体制を全く整備しようとしなかった』場合は、忠実義務に違反し悪意で行動したと判断される」(注15)。

右の会社法の規定と判例について、取締役には自分たちの組織が関与し影響を与えるすべての人々に対して確実にケアする義務があることを意味していると解釈すべきである。自動車メーカーの取締役は、自社の車両に無効化装置を搭載しないことを確実にする義務を負う。それは、単に法律や規制に違反しているから、あるいは意図的な不正は明らかに不誠実だからというだけではなく、そうすることで他者に害を及ぼすことになるからだ。そして株主は、自身の利益だけでなく、自分たちの投資によって影響を受けるすべての人たちのウェルビーイングを気にかけるべきであり、どんな不正や誠実さの欠如も許容してはならない。取締役と株主は、自分たちのパーパスだけでなく、世界市民として共通のパーパスを促進する役割を理解したうえで、これまで述べた義務を果たす必要がある。

シチズンシップ

私たちは利己的な世界に生きている。その傾向はますます強くなっており、政治的分断やポピュリズム、孤立主義や保護主義がまん延している。人々は自己に閉じこもるようになり、新型コロナウイルスの世界的流行によって、孤立は心理的現象にとどまらず医療上の問題となり深刻化した。

このような状況になると、自由主義、自由貿易、市場、そして市場の失敗を是正する政府を中心とした「ワシントン・コンセンサス」に基づく「合意の政治」が崩壊していく。(注16) その代わりに、自分たちは搾取され不利益な立場に置かれているという不満に助長された「対立の政治」が現れる。そこでは、自分たちの利益と不満を認めてくれる人だけが信頼に値するとの考え方が広がっていく。迫害感は不満や復讐心を生み、それが反自由主義や過激主義の政治に反映され、さらに強化される。

なぜ、このようなことが起きるのか。答えは、それを助長する経済学と政治学に基づくシステムを発展させてきたからだ。啓蒙時代に宗教や君主の政治への影響が弱まる一方で、個人の影響力が高まった。これは当初、トマス・ホッブズやジョン・ロックが説いたように君主や国家と市民との間の社会契約として現れ、その後、デイヴィッド・ヒュームやジェレミー・ベンサム、ジョン・スチュアート・ミルが発展させた功利主義の形をとった。功利主義では、社会的選好は個人の選好の総和と捉えられた。

同じころ経済学は、市場が経済的繁栄の源であり、個人の選好を反映した社会的選好の最大化を達成する手段であるという考えをもとに、独自の学問分野として台頭していた。そして政治学と経済学の双方で発展し始めたのが、個人の優位性だった。

しかし、その重要性は当初、個人が利用できる資源と経済的影響力の限界によって抑えられていた。まずは農業中心の時代、また次の小規模な家族経営企業に限定されていた工業化の時代においてそうだった。しかし、製造業の興隆、次にサービス業（特に金融サービス業）

の発展、多国籍企業、情報ネットワーク、プラットフォーム型ビジネスモデルの出現により、状況は一変した。ヴァンダービルトのように、企業を所有し経営する人物に突然、莫大な富と巨大な経済的権力が集中する現象が見られるようになった。

しかし、それは単にビジネスの根底にある哲学を反映したものであり、社会にとって利益になると考えられていた。オーナーや経営者が利益を追求することが繁栄と富の源であり、特に株式や財産を所有する一部の階級にとってはその通りだった。

当初、このような考えが受け入れられた要因は二つあった。一つ目は米国のニューディール政策やその後の英国などでの福祉政策に見られるように、税金や援助を通じて富の再分配を行う国家の役割であり、二つ目は企業の不正行為を防止するための競争と規制の組み合わせであった。しかし、国家による富の再分配と巨大企業を抑制するための競争と規制の限界が明らかになるにつれ、どちらも崩壊し始めた。

この問題は2008年の金融危機で頂点に達した。搾取と不正行為の実態が明らかになる一方、政府と規制当局には違法行為を罰し、不正を正す能力がないことが露呈した。この失敗は他の場所でも繰り返されており、例えばVWのディーゼルスキャンダルでは、自動車業界による意図的な不正行為が以前から長期間にわたって広く行われていたにもかかわらず、政府も規制当局もそれを正すことができなかった。

その結果、ビジネスや金融だけでなく、特権や権利全般に対して不信や疑念が強まった。

実力主義や、能力や努力に対する報酬という考え方は万人に平等な機会を与えるものではなく、十分な相続、生育環境、教育を与えられた層の特権と見なされるようになった。(注17)

フィナンシャリゼーション（金融化）、グローバリゼーション、不平等、人種差別、地域格差、都市の荒廃、環境破壊、自然破壊、パンデミックによる社会的分断、近年の人工知能による人類への脅威など、それ以来起きたことはすべてこの傾向を助長した。個人の優位性はその頂点に達した。人々の経済学は利益のための経済学となり、人々の政治学は個人のための政治学に代わった。

アラスデア・マッキンタイアやマイケル・サンデルなどの多くの論者が指摘し、アダム・スミスが『道徳感情論』で警鐘を鳴らしたように、私たちは共通のパーパスという概念を見失っている。これは、ともにパンを分け合うという「クム・パニス」の精神や、地域社会や国における団結の喪失を意味する。(注18) 基本的に企業や国家は、国民や株主の利益や効用をパススルーするための装置であるとの見方が主流になった。

それにより、企業や国家はすべての人が賛同しそこから利益を得るという共通のパーパスを掲げる存在ではなくなり、企業はステークホルダーより株主の影響力を強め、政府は少数派よりも多数派を優先させるようになった。企業と政府は、シチズンシップよりも個人主義の概念を強調し、共通のパーパスより個人のパーパスを促進している。

地域社会、国家、環境、自然の基盤を崩壊させないためにはシチズンシップ、つまり市民としての役割や責任を早急に再認識する必要がある。今こそ、少数ではなく多数の人々のために、現在世代だけでなく将来世代のためにも、世界市民として共通のパーパスを認識し、社会の分断を反転させなければならない重要なときだ。

実行

本書は、パーパス、インテグリティ、利益、エクイティ、ケア、シチズンシップを、経済、社会、政治システムの中心に据え、資本主義を規律する全体的な枠組みについて説明する。共通のパーパスを定め、それが公的、非営利、慈善、社会的、商業的な企業のガバナンスを設計する際の推進力となるようにすべきだ。次章では、これが実現した場合に、現在世界が直面している難題がどのように解決されるかを述べる。

資本主義の規律に関する政策は、法律と規制、株式所有とガバナンス、測定と成果、ファイナンスと投資の四つの組み合わせからなる。現在、会社法は、取締役の株主に対する義務と、株主利益のために企業を運営する方法について定めていると考えられている。規制は、企業が株主のために事業を展開し成功を目指すゲームのいわばルールとされている。

株式所有とは、株主の権利とその行使のあり方に関するもので、コーポレート・ガバナンスとは、経営陣の利益を株主の利益と一致させることを主眼とし、例えばモニタリングやインセンティブ制度などを通じて利害の不一致に対応するものとされている。

測定とは、企業が保有する建物、工場、機械などの有形資産と金融資産・負債を会計処理することを意味するものとされ、成果は、企業が上げた収益から物的資産の維持費などを含む総費用を差し引いた純利益に基づいて計算され、役員や経営陣の報酬はその利益によって決定される。

ファイナンスは投資家の利益増大と少数株主の利益保護に関するもので、投資は、株主資本の価値最大化を目的に実行されるとされている。

前述のような、株主の法的権利、法律や規制による制限、株式所有とガバナンスの権利、資産と成果の測定、投資リターンと株主価値を最大化するための経営などからなる組み合わせは、株主利益を中心とする経済システムの性質を、一貫性を持って説明している。

これとは対照的に、本書が示すのは、個人、社会、自然界全体の利益のために経済的成功を促進する、という共通のパーパスを中心に、一貫性があり整合性の取れたシステムを構築すべきであるということだ。それを実現するために、法は取締役が自社のパーパスを決定し促進する義務を負う旨を規定すべきだ。規制はゲームのルールを定めるだけでなく、企業のパーパスと社会的配慮を一致させることを目指すべきであり、特に公的役割を担う企業に対してそうあるべきだ。

株式所有は株主の権利だけでなく、企業のパーパスを維持し、原則や価値観を遵守する株主の義務に関わり、ガバナンスは経営陣の利益と株主の利益の一致だけでなく、企業のパーパスを実現させるためのリーダーシップやマネジメントにも関わっている。

測定は、金融資産と有形資産、負債だけでなく、企業の法的境界の内外にある人的資産や社会的資産、自然資産も考慮に入れるべきだ。成果は、企業が掲げるパーパスをどの程度実現できたかを反映し、利益の計上は企業から影響を受けるすべての当事者の利益を守りながら行われるべきだ。

ファイナンスは、資金供給と倒産リスクの減少を通じて成功を後押しし、投資は他の企業や、公共部門、非営利組織などとも連携して、共通のパーパスの実現に向けられるべきだ。

これらも、企業の掲げるパーパスの実現を推進する法律と、企業の掲げるパーパスと社会的目的の一致を促す規制に関する、一貫した整合性のある説明だ。株式所有とはパーパスに関する原則と価値観を確立すること、ガバナンスとは企業のパーパスを実現するためのリーダーシップとマネジメント、測定とは企業が関係者に与える影響、成果とは企業の掲げるパーパスの実現の程度、ファイナンスとはパーパス実現を後押しする投資資金の供給、に関することである。

本書のパート2からパート5までの八つの章では、問題解決志向型の資本主義を実現するために必要な原則と政策について説明している。そこに進む前に、次章で、誤った資本主義モデルがどのようにして、現在私たちが直面している崩壊の危機をもたらしたのかを述べる。

第2章

課題

あなたは世界を
豊かにするためにここにいる。
その使命を忘れたら
人生はむなしいものに
なってしまう。

ウッドロー・ウィルソン
（第28代米国大統領、政治学者）

新型コロナウイルスとパンデミック

2020年12月30日の午前7時過ぎ、オックスフォード大学が開発した新型コロナウイルスのワクチンが承認されたニュースが流れた。これを受け、「ゲームチェンジャー」「きわめて重要な瞬間」「深い霧の中の一筋の光明」など、さまざまな称賛の声が寄せられた。それはどうしてだろうか。新型コロナのワクチンとしては三番目に開発され、英国での承認は二番目だったのになぜ喝采を浴びたのか。通常、銀メダルや銅メダルの獲得者がこれほど称賛されることはない。

このワクチンを開発したのが英国のオックスフォード大学と、英国とスウェーデンにルーツのあるアストラゼネカであり、英国民の誇りが称賛の理由に少し関わっていたかもしれない。だが、それ以上の理由がある。このワクチンには先行するワクチンにはない二つの特徴があったのだ。第一の特徴は、通常の冷蔵庫で保存でき、超低温にする必要がなかったため、他のワクチンよりも素早く流通させることができた。

しかし、世界に大きな影響を与えたのは、第二の特徴だった。それは安価であり、他のワクチンの8分の1だった。(注1)そして、オックスフォード大学は次のような声明を出した。「オックスフォード大学とアストラゼネカのパートナーシップの核心は、パンデミックが続く間、そして低中所得国に対しては永続的に、営利を目的とせずワクチンを供給することに共同でコミットした(注2)」。

アストラゼネカとオックスフォード大学のパートナーシップの始まりは、欧州で新型コロナウイルスの感染拡大が始まったころにさかのぼる。同大でワクチン開発を研究するテリーザ・ラム教授が、待ち望んでいた情報をメールで受け取ったのは2020年1月11日土曜日の早朝だった。それは中国の研究者から提供されたウイルスの遺伝子コードだった。ラム教授はその直後から、昼夜を問わず解析を続け、週明けの月曜日には新型コロナウイルスワクチンの初期の設計図をつくり上げた。

4月17日、英国政府はアストラゼネカを創設メンバーとするワクチン・タスクフォースの設立を発表し、(注3)その直後にオックスフォード大学は欧州で初めて人間を対象とする新型コロナウイルスワクチンの臨床試験を開始した。(注4)同月29日、アストラゼネカは、オックスフォード大学と共同でワクチン開発に取り組むことを発表した。

これを発表する際、アストラゼネカのパスカル・ソリオCEOは、英国に拠点を構えるアストラゼネカがオックスフォード大学を提携先に選んだのは自然なことだと述べた。「英国に拠点を置いているので、英国の医学界と定期的に情報を交換してきた」「オックスフォード大学のワクチン開発グループと議論を重ね、この件について検討した結果、うまくいく可能性が高いと考えた。このワクチン開発チームは、世界一ではないとしても、それに値するチームの一つだ(注5)」と彼は語った。

しかし、この提携は実現しなかった可能性もあった。その6年前の2014年、アストラゼネカは、英国で最初に承認された新型コロナウイルスワクチンを開発した米ファイザーから敵対的TOBを仕掛けられ、英国企業でなくなるところだった。アストラゼネカの取締役会はこのTOBに断固反対し、その後、ファイザー側にタックスインバージョン（節税のための本社移転）の疑念が生じたことから、最終的にTOBが撤回された。この一件で、アストラゼネカの大口株主である機関投資家の多くは巨額の利益を得る機会を逃し、不満を募らせた。(注6)

この事例は二つのことを示している。第一に、企業と大学の連携は研究開発の促進とその成果を分配するうえで重要であること、第二に、このようなパートナーシップを促進するために企業の所有者と拠点の場所が大切だという点だ。

だが、それ以上に重要なことがある。オックスフォード大学がワクチンを安価で提供したのは、開発費用が低かったからではないという点だ。

実際には、他の二つのワクチンに比べて開発費用はかなり高額であり、その大部分は民間部門から拠出されたが、15億ポンドは政府から、5億ポンドは慈善団体の寄付から提供されたと推定される。全世界のワクチン開発では、各国の政府は合計65億ポンドを拠出したと推計されている。(注7)

このことは、ワクチン開発のような大規模プロジェクトを実行するプロセスの複雑さを示している。案件には、企業、大学、政府、非政府組織（NGO）、慈善団体とのパートナーシップが関わってくるが、それだけではない。

ワクチンの生産後には、それを配分するという大変な作業が待っている。事前予約購入の大部分は先進国が占めたため、他の国々は深刻な供給不足に陥るおそれがあり、どう配分するかは低中所得国にとって切実な問題だった。(注8) その調整は、国内の地域間だけでなく、国を横断した世界レベルで必要となった。

こうした動きは、重要だがほとんど議論されていない現代社会の観点、つまりガバナンスの複雑さをよく表している。これは、政府や企業だけではなく、国内外の民間、公的、非営利、個人、集団などあらゆる組織や機関のあらゆる側面におけるガバナンスを指す。

逆境のなかのチャンス

新型コロナを契機に、企業や政府は政策や方針のトップにパーパスを位置づけるようになった。これは驚くべきことだ。なぜなら、新型コロナウイルスの起源は完全には解明されていないが、企業とはほぼ無関係であることは明白だからだ。しかし、企業に壊滅的な影響を与え、世界経済を大恐慌以来の深刻な不況に陥れた。

危機からチャンスが生まれることがあり、今回ほど企業にとってのチャンスが大きかったことはない。それは、企業が信頼と尊敬を取り戻す絶好のチャンスだった。企業が私たちの生活にどう貢献しどんな重要な役割を果たしているかは十分に認識されていないが、この時期は、企業が個人、社会、国家、グローバル経済とともに、困難に立ち向かう姿が見られた。

企業は深刻な状況に直面し、存続が危ぶまれるなかでどのようにして信頼と尊敬を取り戻すことができたのか。市場が崩壊、あるいは消滅するなかで、どのようにして生き残ることができたのか。乗客のいない航空会社、客のいない劇場、映画館、バー、レストランは何ができたのか。演奏や試合ができないオーケストラやサッカーチームはどうするのがよかったのか。施設を閉鎖し、従業員を解雇し、コストを削減し、サプライチェーンを閉じる以外に何ができたのか。顧客がいないときに信頼や尊敬について語る意味はあったのか。

これらの問いに対する答えは、二つある。一つ目はエクイティだ。業界内で生き残るためには十分な自己資本と流動性を持つ企業が有利だった。企業はそれまで以上に、発生するコストを吸収するための準備金が必要だった。借入金に大きく依存したり、剰余金を配当や自社株買いに費やしたり、経営陣に高額報酬を支払っていたりした企業は、苦境に陥るリスクが高かった。

しかし、十分な自己資本と流動性を持つ企業でさえ、株式市場の力を利用して困難な時期を乗り越えることの重要性を認識するようになった。通常、企業が増資などで投資家から資金調達するのは、株式市場が好調なときであり、低迷時ではない。しかし、株式市場の大きな利点は、企業の将来収益に対する投資家の評価が株価に反映されることだ。投資家には、企業が危機を乗り越えるために実施した新株発行に応じ、配当削減に同意することが期待された。

二つ目は、企業のパーパスだ。存続が危ぶまれる場面で、企業のパーパスはどれくらい意義のあるものなのか。答えは「これまで以上に」である。なぜなら、企業のパーパスは人々や地球の抱える問題に対して利益を生み出す解決策を提供することであり、問題を生み出すことで利益を得ることではないと企業が認識すれば、その意義はこれまで以上に際立つ。

当時の客のいない航空会社や劇場、レストラン、バーに、どういうパーパスがあったのか。答えは、価値提案（バリュー・プロポジション）、つまり、投資家に対して長期的に生み出せる価値だった。それをもとに、企業は新株発行による資金調達ができた。パンデミックが収束に向かい、日常生活が戻ってきた際に、人々の旅行や娯楽、飲食のニーズに対して企業はどう対応すべきだったのか。

パンデミックを経て人々の嗜好が確実に変化したなかで、企業はその存在意義や価値をどのように回復し、高めることができるだろうか。(注9) 信用と信頼を築くことはこれまで以上に重要だった。何を誰の問題として、どのように、いつ解決できるか。なぜその企業がその問題を解決するのに適しているのか。これらの問いに答えることが、企業が信頼性の高い価値提案をし、必要な自己資本を調達するために不可欠だった。

そして、これらの問いに答える過程で、企業は従業員、地域社会、環境に対して問題を引き起こさない方法を示す必要があった。今回の危機は、ゼロ時間契約［就労が保障されず、雇用主から要請があった時にだけ働く労働待機契約］など不安定な雇用形態で働く労働者の厳しい実態を浮き彫りにした。第1次世界大戦が婦人参政権運動に対する人々の意識を変えたように、パンデミックは、雇用や労働の性質、搾取される労働者、サプライチェーン、天然資源、環境に対する人々の見方を一変させた。

だからこそ、こうした変化は企業にとって絶好のチャンスなのだが、それは企業と投資家が悲劇を成功に変えるために何が必要かを理解している場合に限られる。求められるのは、先見性と誠実さと資金だ。企業と経済を救済するため、政府は緊急の資金支援の実施を迫られたが、企業と投資家は、従業員、顧客、年金受給者、地域社会といったステークホルダーを支える責任をしっかりと認識する必要があった。

金融危機後に、銀行は社会的操業許可に従わず、国が救済措置で投じた公約資金を無駄使いした。企業が規制強化や国有化の圧力をかわすためには、同じ過ちを繰り返さないことが重要だった。

人々の年金は低調な資金運用によって危険にさらされていたが、それ以上に、雇用不安によって日常生活や生存が危機に瀕していた。価格引き上げ、減配、人員削減、事業閉鎖など、厳しい決断や選択の指針となったのは、企業のパーパスとその根底にある価値観だった。2020年から翌年にかけてのパンデミックの混乱から企業が解決策を見いだし再生できるか、それとも滅びてしまうのか。それを決めたのは、最終的には政府ではなく、企業自身と金融市場だった。

新型コロナウイルスのパンデミック以前は、企業の影響力が国を上回るという議論がなされていた。しかし、パンデミックにより状況は一変し、企業は政府の救済に頼らざるを得なくなった。その後、政府の巨大化と民間部門の縮小が話題になったのだが、これは誤った議論だ。政府が企業の代わりになると考えるのは愚かであり、同様に、企業が存在しなくても経済を救えると考えるのも間違っている。政府と企業は競争関係ではなく、協力関係にあるからだ。

パンデミックの間、各国はいわば戦争状態にあった。敵は外国ではなく世界に脅威を与えている新型コロナウイルスだ。それに打ち勝つため、民間と公共の両部門からあらゆるリソースを動員する必要があった。感染拡大対策として、公衆衛生管理（調査、追跡、ワクチン、隔離、ロックダウン）[注10]や、企業への緊急融資、補助金、減税、雇用者と自営業者を支援する大規模な財政出動などが実施された。

それらは問題の解決に欠かせないものだったが、あくまで中央政府の主導によるトップダウンの戦略であり、これとは正反対の取り組みもあった。それは、多くの頭脳がさまざまなアプローチを試す分散型の実験であり、まさに企業の出番である。多国籍企業、社会的企業、中小企業、スタートアップなどあらゆる形態の企業に参加が呼びかけられた。彼らにできて政府にできないことは、アイデア、プロセスのマネジメント、イノベーションを生むための資金調達、実験、投資などだ。

オックスフォード大学とアストラゼネカのワクチン開発はその好例だが、第2次世界大戦中のペニシリンの急速な増産も同様だ。「会社にとって、特許による制限がなかったことで、従来のリソース共有の壁が取り除かれた。1942年には早くも、製薬各社が情報と検体を交換する協定を締結した。最初に協定を結んだのはメルクとスクイブで、1年後にファイザーも加わった」[注11]。

1925年から1957年までメルクの社長だったジョージ・メルクは次のように述べて

いる。「製薬企業は、薬が患者のため、そして人々のためにあることを忘れてはならない。それは利益のためではない。利益は後からついてくるものであり、私たちがそのことを忘れなければ必ず得られ、それを自覚しているほど大きくなる（注12）」。

メルクの言葉は、２０２０年においても真実である。パンデミックの際には、ウイルスの封じ込めと撲滅を共通のパーパスに据え、力を合わせることが欠かせない。世界中の企業、政府、投資家、ステークホルダーが互いに依存し合っていることの認識も必要だ。企業が問題解決というパーパスを持つことで、自分たちは何を解決できるのか、それは誰の問題か、いつどのように解決できるのか、それらの問題を解決するのに自分たちは適任か、などを特定し、リソースを集中させることができる。

災害、社会的混乱、景気後退、不況によって、新たな問題が生み出され、それがビジネスチャンスになる。企業はそうした問題を、商業的に実行可能で利益を生むイノベーションに変え、投資家はそこに資金を投じる。その過程で企業は、顧客や従業員、サプライヤー、地域社会、投資家といったステークホルダーを動員し、この取り組みを支援してもらうだけでなく、逆にステークホルダーを支援する必要もある。

２０２０年６月のパンデミックの初期段階において、フィナンシャル・タイムズは、新型コロナウイルスの感染拡大から利益を得た企業に関する分析を発表し、翌年１月１日に情報を更新した（注13）。２０２０年６月の調査では、「ほとんどの企業にとって厳しい年となったが、少数ながら輝く企業もあった。製薬業界は新型コロナウイルスのワクチン開発で業績を伸ばし、テクノロジー大手は在宅勤務が広まったことで活気づき、生活必需品をオンラインで販売した小売業者は活況を呈した」と報告されている。

2021年1月の調査では、パンデミック中に企業の株式時価総額がドルベースでどれだけ増加したかを分析し、ランキングを更新した。そこからわかるのは、パンデミックで生じた新たな問題やニーズを解決する能力を活用した企業や業界が、株式時価総額を大きく増加させたことである。アップル、アマゾン、テスラ、マイクロソフト、アルファベット、テンセントなどがその例だ。

搾取的な産業や、消費者や社会の行動や嗜好の変化をうまく利用できなかった企業は、時価総額を大きく減少させた。エクソンモービル、ウェルズ・ファーゴ、ロイヤル・ダッチ・シェル、AT&T、シェブロン、ボーイングなどだ。前者の企業は、顧客や従業員、社会、サプライヤーを支援したほか、投資家にも利益をもたらした。逆に、後者の企業は、そのステークホルダーと株主の足を引っ張った。

エネルギー企業も後者に分類された。石油やガスから再生可能エネルギー（再エネ）への移行が遅れていた企業のほうが、同じ業界の中でも業績が悪かった。エクソンモービル、シエル、シェブロン、BPなどだ。しかし、それ以外にも悪影響を与えている要因があった。

環境、気候変動、エネルギー

2021年5月26日、石油業界最大手のエクソンモービルとシェルに激震が走った。

当時のエクソンモービルのパーパスは、「世界最高の石油と化学製品の企業になる」であり、そのために「高い倫理基準を守りながら、常に優れた財務・業績を達成する」としていた。化石燃料への依存を続ける方針によって、同社の資本利益率は2001〜2010年の平均約35パーセントから、2015〜2019年の平均約6パーセントに低下した。時価総額はピークだった2007年の5050億ドルから2020年には1390億ドルへと約4分の3が消えてなくなった。同社は2020年、92年間維持してきたダウ平均の構成銘柄から外れ、S&Pは過去5年間で信用格付けを2度引き下げた。

エクソンモービルの衰退を食い止めるため、それまで無名だったアクティビストのエンジン・ナンバーワンが、エクソンモービル株の約0・02%を取得した。持ち株比率はわずかで、エクソンモービルから激しい抵抗に遭ったが、2021年5月26日の年次株主総会で、エンジン・ナンバーワンは3人の新しい取締役を同社の取締役会に送り込むことに成功した。(注14)

その同じ日に、ハーグ地方裁判所はオランダの環境団体Milieudefensie［オランダ語で「環境保護」の意味］など七つの気候変動活動家グループがシェルグループを相手に起こした訴訟の判決を下した。裁判所は、シェルに対して、企業方針を見直し2019年の水準と比較して２０３０年までに二酸化炭素の排出量を45パーセント削減するよう命じた。

シェルはこの判決に失望したと表明し、控訴の意向を示したが、この2社の地球温暖化対策への姿勢は大きく違っていた。シェルは自社のパーパスを、「より多くのクリーンなエネルギーソリューションとともに前進していく」と定め、２０２０年には、２０５０年までにネットゼロのエネルギー企業になることにコミットし、２０２１年にはエネルギー企業として初めて、自社の「エネルギー転換戦略」に関し、投資家による勧告的決議が行われた。また、経営陣の報酬をカーボンフットプリント削減に連動させていた。しかし、気候変動活動家グループは、シェルの取り組みが不十分だと主張し、裁判所も同意した。

シェルは、多くの企業がこれから立ち向かうことになる課題に直面した。つまり、問題解決のための持続可能な解決策と、問題を生み出す持続不可能な対応策を区別する境界線の位置が変わってきているという点だ。ハーグ地方裁判所は、シェルの取り組みが「問題解決のための持続可能な解決策」のレベルには達していないと結論づけた。

シェルは、「削減義務」が競争上の不利益をもたらすと主張したが、裁判所はその反論を正当なものとは認めなかった。裁判所は、「削減義務を果たすには、企業方針の変更が必要であり、シェルグループの潜在的な成長を抑制する可能性がある」としたが、それでも「削減義務の履行によって得られる環境・社会の利益は、シェルグループの商業的利益を上回る」と述べた。[注15]

言い換えると、シェルが利益を生む解決策と考えていたものを、裁判所は持続不可能な事業活動と評価したのだ。このような立場から、裁判所はシェルに対し、問題を引き起こすのではなく問題を解決することで利益を得るというパーパスを果たすために、事業戦略のハードルを引き上げた。もし、シェルがその持続可能性基準を満たした利益をもたらす解決方法を見つけられない場合、アクティビスト機関投資家によるキャンペーンの標的となる可能性がある。一方、もしシェルがこの要求にうまく対応した場合、他のすべての石油・ガス企業にとってハードルが上がる。つまり、将来の競争は、収益性と持続可能性の両方で行われる。環境と株主の利益のための競争だ。

しかし、気候変動に対して危機感を抱いているのは企業だけではない。２０２１年11月に英グラスゴーで開催された第26回国連気候変動枠組み条約締約国会議（ＣＯＰ26）では、最も印象的で信頼性のあるコミットメントを表明したのは政府ではなく、これまで注目されることがなかった金融機関だった。この会議で、国連気候アクション・ファイナンス特使であり前イングランド銀行総裁であるマーク・カーニーはグラスゴー金融同盟（ＧＦＡＮＺ）を立ち上げ、「この会議の議長国である英国とイタリアのもとで、金融業界のネットゼロへのコミットメントは１３０兆ドル超となり25倍も増加した」と述べた。[注16]

報告書の前書きで、マーク・カーニーは次のように記した。「ＧＦＡＮＺは現在45カ国から４５０以上の主要金融機関が参加し、その資産総額は１３０兆ドルを超える。メンバーは、金融分野のバリューチェーンを代表するアセットオーナー、保険会社、資産運用会社、銀行、投資コンサルタント、取引所、格付機関、監査法人、その他の主要な金融サービス企業だ。参加メンバーのコミットメントは気候変動に関する科学と一致しており、国連気候変動枠組み条約（UNFCCC）の『Race to Zero』で掲げる基準に基づいている。それには、脱炭素に向けた短期的な目標設定、長期的取り組みを支援する計画の発表、年次進捗報告などが含まれている。これらのコミットメントは、金融機関が脱炭素化への取り組みを支援する決意を示したものだ。GFANZはすべての面で科学に基づき、専門家からなるGFANZ諮問委員会を通じて科学に従って行動する」(注17)。

そのため、機関投資家は、企業への投資がもたらす金銭的なリターン（すなわち、投資家のためにいくら稼いでいるか）だけでなく、地球温暖化（今後数十年間にわたって産業革命前と比較して1度、1・5度、2度、3度の気温上昇に関係しているか否か）や、ネットゼロへの道筋についても報告することを求められている。そのため、投資家も企業も、投資先や自社のサプライチェーンが地球温暖化に及ぼす悪影響を低減するようますます圧力を受けている。

これは企業のパーパスの第二の側面、すなわち、人々や地球に問題を引き起こすことで利益を得ないということに関係する。企業や投資家が地球温暖化の悪化を招くような事業や投資から利益を上げている限り、問題を引き起こして利益を得ていることになる。そうした企業や投資家は、自らが招いた問題の緩和や改善にかかる「真のコスト」を計上せず、利益を過大に表示している。したがって、企業や投資家は、事業や投資ポートフォリオにおいて明確な二酸化炭素の排出削減目標を設定し、その達成に要する費用を計算すべきだ。さらに進んで解決策を提供するには、現在だけでなく過去の二酸化炭素排出量を削減するための費用を計上し、ネットゼロを超えてネットポジティブの実現、つまり過去の排出分まで環境から二酸化炭素を取り除くことを目指すべきだ。マイクロソフトはこれにコミットしている。(注18)

こうした話に好印象を持った読者がいたかもしれないが、実際にはそううまくはいかなかった。2022年のロシア・ウクライナ戦争で石油・ガスの価格が高騰し、エネルギー危機が引き起こされた。その結果、再エネが後回しにされ、石油とガスへの回帰が急速に進んだ。その結果、化石燃料企業は莫大な利益を上げた。2022年11月のCOP27の時点では、GFANZが前年のCOP26でコミットしたことは、投資家にもたらすリターンという厳しい現実にぶつかり、さらには反トラスト法への抵触の恐れや気候変動対策に反対する政治的圧力にも直面し、実現が困難になった。(注19)

そして2021年5月に、わずかな持ち株比率のエンジン・ナンバーワンがエクソンモービルの取締役会に3人を送り込むことに成功した衝撃は、確かに驚くべき結果をもたらした。株価は約2倍になり、石油生産のための掘削や二酸化炭素排出量も増加した。

しかし、エネルギー危機は、再エネへの急速な移行が抱えるさらに深刻な問題を明らかにした。それは、もう一つの政治的命題である「包摂」に生じた対立だ。

不平等、社会的排除、入手困難な価格

再エネへの移行は重要だが、低所得層や恵まれない家庭にとって高すぎて利用できなかったり、遠隔地や農村部、発展途上国の人々がアクセスできなかったりすれば、それは解決策になっていない。これは単なる移行で、公正な移行になっていないからだ。その場合、先進国の比較的豊かな地域の高所得者や富裕層にビジネスがシフトしていき、不平等と社会的排除は着実に悪化していく。気候変動に対する解決策が格差や排除を助長するならば、新たな問題を発生させることで一つの問題を解決したにすぎない。企業は、両方の問題を解決するまで利益を得るべきではない。

アクセスのしやすさと手ごろな価格は、重大な問題として認識されるようになっている。本章の冒頭で新型コロナウイルスワクチンへのアクセスに関してこの問題に触れたが、ほかにも以前から広く知られている事例がたくさんある。「糖尿病を患う4億6300万人の成人の約80パーセントは低中所得国に居住しているが、それらのうちガイドラインに基づく糖尿病の標準的治療を受けられるのは10人に1人未満だ(注20)」。つまり、糖尿病は主に低中所得国における問題であり、治療は高所得国の特権だ。世界の多くの問題と同様に、解決策が最も乏しい地域に最も多くのニーズがある。低中所得国の人々は、糖尿病の罹患(りかん)率が高いのに治療法にアクセスできないという、二重の危険にさらされている。

この問題の解決に取り組んでいる製薬企業の一つがデンマークのノボ・ノルディスクだ。同社の当初のパーパスは、2型糖尿病の治療に用いられるインスリンの製造だったが、最も必要とする人々や地域に行き渡っていないことに気づき、パーパスを再考し始めた。そして、パーパスは2型糖尿病の治療に貢献することであり、必ずしもインスリンだけにとらわれる必要はないとの結論に至った。

同社は、世界各地で医療機関や医師、大学と連携し、2型糖尿病の最適な治療法を確立することに着手した。その過程で、治療だけでなく予防することで、2型糖尿病の根絶に貢献できると気づいた。そこで、世界中の政府、地方自治体、医療従事者と協力して、2型糖尿病にならないためにはライフスタイルや食事をどう改善すればいいか、解き明かそうとした。

確かに、価値のある素晴らしい取り組みだが、大きな疑問が湧く。ノボ・ノルディスクの屋台骨はそれまでインスリンの製造・販売が支えてきた。この取り組みを本格化させたら、基盤のビジネスモデルが崩壊するのではないか。答えは「ノー」だ。逆に、真のパーパスを発見できたことで、それを追い風に同社の事業はいっそう発展した。その理由は、世界中の医療機関、医師、政府、医療従事者との関係を構築する過程で、医療製品と助言を提供する信頼の置けるサプライヤーとなったからだ。

このことから、三つの重要なポイントが浮かび上がる。第一に、企業のパーパスを明確にし、解決しようとしている問題の性質や、誰のために、どのように解決策を提供するのか特定する必要がある。第二に、重要な社会課題を解決するには、専門家や国・自治体、社会団体、他の企業など、さまざまな分野の人々との協力が欠かせない。第三に、企業がその二つを実行しパーパス実現に全力を注げば、最も価値のある資産である「信頼」が生まれ、製品・サービスの信頼できる提供者として広く認められるようになる。

企業自身だけでなく社会にも利益をもたらす関係を支えているのは、将来を見据えた長期的な投資へのコミットメントだ。同社の株式所有構造もその支えとなっている。ノボ・ノルディスクは上場企業であり、デンマークとニューヨークの証券市場で同社の株式は活発に取引されている。しかし、同社にはノボ・ノルディスク財団という支配株主がいる。財団が保有する株式は全体の約4分の1にすぎないが、同社はデュアルクラス・ストラクチャー［1株に付与される議決権数が異なる複数種類の株式を発行し、創業家一族に多くの議決権を割り当てる形態］をとっているため、財団が議決権の4分の3を掌握している。財団に多くの議決権を与える見返りとして、財団による株式売却を防ぐ仕組みになっているのだ。それにより株式所有の基盤は安定し、世界規模での糖尿病根絶というパーパスの実現に全力投球することができ、かつ長期的な取り組みに必要な資金を調達するために流動性のある株式市場へのアクセスが可能になっている。

では次に、利益を生み出す問題解決というパーパスが明らかに機能しないと思われる企業群（いわゆる、罪ある株（シンストック、不道徳株））について検証してみよう。

罪と救済

たばこ・酒類メーカー、カジノ運営企業、武器製造企業は、有意義なパーパスを持つことができるのだろうか。これらの企業は本質的に悪であり、改善の見込みがないと考えられてきた。

化石燃料企業は、手ごろな価格でアクセスが容易な再エネ供給の実現を目指し、世界のエネルギー問題の解決に真剣に取り組むエネルギー企業に生まれ変わることで、社会に貢献できるかもしれない。しかし、中毒性があり、健康に害を与え、環境を汚染し、死や病気の原因となる製品を製造するたばこメーカーに、正当なパーパスは存在するのだろうか。

たばこメーカーのうち何社かは、葉を燃焼させない電子たばこなどへの切り替えを促進し、「煙のない社会（スモークフリー）」の実現をパーパスに掲げている。しかし、これらは従来の製品より害が少ないとはいえ、決して健康にメリットのある製品ではない。害を減らすこと以外にたばこメーカーが実現できる前向きなパーパスはあるだろうか。

たばこ、酒類、ギャンブル、ファストフードやスナック菓子の企業が果たそうとしている役割は、私たちが楽しみ、食事をし、リラックスし、社会的な交流をするための安価な方法を提供することだ。しかし、そうすることで、依存症や汚染、健康被害を引き起こしている。つまり、問題と解決策の両方を生み出すことで利益を得ているのだ。こうした企業が自らの存在意義を見直すためには、問題を引き起こさず、健康で安全な楽しみや食、くつろぎ、社会的交流を手ごろな価格で提供する方法を見つけ出す必要がある。

しかし、健康に害があり死亡のリスクが高まることを承知のうえで商品やサービスを利用したい人たちもいる。その場合には、彼らを止める理由はない。誰にも自分の利益のために決定を下す自由があり、それを妨げる理由はない。何をするのが最善なのかを国民に指示する「保護者のような国家」を決して認めてはならない。

しかし同時に、企業は自社の製品・サービスによって、医療や公共・福祉サービス、環境など外部に負担をかけることで利益を得てはならない。企業は自社の製品・サービスが引き起こした悪影響の除去にかかる費用を自ら負担すべきだ。そうしないと、企業は他者、特に納税者や公的サービスの提供者の犠牲のもとで利益を得ていることになる。

医療や公共サービス、環境の悪化を食い止める力を弱めることによって、一部の企業の自由が得られるべきではない。本質的な論点は、問題や弊害を生み出すことではなく、問題を生じさせた企業やその顧客が問題解決に要するコストを十分に負担していないことにある。「罪」の生産から得られる利益は過大評価され、「罪」は世の中にまん延している。「罪」ある企業が負担すべき真のコストと利益が正しく計算されれば、「罪」は市場によって清められるだろう。

しかし、「罪」のもう一つの原因である利害衝突についてはどう解決すべきだろうか。

｜利害衝突

本書を執筆している今、ロシアのウクライナ侵攻により、ロシアで事業を展開している企業は、事業を継続させるか否かの岐路に立たされている。事業を続ければ、他国を侵略し破壊と殺りくを続けている国に、直接または間接的に支援をしていることになりかねない。企業の取締役会は、顧客や従業員、一般市民、政府などから、ロシアからの撤退や事業の縮小を求められるケースが増えている。

また、企業はロシア国内の従業員や顧客を危険にさらしているとの見方もある。彼らの多くは、ロシアのウクライナ侵攻に無関係か、反対している。他方で、ロシア市場は企業にとって非常に重要であり、ロシアからの撤退は、従業員や投資家に多大な損害をもたらすおそれもある。企業はこれらの相反する利害や圧力にどう対応すべきなのだろうか。

エール大学のチーフ・エグゼクティブ・リーダーシップ研究所はロシアで事業活動を展開する民間企業１２００社の対応を追跡調査した。調査では、ロシアからすべて引き揚げる「撤退」から、事業の「規模縮小」、大部分を休止するが一部を続ける「中断」、撤退要求に逆らい通常通りの活動を続ける「腰を据える」などの五つに、企業を分類した。

また、株式市場がロシアからの撤退にどう反応したかを調べるため、５９３の上場企業を詳細に調べた。結果は、うち３６７社が「撤退」か「中断」し、１６１社が「腰を据える」

を選択し、残りの65社はその中間の「規模縮小」をした。

撤退には、資産の処分、顧客の喪失、サプライチェーンの分断、リストラなど、非常に大きなコストがかかる。しかし、同調査では、最も積極的に撤退を進めた企業の株式市場リターンが、2022年2月24日のウクライナ侵攻の日から計算して、最も強い正の反応か、最も弱い負の反応を示していることが明らかとなった。

次に、企業の国籍より生じる影響を調査したが、北米、欧州、アジアのどの地域から進出したかに関係なく、「撤退」を決断した企業の株価は、他の決断を行った企業の株価と比較して、最も正の反応を示したことが明らかとなった。さらに、企業規模や業種による影響を調査したところ、ほぼすべての規模と業種において、「撤退」を決断した企業の株価の反応は、「腰を据える」の判断を行った企業の株価の反応と比べて、より強いことが明らかとなった。

株式市場の反応に加え、この研究では債券市場とデリバティブ市場の反応も調査した。その結果、2022年2月から4月にかけて社債のデフォルト率の上昇幅は、「撤退」か「中断」を選択した企業より、「腰を据える」を選択した企業のほうが大きいことがわかった。この傾向は、世界各地に拠点を持ち、複数の業種で活動している企業グループに共通してみられた。

つまり、この研究が示しているのは、企業がロシアから撤退するコストを勘案しても、撤退の程度が大きいほど市場は正の反応を示している点だ。ロシアにとどまることによる倫理的な問題と、ロシアからの撤退に伴う経済的損失との間にはトレードオフがあるどころか、倫理的原則と経済的インセンティブは事業撤退を促す方向に一致していた。

なぜこのような結果になったのだろうか。要因はいくつかある。第一に、投資家にとっては、ロシアに残る企業に投資することで自身の評判を落とすリスクがある。第二に、ロシアでの事業継続が、それ以外の地域での事業に悪影響を及ぼしかねない。第三に、ロシアでの事業、資産、人材が、ロシアによる報復の対象になり得ることだ。

別の研究が、これらの疑問への答えをいくつか提供してくれる。第一に、ロシアから撤退した企業は、ロシアへの収益依存度が低かったことが報告されている。第二に、撤退した企業は、激しいボイコット運動を受けていた。それは、企業名と「ボイコット」「ロシア」「ウクライナ」のワードを含む投稿が多くの人々にSNSなどで共有され、話題になったことからもわかる。つまり、これらの企業は、ロシアにとどまると評判低下による壊滅的なダメージを受けかねないと認識しており、撤退の決断を下すのは比較的容易だったわけだ。

この研究によると、ロシアから撤退した企業というのは、撤退に伴うコストが比較的小さく、撤退しない場合の評判低下リスクが最も大きい企業だと分析している。撤退の決断は多くの場合、倫理的な要素よりも、収益や株価への影響を考慮して実行された。

さらに、この研究では、SNSを通じたボイコット運動が、特に巨大企業を標的に展開され、企業規模が大きいほどロシアからの撤退を決断する傾向にあったことが示された。ここには、世界最大規模の企業の対応から学ぶべき教訓がある。

時価総額が1兆ドルを超える企業

株式時価総額が1兆ドルを超える企業は世界に数社ある。それらの企業が他社と違うのは、困難な課題の解決に徹底して取り組んでいる点だ。アマゾンは、あらゆる消費者向け製品をオンラインで検索、注文できるようにし、数日で利用者の手元に届ける。アップルは月に人間を送り込んだときに使ったコンピューターよりも高性能なiPhone、iPad、パソコンを通じてコンピューティングパワーを提供し、フェイスブック（メタ）は世界をSNSでつなぎ、アルファベット（グーグル）は地球規模でインターネットや情報、知識へのアクセスを可能にし、マイクロソフトは人工知能とクラウドコンピューティングを発展させ、テスラは電気自動車とロケットを開発している。

それぞれの企業にはインスピレーションの源である（一部は熱狂的ともいえる）創業者やリーダーがいる。アマゾンのジェフ・ベゾス、アップルのスティーブ・ジョブズ（現在はティム・クック）、フェイスブックのマーク・ザッカーバーグ、アルファベット（グーグル）のラリー・ペイジとセルゲイ・ブリン、マイクロソフトのビル・ゲイツ（現在はサティア・ナデラ）、テスラのイーロン・マスクだ。資本主義システムでは、ヘンリー・フォードが20世紀初頭に

T型フォードを開発し自動車の大量生産を実現したように、経営者が困難な課題を解決して富と名声を得られるようにしなければいけない。

しかし巨大企業は、批判にもさらされている。アマゾンは従業員の処遇、アップルは天然資源の調達と利用、フェイスブック（メタ）は個人情報の使用、グーグル（アルファベット）は支配的地位の濫用、マイクロソフトは人類に利益だけでなく大きな脅威を与える人工知能の開発競争における自制を欠いた行動に関して、それぞれ非難されている。つまり、これらの企業の莫大な株式時価総額の一部は、問題の解決ではなく、問題を発生させもたらされたものだ。

その意味では、これらの巨大企業の利益と企業価値は過大評価されている。彼らのほとんどはこの点を認識し、業務のやり方を変えたり、問題を解決するためのコストを負担したりすることで対応してきた。しかし、フェイスブックがデータ使用に関する懸念に対して当初取った対応のように、問題への対処が遅れたり対処し損ねたりした場合、株価の下落に見舞われる。

このことからわかるのは、世界で最も困難な課題を解決することが、おカネをたくさんかせぐという本来の企業の目的から逸脱しているどころか、むしろ利益の獲得につながるということだ。それほど成功していない企業の失敗要因は、問題解決に集中できていないからではなく、大きな問題を解決して収益化するために必要なテクノロジーや革新的なビジネスモデルを活用する能力や野望の欠如にある。一方、最も成功している企業が直面する最大のリスクは、自分たちの成功や利益が環境や他者の犠牲のうえに成り立っていることに気づかないことだ。

┃判断

新型コロナウイルスの感染拡大、ワクチン開発、気候変動、ロシア・ウクライナ戦争といった一連の出来事は、他者の問題を解決するというパーパスが利益を生み出し、ピンチをチャンスに変える力を持っていることを示した。また、これらの出来事を通じて、パーパスを実現するための資金調達におけるエクイティ・ファイナンスの役割や、パーパスから生じる利益に機関投資家やアクティビスト投資家の関心が高まった。さらに、企業が取り組もうとする問題を明確にしてパーパスの実現にコミットすることの重要性も増している。

これは、企業の活動が環境や不平等、包摂に与える影響を十分配慮するよう社会からの圧力が高まった結果だ。しかし、例えば、エネルギーでは「環境負荷の低さ」と「価格の手ごろさ」、医療では「最新の治療技術」と「最貧地域での医療アクセス」など、利害衝突が生じる場合に、企業が乗り越えなければならないハードルは高くなる。問題解決策と利益が一致している場合、どう行動すべきかは比較的容易に決まる。ロシアから撤退した一部の企業はそれに当てはまるが、それ以外の企業は違う。

要するに、最近の動きからわかるように、企業や機関投資家の優先順位は利益の大きさで決まる。最大の利益が見込めなければ、彼らは行動しない。ある面でそれは正しい。なぜなら、ビジネスは慈善事業ではないので、問題解決によって利益を生むことが必須だからだ。利益そのものに問題はない。肝心なのは利益がどこから来るかだ。他者のウェルビーイングのための問題解決から生じたものなのか、それとも他者に問題を発生させたことで生じたものなのか。

利益を上げることは正しいと、一般には考えられている。企業にとって利益を上げないことは非道徳的であり、利益を上げることは道徳的だとされる。それは、企業は株主に財務リターンをもたらす必要があるため、利益を上げないことは非道徳的だという理由で正当化される。しかし、利益を上げることが常に道徳的だとは限らない。「罪」をばらまく企業が持続的に利益を上げていることはその一例だ。これらの企業は他者に問題を引き起こすことで利益を得ている。企業が利益を上げるのは正しいが、利益を生んでいる企業が常に正しいとは限らない。

この数年間の危機によって、正しいことを実行すれば経済的メリットがあり、間違ったことをすればリスクが高まるという認識が広まった。搾取や強制はなくなっていき、金融危機は銀行システムの変革につながり、新型コロナウイルスの感染拡大によって新しい働き方や人材採用方法が広まった。エネルギー危機はエネルギー利用の効率性や節約を促進し、ロシア・ウクライナ戦争やアジアでの政治的緊張はサプライチェーンの再編につながり供給の安全性確保の動きが進んだ。人工知能は、教育機関や企業の運営と存続を脅かしている。

危機は変化を引き起こすが、問題を解決するわけではない。それどころか、危機はさらなる危機を生み出す。間違ったことをしても利益が生じる状況は変わっていない。市場が機能し、人類が繁栄し、地球を持続可能なものにするには、普遍的に適用される最低限のルールや規範を定める必要がある。

パート

2

THE DUTY

義務

世の中には病んでいる人もいれば、優秀だが欠点のある人もいるように、企業もさまざまだ。現在、多くの国は、規制によって企業の行動を制限しようとしている。規制は必要不可欠だが、企業と社会の利益を一致させるには不十分だ。

企業は株価動向を重視するようになったため、この問題は深刻化している。その結果、株主や経営者の利益と、それ以外の人々の利益との乖離が一段と大きくなった。利益を上げること自体は問題ではない。問題なのは、利益が何から生まれたかであり、利益は問題解決だけでなく問題を発生させることによっても生み出される。

この問題の根底にあるのは、現在の自己参照的な黄金律、「自分が他者からしてもらいたいと望むことを他者にしなさい」だ。他者をもっと思いやるルールとしてこれを、「他者がしてもらいたいと望むことを他者にしなさい」と改めるべきだ。

この再定義した黄金律から導かれるのが、「他者に問題を引き起こすのではなく、他者の抱える問題を解決することで利益を得る」という道徳律だ。この道徳律は信頼性を高め、信頼に基づく関係を強化する。また、不当利得や利益清算の概念を広げ、会社法の基礎となるべきものだ。

会社法は、各企業が望む目的を定めることを認めている。この道徳律が適用されれば、企業のパーパスは社会の利益に適合する。会社法は、社会の利益に適合するパーパスには許容的、適合しないパーパスには禁止的であるべきだ。

現在の会社法は、道徳律については明示的に触れていない。英国会社法にある「啓発的株主価値」を道徳律の視点で解釈することは可能だ。しかし、米国会社法はこうした解釈ができない。一部の州が採用するステークホルダーに配慮した会社法でも同様だ。

道徳律の視点に基づく英国会社法の解釈に曖昧さがあり、米国会社法から道徳律が抜け落ちている理由は、両国とも問題を引き起こして利益を得ることを防ぐ明確な基盤を確立できていないためだ。道徳律は、どの国の会社法にも必ず組み込まれるべきだ。

企業のパーパスとは問題を引き起こしてではなく問題解決から利益を得ることである、と会社法に明示することで、道徳律を会社法に組み込むことができる。それにより、取締役の義務も適正に定まる。取締役は株主に対してのみ責任を負うが、企業と株主の利益は他の当事者の利益と一致する。そして、企業は負の外部性を内部化する。さらに、企業が正の外部性を発生させるパーパスを採用することが認められるが、それを義務づけるわけではない。

これらの原則は企業だけでなく、慈善、公的、社会的な組織にも適用される。また、企業の法的責任について裁判所が判断を下す際の枠組みとなる。さらに、企業の構造や行動、株式所有構造やガバナンス、成果の測定方法、資金調達方法にも影響を及ぼす。

第3章

道徳律

所有する
ことによってではなく、
所有せずにできる
ことによって、
私たちは豊かになる。

イマヌエル・カント
（ドイツの哲学者）

今の企業には道徳のかけらもないとの見方がある。（注1）ひたすら利益ばかり追求する企業は、搾取的、操作的、破壊的だ。その権力と富を使い、他者の犠牲のもとで利益や特権を獲得したり、政府を動かして規制を緩和させたり、税金を逃れたり、競争をなくしたり、公共調達をゆがめたり、道徳的価値観や倫理的原理、他者への配慮・思いやりという人間が本来持っている良心をむしばむ。

その傾向は金融業界で顕著であり、２００８年の世界金融危機とその後、近年ではデンマークのダンスケ銀行や米ウェルズ・ファーゴのスキャンダルでも見られた。他にも、米会計事務所アーサー・アンダーセン、英建設業カリリオン、米エネルギー取引業エンロン、米製薬業パーデュー・ファーマ、VW、独金融サービス業ワイヤカード、米通信業ワールドコムなどの事件がよく知られている。だからといって、それらが企業の実態を示しているわけではない。大部分の企業は、正直で誠実で勤勉で倫理観のある人々によって経営されていると一般には考えられている。

その主張は正しい。ほとんどのビジネスパーソンは、あなたや私と同様、病的ではなく正直で、家族を愛し、地域社会に貢献し、社会問題に関心があり、環境に配慮する。問題なのは個人の性格ではなく、彼らが家庭では決して取らない行動を職場で強いるシステムだ。

また、本当に社会に悪影響を及ぼすのは、極端な事件ではなく、企業の日常的な行動、例えば、銀行、エネルギー、保険、通信サービスなどの企業が他社から自社に乗り換えるよう顧客を誘導し、それに成功した後は、顧客が再度の乗り換えを面倒がることを織り込んで、少しずつひそかに価格を上げ、特典を減らしているという事実だ。消費者と燃料の固定価格契約を結んでおきながら、燃料価格の上昇に十分な対策を取らず危機に陥り政府の救済を求めるエネルギー企業、処理が不十分な汚水を河川や海などに垂れ流して不当に利益を得ている下水道会社、再エネへの投資が必要なときに自社株買いを行う石油・ガス企業、世界の大半が飢餓に直面しているのに記録的な利益を上げている食品企業。人々はこれらの企業に憤りを感じている。

これらの行動をビジネスとして合理的だと説明することはできるが、それがまさに問題だ。

ビジネス上の合理性と私たちの常識は一致しない。消費者、従業員、サプライヤー、地域社会の一員としての私たちと、企業の利益が一致しないことがあまりにも多い。それに対し、私たちはうんざりし、失望し、怒りを覚える。

驚異的な成功を収めた時価総額1兆ドル超の世界的企業でさえも、前述のように情報の取り扱い、従業員の処遇、環境、不平等、資源採取、社会的包摂、SNS、市場支配力の行使などへの対応で非難されている。これらの企業は次のようなミッションやビジョン、パーパスを掲げているにもかかわらずだ。アマゾン「地球上で最も顧客中心の会社になる」、アップル「世界140カ国以上の学生、教員、デザイナー、科学者、エンジニア、ビジネスパーソン、消費者に最高のパーソナルコンピューティング製品とサポートを提供する」、フェイスブック「人々にコミュニティーを築く力を与え、世界をより身近にする」、グーグル「世界の情報を整理し、誰でもアクセス可能で役立つものにする」、マイクロソフト「地球上のすべての人と組織がより多くのことを達成できるように支援する」、テスラ「世界の再生可能エネルギーへの移行を加速させる」。

よくあることだが、世界に情報を提供し人々をつなげるという理想主義的な理念は、やがて富を増やし収益を伸ばすという現実の関心事に取って代わる。これらのうち何社かが人気を失い、時価総額1兆ドル企業から陥落したとしても驚くことではない。

企業のなかには、利益追求にどん欲なところもあれば、優秀だが欠点のあるところもあり、多様だ。その大半は許容範囲内にあるが従業員や周囲への配慮が欠けている。では、真の問題は何か。この問いに対して政府に問題があると主張する者もいるだろう。(注2)企業による搾取や工作、腐敗、破壊、無思慮が横行するのは、政府の監視が不十分だからであり、悪行を防ぐには強力な規制による厳格な取り締まりが必要という考え方だ。

19世紀の工場法から20世紀初頭の反トラスト法、20世紀末から21世紀の世界金融危機への対応のための多数の規制まで、約2世紀にわたって規制の実験が繰り返されてきた。ところが、問題は解決されるどころかさらに深刻化している。環境、不平等、社会的排除、データ利用、グローバルな巨大企業の市場支配力に対する懸念はさらに高まっている。その対処法が適切でないとわかるまで、あとどれくらい同じ過ちを繰り返す必要があるのだろうか。他の対処法が必要であり、それは問題のより根本的な部分、つまり「利益」に対する認識を改めることだ。

この20~30年で、企業の成果を株価という一つの尺度で評価するようになり、株価が企業にとって最も大きな推進力になった。非上場企業の場合、株価は利益をもとに算出される。株価と利益は、経営や投資判断のよりどころとなっているほか、明確かつ正確な測定が可能であり、報酬や昇進、選任、解任などに連動させることができる。

過去60年間で株価と利益をインセンティブとする動きが進んだ。ストックオプション、公正価値、時価会計、金融化、敵対的買収、ヘッジファンド・アクティビズムなどがその例だ。

こうして企業の成果は、株価と利益で評価されるようになっていった。しかし、美しくてシンプルで明確なその方法に執着するあまり、世界は異常気象や社会的分断という危機的状況に追い込まれ、私たちはその影響を至るところで目にするようになった。

この単一の尺度の何が問題なのか。その答えは簡単だ。利益や株価は、本来評価すべきものを正しく測定していないからだ。それらは企業が生み出す利益や価値を正確に測っておらず、周囲の人々や環境にもたらす便益や損害を考慮に入れていない。

熱帯雨林を破壊し、太古の森を伐採し、種の絶滅を加速させ、不当に安い賃金で人々を雇い、中毒性のある製品を販売し、本来払うべき税金を回避した企業が、それらから利益を得た場合、それらを利益として認めて良いのだろうか。それらは、他人の財産を盗む泥棒の稼ぎと同じで利益とは言えない。

泥棒と比較したが、重大な違いが一つある。それは合法である点だ。合法化しただけでなくそれを動機付け、そこから得られた富を称賛することで、これらの行為を奨励し定着させてきた。体重計の数値ばかり気にしている人のように、私たちは中毒性のある製品をつくって企業が株価を上げることを容認しただけでなく、株価そのものの中毒になってしまった。しかも、それ以外のものは、不明瞭でわかりにくく非実用的で非効率であり、株価と利益の単純明快さから目をそらすものと考えてきた。

しかしある意味では、それらの行為は泥棒よりも悪質だ。モノを盗めば刑法で処罰される。

過失により他人に損害を与えたら不法行為法で対処できる。契約違反であれば契約法を適用できる。一方、企業の工場が近隣に煙や騒音などの害をもたらしたり、ソーシャルメディア企業が子どもの精神衛生に悪影響を与えたりした場合は、他者に与えた悪影響が一方の当事者の利益になっているだけで、窃盗や契約違反には当たらない。それらの悪影響は「負の外部性」と呼ばれ、本来企業が負担すべきコストが企業の外部に生じてしまっている。

外部性は、他者の将来の財産やウェルビーイングを犠牲にして利益を得ることなどから生じる。それは、将来誰かが正当に期待できるものを奪うこと、つまり社会全体や個人の正当な期待を犠牲にして得られた利益の場合もあれば、信頼を裏切り、明示または黙示のコミットメントを果たさずに得られた利益の場合もある。

なぜこのような状況に陥ってしまったのか。経済学の観点からは、「単純明快な経済モデルが、競争市場の力や金融の効率性、違法行為を抑制する規制の能力に対する誤った信念を生み出した」といえる。社会学の観点からは、「一部のエリートが、他者と自然環境の犠牲から利益を得る状況を維持するため、既得権益の力が働いた結果である」と、歴史学の観点からは、「アダム・スミスの『国富論』に熱狂する一方で『道徳感情論』を忘れてしまったから」と説明できる。

しかし、もっと根本的な理由がある。私たちはなぜ企業を立ち上げ経営するのか、その理由が忘れ去られている。企業を立ち上げ経営するのは、利益を上げるためではなく、問題を解決するためだ。あなたや私、社会、自然界が直面している問題を解決し、その過程で利益を生み出す。利益は企業の生命線であり、利益がなければ、問題解決に必要な多額の資金を投じる投資家を確保できない。しかし、利益はパーパスではなく、問題解決というパーパスから生まれるものだ。

ここに原因と結果の単純な取り違えが生じている。問題解決が原因であり、利益はその結果だ。私たちは、自らが引き起こす問題の悪影響を回避し、緩和し、是正し、被害を補償するための全コストを負担しなければならない。しかし、それでも十分ではない。

単に問題を引き起こさないようにするだけでは不十分だ。それほど危機は深刻化している。人々は企業に対し、より積極的な問題解決を期待している。例えば、「ネットゼロ（排出量ゼロ）」ではなくそれを上回る「ネットポジティブ（自社の排出量を超えて削減）」を目指すことだ。[注3]つまり、企業が負担すべきなのは、損害や問題を回避するためのコストだけではなく、問題解決に取り組むためのコストも含まれる。それらのコストこそが企業の正しい利益と共有価値、株主価値を形づくるものであり、企業と経済学における道徳律の基盤になる。

道徳律の事例

道徳律は、私たちのパーパスと存在理由、つまり人はなぜ存在し、創造されたのかに由来する。それは互いの問題を解決して利益を生み出すことであり、問題を引き起こして利益を得ることではない。これが重要なのは、人の存在理由や問題解決の観点から人の行動の根拠を示しているだけではなく、利益を定義しているからだ。こうした定義の方法は「ポジティブステートメント」と呼ばれる。ネガティブ（否定的な）の反対語ではなく、記述的または事実に基づいた説明という意味であり、誰かや何かに対して価値判断を下すものではない。

この利益の定義は、利益は問題を引き起こすことで得られるものではなく、また、利益を生み出す形で解決される問題だけがこの定義に当てはまるという主張だ。したがって、利益と関連づけられるのは問題解決であり、問題を引き起こすことではない。問題が引き起こされた場合は利益を計上せず、問題解決によって利益が実際に得られた場合にのみ計上すべきだ。

道徳律とは、他者の抱える問題を解決することによって利益を得るべきであり、他者に問題を生じさせ利益を得るべきではないという原則だ。なぜこれが道徳律であり、単なる主張やルールではないのか。道徳律とは、神の命令や理性に基づく真理から導き出された正しい行動の絶対的な原則のことだ。(注4)この場合は、原則は宗教ではなく理性の法則、つまり「正しい行為とは何か」という原則から導き出されているので、神の介入は必要ない。

利益は他者の問題を解決することでのみ生じるという考え方が、なぜ道理にかなっているのだろうか。利益は問題解決だけではなく、問題を発生させても得られると仮定してみよう。その場合、少なくとも他の当事者の一人に損害を与え、それを改善、是正、補償することなく利益を得ている人々を後押しし、動機付けることになる。彼らが得た利益のある部分は、他者の損失から生じている。

こうした結果は、ある当事者の利益が、他者が被る損失を上回る限り正当化されるかもしれない。しかし、利益や損害を生み出している人たちは、それが正しいことなのか否かを判断することができない。それらの人たちは、利益相反の当事者だからだ。

利益を「他者に損害ではなく便益を与える場合」に限定すれば、望ましい結果の促進につながると確信できる。それ以外の場合は、当事者間の利害のバランス調整が必要だが、他者に問題を引き起こし利益を得ている当事者は客観的な判断を下すことができない。公正な判断は私利私欲を排除した状態で下されるべきだ。プラトンが『国家（Republic）』で描いた守護者が下すような判断であり、労働の対価として報酬を得ている人々の判断の対極にあるものだ。（注5）

これは、よく言われる「企業には価値判断を下す権限や信任がない」という批判を覆す。逆に、企業には、自社の活動から得る利益と他の当事者が被る不利益をバランスさせて純利益を決定する権限を持たないことを示している。企業がその権限を持つのは、自社の活動によって生じた損害を是正、改善、補償するのに必要な全コストを負担した場合のみだ。純利益とは、利益を得る過程で生じた他者の損害を回復するためのコストを差し引いて算出したものだ。

なぜそのことが、国内法や国際法などではなく道徳律を支える根拠となるのか。その答えは、他者に問題を引き起こし利益を得ないという道徳律があらゆる状況で普遍的に適用されなければ、自由が制限され、市場が効果的かつ効率的に機能しないからだ。すべての活動に適用される道徳律がなければ、それに従う道徳的な人は従わない非道徳的な人よりも不利になる。その場合、公正で自由な競争は不可能となり、「公平な競争環境」は存在せず、悪貨が良貨を駆逐するだろう。

道徳律があれば、市場と競争が促進され、繁栄することができる。なぜなら、利益追求が明らかに有益な結果に結びつくため、外部からの判断が不要になるからだ。他者や社会に良いことをしたいという思いは人間本来の特質から生まれるものであり、プラトンの『国家』に出てくる守護者のような他者や外部から強制されるものではない。

道徳律は、事業活動を妨げるどころかむしろ促進し、競争と市場の機能の十全な発揮を妨げている制約を取り除く。道徳律は、他者の介入を伴うことなく機能し、ビジネスで利益を追求する基盤となる。

道徳律によって公平な競争環境が整い市場での競争が促進されるが、道徳律によって得られる経済的利益は市場に依存しない。公益を害することで私的利益が得られる状況を防止することで、市場取引だけでなく非市場取引においてもインセンティブと社会的ウェルビーイングが一致する。（注6）道徳律は、市場が存在しない場合には非市場取引を発展させ、市場が存在

する場合には、市場の失敗を是正する枠組みとなる。(注7)

この点は、特にメディア企業において重要だ。メディアのビジネスモデルは、人々の個人情報や共有されているデータの乱用、データ保護のセキュリティー違反、意見対立の助長、大人や子どもへの悪影響を引き起こしている。同時に、情報公開と言論の自由に関する重要な問題も提起している。道徳律に従えば、関連する印刷、放送、ソーシャルメディアの企業や、情報プラットフォームの所有者や責任者には、他者に害を及ぼして利益を得ないようにする義務がある。

これは、情報の自由や言論の自由の侵害には当たらない。それどころか、営利・非営利企業、パブリック・ベネフィット・コーポレーション、免許制の公益企業など、さまざまな形の組織を促進させる。必要なのは、他者の利益や公益に害を及ぼさないことであり、そのために適切な企業形態を選択しガバナンスの仕組みを構築するのが、メディア企業の所有者と取締役の責任だ。

これまで道徳律が認識されず、広く採用されてこなかったのはなぜだろうか。その答えは、他者の利益搾取によって生じる社会の衰退や弱体化の実態は直ちには顕在化せず、危機に直面して初めてその全貌が明らかとなったからだ。私たちは現在、多くの危機に直面しており、現在の利益概念に内在している深刻な問題を一刻も早く認識する必要がある。

道徳律は、次のような重要な疑問を提起する。

・道徳律と、法律や規制との関係はどうなっているのか。
・企業が他者に損害を与えて利益を得ていると誰が判断するのか。
・それが起きないようにするため、企業は誰に対して説明責任を負うのか。
・企業はどうやって、それを回避することに信頼の置ける形でコミットするのか。
・道徳律は、会計原則や利益の測定にどう反映されるべきか。

これらの疑問への答えは、企業が社会の信用と信頼の回復を目指して自らを変容する際の鍵となる。本書の残りの部分で詳しく見ていくが、ここで強調したいのは次の点だ。道徳律は会計、つまり利益の計算方法によって押し進められるものではない。また、道徳律は、ビジネスの方法、つまり問題解決というパーパス志向のビジネスによって定められるものではない。道徳律は決してビジネスに限られたものではない。

むしろ道徳律は、私たちの存在理由に由来する。私たちはなぜこの世に生まれ存在するのだろうか。それは、他者の存在を保護し、維持し、持続させ、そして私たち自身、社会、組織を通じて他者のウェルビーイングを高めるためだ。私たちは、問題解決というパーパスによって、正当な利益の源泉とは何か、どのように利益を測定すべきかが決定される点を認識すべきだ。

では、次に道徳律と信頼との関係を見ていこう。

┃信頼

信頼には二つの概念がある。一つ目は、戦略的信頼と呼ばれるもので、信頼を異なる当事者間の「ゲーム」として捉える経済学上の信頼概念に由来する。(注8) 例えば、あなたと私はどちらも完全に利己的で、自分の利益になることしか行わないとする。相手が完全に利己的だと認識している場合、なぜ私はあなたに対して「私の利益になることをしてくれる」と信じられるのだろうか。その答えは、「あなたが私の利益になる行動をとれば、その見返りとして私があなたの利益のために行動してくれるので、それが自分にとって利益になる」というものだ。

あなたは、私の利益になる行動をとるだろうか。もし、「見返りとして私があなたの利益のために行動する」とあなたが信じていれば、答えはイエスだ。同様に、「あなたの利益になる行動を私がとり続けるとあなたが認識している」と私が信じている限り、私は「あなたが私の利益のために行動する」と信じるだろう。つまり、私たちは互いに「繰り返しゲーム」をしているといわれている。このゲームでは互いの利益を考えながら行動することもあれば、相手の利益を無視して自分の利益だけを追求することもできる。仮に、両者が利己的であっても、それぞれが「相手は互いに利益となる行動をとり続ける」と信じていれば、結果的には互いに利益をもたらすことができる。

簡単な例を挙げてみよう。あなたと私は同じプロジェクトに参加している。二人とも利己的で怠惰で強欲だ。できれば働きたくないが、お金はたくさん欲しい。経済学では人間をこのように捉えている。つまり、人間はみな利己的で怠惰で強欲なホモ・エコノミクスであり、もちろんあなたも私もそうだ。

もし、あなたと私の業務分担が公平であるかどうか確認できない場合、自分は何もせず相手に仕事を任せ、得られた収入の半分を得ようとする利己的で怠惰なアプローチをとることもできる。だが、二人とも同じアプローチを採用したら、プロジェクトは少しも前に進まず何の成果も得られない。

二人がこの問題を認識し、二人とも勤勉に働いて一方だけが勤勉に働くよりも多くを稼いだ結果、両者がそれぞれ貢献に見合った報酬を得るというアプローチをとるかもしれない。実際、私たちはこのような行動を取るだろうか。その答えは、あなたと私がそれぞれ「相手が一生懸命に働き続ける」と信じている限り「イエス」だ。なぜなら、もし自分が働くのをやめれば相手もやめるだろうし、そうなれば報酬を十分に得られなくなることがわかっているからだ。

私たちはそれぞれが勤勉に働くことに関して信頼し合っている。そうすることが互いの利益になるとわかっているからだ。しかし、ここである問題が浮上する。例えば、あなたが今から3年後に退職するとしよう。2年後、あなたがあと1年で退職することに気づいた私は働くのをやめ、何もせずにあなたが生み出す収入の半分を得ようと考える。ところが、あなたは私がそう考えることを予想して、2年後に働くのをやめる。さらには、2年後にそうなることを1年後に予想して、あなたと私は二人とも働くのをやめてしまう。つまり私たちは、互いを信頼して勤勉に働くという選択をしなくなる。

言い換えると、「繰り返しゲーム」に基づく信頼概念は、参加者の一人が「別の参加者が協力しないかもしれない」と疑念を抱いた時点で崩れ去ってしまう。この例が示すように、戦略的な性質を持ち、将来にわたる関係の継続を前提とする信頼は全く現実的ではなく、すぐに崩壊する。

このことは、信頼はそれ自体に価値があることを示している。信頼が存在することで、互いに利益をもたらすからだ。しかし、個人が自己の利益を追求する状況では、強力な制裁が用意されなければ信頼は維持できない。信頼が長続きするのは、各個人がもともと信頼できる存在であり、かつ、私たちが個人に対して置く信頼は正当なものであるとの信頼が成り立つ場合に限られる。

本書全体を通じて説明するように、信頼性の重要な経済的決定要因でありシグナルとなるのは投資だ。投資は、撤回不可能な資金支出による事前のコミットメントであり、成果が得られるまでに時間がかかる。さらに、互恵性も必要だ。つまり、相手側もまた撤回不可能な投資を通じて自ら進んでコミットメントを構築したいと思わなければならない。これは、信頼には双方の協力が必須であることを示している。

現代の金融市場で問題視されるのは、投資家の「短期志向」だ。投資家は、リスクが高く流動性の低い長期投資よりも、安全で流動性が高い短期投資を好む。しかし、投資家の「近視眼」を非難することは、投資家がコミットしようとしている企業の顧客が長期的な購入を約束したがらないこと、つまり「顧客ロイヤルティー」の欠如を非難するのと同じだろう。

このことは、信頼とは、どちらかがいずれ必ず撤退する脆弱な「繰り返しゲーム」ではなく両当事者が最初から自分の意図と信頼性を前もって示す関係であり、また、信頼が個人の心理的特性であるだけでなく、撤回不可能な資金支出という非常に具体的な経済的行動でもあることも示している。

しかし、心理学が関係ないわけではない。それどころか、道徳的な信頼（moral trust）とも呼べるもう一つの側面がある。経済学の観点では、人は本来的に利己的であり、他者が自分に影響を与える場合を除いて、他者に関心を持たない。それに対し、道徳的な文脈では、人は自分の行動が他者の利益に与える影響を意識し、注意を払い、他者の利益を考慮した原則に従って行動する。

その原則の例として、キリスト教で「自分がしてほしいと望むことを他者にしなさい」と表現される黄金律がある。もし、前述の共同プロジェクトの例で、この黄金律が普遍的に適用される道徳律だった場合、あなたは私にしてほしいと望むことを行う。つまり勤勉に働き、私もあなたから望まれる行動（勤勉に働くこと）をとるだろうと、互いにわかっているので、二人とも勤勉に働くことを選択する。互いの利益のために行動することを道徳的義務とする普遍的な行動規範を採用すれば、個人が集団の利益のために行動しない「集合行為問題」は解決できる。

黄金律は広く提唱され、倫理や宗教教育に深く浸透しているが、しかし欠点がないわけではない。「自分がしてほしいと望むことを他者にしなさい」との教えは、利己的とまでは言わないが、本質的には自己中心的なものだ。自分の利益よりも他者への配慮が意識されているものの、それはあくまでも自分の眼を通しての配慮だ。黄金律は、自分が「他者にしてほしいと望むこと」の視点から他者への行動を推奨しており、その行動が必ずしも他者が望むことであるとは限らない。それは私たちが望むことをもとに他者が望むことを理解したものであり、結果的に私たち自身の価値観が反映される。（注9）

先の共同プロジェクトの例では、この点は問題にならなかった。なぜなら、二人とも余暇やお金に関して似たような価値観を持っていると暗に想定していたからだ。しかし、あなたが私よりもはるかにお金を重視していた場合、あなたは勤勉に働き、私が同じことをしなければ非難するだろう。私はあなたの望みには応えず、あなたを強欲な人間だと見下すだろう。

異なる価値観は私たちの行動の道徳的意味や実務的意味の解釈に大きな影響を与え、人々の対立を深めることにつながりかねない。

では、黄金律を「他者がしてほしいと望むことを他者にしなさい」と再定義したらどうだろうか。あなたは、私がお金をあまり重視していないことを認識して勤勉に働かなくなる。他方、私はあなたがお金を重視していることを認識し、勤勉に働くようになる。この結果には、内容は異なるが、共同の利益が反映されている。

この違いは重要だ。それは、現在の黄金律が、分断、差別、不寛容の原因になっているからだ。世界にはタイプAとタイプBの2種類の人間がいると仮定する。両タイプの価値観は全く違う。タイプAは、他者（他のタイプAとタイプBの人たち）に対して自分にしてほしいと望むことをする。それに対し、他のタイプAの人たちは満足するが、タイプBの人たちは大きな不満を抱く。

タイプBの人たちはその逆の行動をとり、タイプAの人たちは不満を募らせる。タイプAとタイプBを、「男性」と「女性」、「年配者」と「若者」、「白人」と「黒人」に置き換えると、世界中の社会を苦しめているアイデンティティ政治や分断化を生み出している構図が見えてくる。一見すると道徳的な現在の黄金律は、統合や寛容の源になるどころか、崩壊や分断の原因となり得るのだ（注10）。

「他者がしてほしいと望むことを他者にしなさい」という再定義された黄金律が適用される

場合、逆の結果が生じる。人々は、タイプAに対してはタイプAが望むことを、タイプBに対してはタイプBが望むことをする。そして両グループが理解と寛容を互いに求めるようになる。

しかし、それが実現していないのは、他者の好みや関心を心の底から理解し尊重するよりも、自分の価値観に当てはめるほうがはるかに簡単だからであり、その結果、従来の黄金律の考え方が依然として支配的となっている。特に、他者の背景、人種、階級、宗教、性別、年齢、居住地、生育環境が自分と異なる場合、その傾向が強い。他者の価値観を理解し尊重できるようになるためには、相当な努力と共感力が必要だ。自分が受けた道徳や宗教教育が、世の中のステレオタイプ（固定観念）と一致している場合には、ステレオタイプをもとに判断しようとするだろう。

従来の黄金律は、社会の分断だけでなく、全世界に惨事をもたらす。「自分がしてほしいと望むことを他者にしなさい」との教えは、自然界においては無意味だ。人間中心主義的な考えに基づいているため、自然を完全に無視している。その結果、この黄金律に従えば人間は自然を搾取して利益を得ることができるが、それにより生活の質や存在自体が脅かされる。それに対し、「他者がしてほしいと望むことを他者にしなさい」との教えには、自然が含まれる。だから、地球と人間のウェルビーイングや繁栄を促進することが求められる。(注11)

従来の黄金律の教えと、それが引き起こす異文化理解への障害は、非常に深刻な結果をもたらす。グループAを富裕層（以下、A（富））、グループBを貧困層（B（貧））としよう。A（富）は、自分たちがしてほしいと望むことをB（貧）にする。A（富）が望むのは、自分たちの富からできるだけ多くのリターンを得ることだ。だから、賃金をできるだけ安くしてB（貧）を雇い、労働時間をできるだけ延ばし、できるだけ高い価格でAとBの両グループに商品を販売し、できるだけ多くの利益を得ようとする。一方、B（貧）も、自分たちがしてほしいと望むことをA（富）にする。つまり、できるだけ少ない労働でできるだけ高い賃金を要求し、できるだけ安く商品を買おうとする。富裕層は当然の権利だと感じ、貧困層は搾取されたと感じる。資本主義に内在する対立には、物質的な要因だけでなく道徳的な要因もあるのだ。

それに対して、再意義された黄金律では、A（富）は、B（貧）ができるだけ働かず、できるだけ安く商品を買えるようにし、さらにB（貧）に対して可能な限り高い賃金を支払おうとする。一方、B（貧）は、A（富）ができるだけ高い価格で商品をA（富）とB（貧）に販売できるよう、低い賃金で勤勉に働こうとする。この場合、富裕層も貧困層も、報われ尊重されていると感じる。資本主義における対立は協力へと変わり、道徳は物質的豊かさの基礎となる。

実際に、これを実現するためには、A（富）とB（貧）の双方が、どちらかに問題を引き起こして利益を得るのではなく、互いに利益をもたらす解決策を生み出すことが必要だ。A

（富）はB（貧）の生活水準を高めることを目指し、B（貧）はA（富）ができるだけ多くの利益を上げられるよう目指す。それぞれが相手の利益を理解し、尊重し、それに基づいて行動し、目指す成果を達成するために協力する。

従来の黄金律に関する他の解釈を説明するため、論争の多い奴隷制について考えてみよう。奴隷制への道徳や倫理的な認識・理解に関連して、次の五つの「啓発レベル」が考えられる。レベル1は「非啓発的な行動」で、自分にとって良い奴隷となるよう彼らに接する。レベル2は「自己中心的な啓発（制約あり）」で、自分がもし奴隷だったらしてほしいと望むことを彼らにする。レベル3は「他者中心的な啓発（制約あり）」で、奴隷の彼らがしてほしいと望むことを彼らにする。レベル4は「自己中心的な啓発（制約なし）」で、自分が自由の身にある場合にしてほしいと望むことを彼らにする。レベル5は「再定義された黄金律と解放された啓発」で、彼らが自由な状態でしてほしいと望むことを彼らにする。

もっと身近な例で、ケーキを分け合う場合を考えてみよう。レベル1は「自分がしてほしいと望むことを相手にする」で、ケーキを自分に分けてくれるよう相手を説得する。レベル2は「自分がしてほしいと望むことを相手にさせる」で、あなたがケーキを公平に切り分け最初の一切れをもらいたいと彼らを説得する。レベル3はあなたがケーキを「公平に」切り分け最初の一切れを彼らに与える。レベル4は彼らがケーキを「公平に」切り分け、最初の一切れも彼らに与える。レベル5は「彼らがしてほしいと望むことを彼らにする」で、彼らにケーキを与える。

　再定義された黄金律は、自分が他者に対してそのルールを守ることを条件に、他者にもそのルールを守るよう促すことができる。相手が従わなければ自分も従わない仕組みになっている。もし、あなたが私に対して、私が自分にしてほしいと望んでいることをしてくれるなら、私も同じことをするだろう。道徳律として、再定義された黄金律は信頼ゲームのような「やられたらやり返す」を繰り返す戦略の駆け引きよりもさらに強力で持続性がある。なぜなら、あなたがそれを破ったときに見返りの行動をやめるのは私だけではなく、あなたの行動によって影響を受けるすべての人だからだ。

　これは、ドイツの哲学者イマヌエル・カントの定言命法、すなわち「その行為が、すべての人が従うべき普遍的な法則にできると思える場合にのみ、実行しなさい（注12）」の例だ。あなたや他者の望み、利益に関するイメージを私の心に刻むことで、他者が望む世界をつくり上げていくことができる。右脳と左脳が異なる機能を果たすという「分割脳（注13）」の考え方を支持するか否かにかかわらず、再定義された黄金律は、従来の黄金律にはできない方法で「集団脳（注14）」を促進する。私があなたにどう扱ってほしいかではなく、あなたが私にどうしてほしいかを自分の脳に投影することを私は望むからだ。

　黄金律の定式化は、前述した物質的な信頼のあり方に直接関係する。従来の黄金律は手っ取り早く利益を上げることを助長する。つまり人は他者に「できるだけ早く、低リスクかつ少ない投資額でできるだけ裕福にしてほしい」と望む。再定義された黄金律では、人は他者に対して、他者も自分に同じことをしてくれるだろうという前提で、他者にとって最善な投資をしたいと望む。言い換えると、従来の黄金律は取引を前提にしたもの、再定義された黄金律は関係性を前提にしたものだ。

現在の企業の道徳的基盤は、個人主義的かつ自己中心的で、取引を前提とする。再定義された道徳律は集団的かつ互恵的で、関係性を前提にする。道徳律が重要なのは、現在、個人と社会の間にある溝を埋めてくれるからだ。問題を引き起こして利益を得るのではなく問題を解決して利益を得ることは、富を増やすための私的なインセンティブと社会の集団的利益を一致させる。つまり、人々が互いの権利と利益を尊重し合いながら、社会的な問題に共同で取り組む姿勢が、信頼の道徳的基盤を形成する。

不当利得

再定義された黄金律は、私たちの利益に対する理解を根本的に変える。「他者がしてほしいと望むことを他者にしなさい」との教えは、私たちは他者に問題を発生させることからではなく他者の問題を解決することから利益を得るべきであり、他者に問題を引き起こすことからではなく、他者の抱える問題解決から利益は生じるべきだと言っている。つまり、他者に不利益を強いることで利益を得るべきでないという意味だ。

この原則を実際に適用する際に難しいのは、契約違反をしたら損害賠償を請求できるような契約関係や、公法が適用される法令・規制違反がそもそも存在しない可能性がある点だ。特に、損害を被った側がばらばらの小グループで構成されている場合には、不法行為法に基づき救済を求めるという実際的かつ安価な方法も利用できないだろう。

この不法行為に対する救済手段として適合性が高いのは、「不当利得」に関する原則だ。これはローマ法の原則「nemo locupletari potest aliena iactura（他者の損失によって誰も利益を得ることはできない）」に由来し、正当な権利を持つ所有者に財産を返還することもこれと連動する。不当利得は主に、請求に対する二重払いや、誤った相手への支払いなど、一方の当事者のミスによって何らかのお金やものを受け取った状況のことだ。

こうした場合、財産を正当な権利を持つ所有者に返還するのが正しい行動だ。不当利得は、不法行為や契約不履行によって被った損害に対する賠償とは異なり、請求者の損害というより受領者の利益に関わるものだ。「原状回復法は受益に基づく回復を目的とする法、賠償法は損害に基づく回復を目的にする法である。したがって、原状回復権とは被告が得た利益に対する権利であり、賠償権とは原告が被った損害を被告に賠償させる権利である」。(注15)

不当利得があったことの立証責任は請求者にある。それに対して、衡平法［コモンローでは救済できない事柄を救済する形で発展してきた法大系］上の「利益清算」の原則では、信託の受託者が信託違反または信認義務違反によって利益を得た場合には、損害を被った当事者（例えばその信託）に利益を返還しなければならない。この場合、受託者は、自分の得た利益が信託違反や信認義務違反によるものではないことを立証する責任を負う。

この差は、受託者には受益者の利益を保護する重い責任があることから生じる。不法行為の場合、注意義務は問題となるが忠実義務は問題とならない。理由は、被告は原告の利益のために行動する立場にはないからだ。

では、企業の場合はどうだろうか。次章で説明するように、取締役は企業と株主に対して信認義務を負うが、それ以外の当事者に対しては原則として義務を負わない。ただし、企業や株主以外の当事者（他の当事者）の利益が、企業の成功や株主利益に寄与する場合は、取締役はそれらの当事者に対し義務を負う。言い換えれば、他の当事者に対する義務は、株主に対する義務から派生し、または従属するものだ。

ここで道徳律の問題が重要になってくる。取締役は他の当事者に対して直接責任を負わないとの主張は、企業は自由に活動でき、他の当事者に対する責任は株主に対する責任から派生するものであることを前提にしている。しかし、もし企業を社会や経済などのシステムの一部と捉える場合には、取締役は企業と株主だけでなく、他の当事者に対しても義務を負うことになる。企業と株主の利益はシステム内の他の当事者に対して取締役が負う義務から生まれるものであり、その逆もまた真だ（他の当事者の利益は、企業と株主に対する取締役の義務から生まれる）。

企業は、契約法や不法行為法などの私法を通じて、個人、地域社会、非営利組織（NGO）、民間組織に対して責任を負うだけでなく、また公法や規制を通じて公的機関や規制当局に対して責任を負うだけでないことを、道徳律は示している。すなわち、取締役と支配株主は会社法に基づき、企業が他者を犠牲にして利益を得ることを回避する忠実義務と注意義務を負い、それを怠った場合には責任を負うよう、道徳律は求めている。

さらに、企業における私的利益と公益の一致は、罰則の脅威だけでなく、道徳律を遵守する企業と政府や公的機関とのパートナーシップ構築を促進することによっても達成できる。規制対象の公益企業の場合、企業の掲げるパーパスが社会的操業許可と一致している企業を規制当局が支援し、企業が投資支出から十分な長期的利益を得られるよう顧客への利用料金を設定することで、達成できる。

したがって、他者の損失から利益を得ないこと（不当利得）と、原状回復と返還（利益清算）は、他者の犠牲のもとで企業が利益を得たすべての状況で適用される。企業は、自社の活動によって生じた負の影響について、影響を受けたすべての当事者に対し責任を負う。これにより、企業の法的境界を他者との契約を超えて拡張し、その過程で負の外部性を内部化する。また、企業の境界を、問題を引き起こさず問題の解決策（正の外部性）を提供することで利益を得られる範囲に制限する。

企業の活動や影響の範囲に関する境界は、国より広い場合もあれば、狭い場合もある。グローバル企業の境界は国境をまたぎ、小企業の境界は所在する地域に限定されることが多い。したがって、国による規制は、利益の決定要因に対する制限を定義するうえで重要だが、それだけで十分とはいえない。地元密着の企業であれ多国籍企業であれ、企業は自社に関わっている当事者を特定し、それらの者の犠牲によって利益を得ないようにする必要がある。

本章のまとめ

再定義された黄金律と道徳律は、企業は他者に問題を引き起こすのではなく問題を解決することで利益を得るべきであり、また、その活動によって影響を受ける他の当事者に対しても義務を負うべきであるとの認識に導く。取締役の株主に対する信認義務は従来と同様だが、企業が他者に問題を引き起こし利益を得ないよう信認義務の範囲は拡大される。

次章では、道徳律が法システムや法の支配とどのように関連しているかを検討するが、その前に、道徳律の重要な側面について認識することも重要だ。企業の根本的な目的は、利益を上げ、株主にリターンをもたらすことであるため、利益概念はごく自然に企業に適用される。しかし、利益は何も企業に限った話ではない。他者の犠牲のもとに利益を得ないという原則は、公的・民間組織、営利・非営利組織、地方・国・国際機関を問わず、あらゆる組織に等しく適用される。

政府は自国民の利益を促進するだけでなく、国内の一部の集団の利益のために社会の一部を犠牲にしないことや、自国民の利益のために他国民を犠牲にしないことを保証する役割を担っている。慈善組織は慈善目的を享受する者の利益を促進するために存在し、その過程で他者を犠牲にして利益を得ないよう努める。そして、あらゆる組織は、自然界に存在する人間以外のものを犠牲にして利益を追求しないようにしなければならない。

この文脈における「利益」は、組織が奉仕する当事者の利益であり、他者に問題を引き起こすことなく実現すべきものだ。取締役、選出された公職者、受託者は、ある人々の問題を解決するために他の人々に問題を引き起こさないようにする信認義務を負う。法と法システムの役割は、道徳律がその法域内のすべての組織、機関、個人、自然界に対して適用されるようにすることだ。次章では、この法の役割について見ていこう。

第4章

法の役割

法とは、
欲に左右される
ことのない
理性である。

アリストテレス
(『政治学』第3巻、古代ギリシャの哲学者)

I 会社法

新型コロナウイルスのパンデミックさなかの2020年6月25日、私は「資本主義における大論争：ステークホルダー対株主」と題するオンライン討論会に参加し、ハーバード・ロースクールの著名な教授ルシアン・ベブチャック氏と議論を戦わせた。(注1)中心の論点は、「資本主義と会社法の現在の焦点が株主利益に向けられていることは妥当か」、「もっと多様なステークホルダーの利益を含むように広げるべきか」だった。

ベブチャック教授の主張は明確だった。多くの人が考えるように、ステークホルダーの利益に配慮することが企業の成功につながるならば問題はなく、企業は株主利益の最大化を追求するなかで、ステークホルダーの利益も考慮するだろう。

しかし、株主の利益を犠牲にしないとステークホルダーの利益を図れない場合は、悪いビジネスであり行うべきではない。それは、経営者に相反する複数の目的を与えることになるので企業業績に悪影響を及ぼす。

したがって、企業は株主の立場から望ましいとされる範囲でステークホルダーの利益を考慮に入れる。ベブチャック教授の考えでは、経営者には株主の利益を促進することに連動して報酬が与えられるべきであり、現実にそうなっている。

ベブチャック教授の法実証主義の見解とは対照的に、私は規範的な立場から、現行法は「不公正」であると見ることができるかどうか、法に「現状」だけでなく「あるべき姿」を反映させるべきではないかについて論じた。利益が他者の抱える問題の解決から生じる場合にのみ、株主利益の追求は良いものになる。道徳律が存在する場合にのみ、ベブチャック教授の主張は正しいが、それがなければ間違っていると主張した。

会社法が道徳律を組み込んでいなければ、それは問題だ。なぜなら、道徳律が普遍的に認識される道徳的義務だったとしても、法がそれを要求しなければ、道徳律を遵守する企業がそれを無視する企業によって大きな不利益を被り、挙げ句の果てに買収されかねないからだ。それは法制度と道徳的義務が一致せず、道徳律違反に対して制裁がない状態だ。

会社法は、「人々や地球の抱える問題に対して利益を伴う解決策を生み出すこと」を企業のパーパスの中心に据え、「問題を引き起こして利益を得ること」をパーパスから除外しなければならない。企業のパーパスを定め、解決しようとする問題を特定し、パーパスを実現するためのリソースと手段を確保し、パーパスの達成度を測定し、その達成度を評価する際に利害関係者と協議し、他者に不利益を与えないためのコストを負担する。取締役はこれらのことを信認義務として負うべきだ。

この提案の魅力は、会社法、取締役の義務、企業の設立と目的と存在理由、定款やガバナンス、事業活動の報告や利益の計算方法と、他者に不利益を与えずに個人や地域、国、世界の問題解決に取り組むことを調和させる点にある。これにより、企業の存在理由と存在意義に関して有益であることを明確に示す一貫した考え方が生まれる。さらに、市場や競争、利益の実現が促進され、他者を犠牲にして利益を奪い取るのではなく、問題解決という高次元の道徳的な行為が奨励される。

しかし、こうしたことは現実的だろうか。道徳律を会社法に組み込むことは本当に可能なのだろうか。ベブチャック教授が主張するように現状は必然なのか、それとも「あるべき姿」を期待してもいいのか。この問いに答えるためには、現在の状況に至った経緯を私たちが理解し、ここから「あるべき姿」にどうやって進んでいくかを考える必要がある。

現在の状況に至った経緯

企業の正当性がどこから来るのかその根拠に関する見解は四つある。[注2] 最も古くからある第一の見解は、君主や議会から与えられるというものだ。企業は国益に沿った活動をするよう時の権力者の命令によって設立された。企業の活動は、国家の目的を促進するために、特許状（チャーター）や認可証（ライセンス）などで定められた条件を満たす一部の集団に許された特権だった。

南海泡沫事件直後の1720年に英国で泡沫会社禁止法が制定され、国王の特許状なしにジョイント・ストック・カンパニー［英米における企業形態の一つで株式会社の起源とされる］を設立することが禁止され、この特権的な企業観はピークに達した。しかし、特にフランスや米国では英国よりも企業設立に対する規制が厳格でなく、国際的な競争に直面したことで考え方は変化していった。19世紀には特権から許可へと方針が転換され、特許状や認可証がなくても企業を設立することができる準則主義の時代が到来した。

その後、企業は国からの命令により経営を委託された者たちに与えられる特権であるという考え方とは正反対の第二の見解が急速に広まった。それは、企業は新しい事業の立ち上げを望む個人、つまり株主の集合体という見方だ。企業は、国王や国の許可を必要とせずに商業的に成功する事業の創出を目的に設立された自主的な会員制クラブとして設立された。

まるで、圧力がかかったボトルの栓を抜いたかのように、フラストレーションを抱えた起業家たちが爆発的な勢いで新しい企業を設立していった。ビジネスから富を得る権利は、抑圧や奴隷制からの解放と同様に、人間として当然の権利だと考えられた。

しかし、企業が次々に設立されるようになると、その性質が調査や追及の対象となった。そして企業は単に金儲けに熱心な自由意志を持つ大人たちの集まりにすぎないのか、それともそれ以上のものなのかが問題となった。

20世紀は、一見すると専門的で難解に見える問題やテーマが実際には非常に重要であり、それらの問題が私たち全員の生存に関わるほど重大な影響があると認識され、人々の意識が変化した時代だった。その背景には、株主と従業員との間に立つ、中間・上級管理職の急増があった。彼らにとって企業は国が設立したものでなければ、メンバーの集合体でもなく、政府や株主とは異なる独立した存在だった。第三の見解は、企業とは目的を持つ組織であり、その目的は経営陣が決定し実行に移すというものだ。

21世紀に企業が急成長し、その実態が明らかになるにつれ懸念が高まった。なぜなら、それらの企業は、実質的には経営者の利益のために運営される「領地」や「世界帝国」と見なされるようになったからだ。その結果、企業は、商業的に価値のある事業を追求するために「契約の束」で結びつけられた株主の集合体であるとの概念に戻ることになった。つまり、企業とはそれを所有する株主の財産の延長であり、株主の利益のために経営され、経営陣は株主の代理人としてその目的から逸脱する裁量を持たずに仕える存在となった。

したがって、現在の企業観は、企業は国の利益や経営者の利益のために運営されているという見方を否定する。第四の見解は、企業とは株主の富を増大させることを目的とした「契約のネットワーク」であるというものだ。経営陣は、人類、社会、自然界のウェルビーイングに関する、より幅広い課題の解決を推進するための正当な根拠を持っていない。

この企業概念の魅力は、明確さとシンプルさにある。企業の目的は明確で正確に測定できる。投資家、従業員、規制当局、顧客、政府、経営陣の誰もが、株主の富を増やすという目的に対して、どれだけうまくいっているかを確認することができ、それに応じて報酬を受け取ることができる。株主の富を増やすという目的は、他のどんな目的よりも測定しやすく正確だ。

取締役の義務

この企業概念の文脈において、取締役の義務は明確だ。取締役は構成員、つまり株主の利益のために企業の成功を促進しなければならない。例えば、英国会社法は「会社取締役は、構成員全体の利益のために会社が成功する可能性が最も高いと考えられる方法で誠実に行動しなければならない」と規定している（英国会社法（２００６年）１７２条1項）。

同法は企業が成功を収めるには他の当事者の重要性も認識すべきであるとし、「その際、以下の点（他の重要事項に加えて）を考慮すること」を付け加えている。

（a）あらゆる意思決定がもたらす可能性のある長期的な結果
（b）会社の従業員の利益
（c）会社のサプライヤー、顧客、その他の者との事業上の関係を発展させる必要性
（d）会社の事業活動が地域社会や環境に与える影響
（e）レベルの高い行動基準で会社の評判を保つことの有用性
（f）会社の構成員相互間の関係の扱いに関して公正に対応する必要性

従来の理解では、取締役が他の当事者を考慮するのは株主の利益のためであり、他の当事者を主体に考えてのことではない。取締役は株主に対してのみ忠実義務と注意義務を負い、それ以外の当事者にはそれらの義務を負わない。会社法は会社と株主を結びつけているが、社会などそれを取り巻く多くのものは、株主と会社の共通の利益を促進する限りでのみ関係する。

企業が「株主の利益のために自社の成功を促進させること」以外の活動をするというどんな考えも、全く意味をなさない。それは当然のことだ。複数の種類の利害関係者を考慮して複数の目的を掲げれば、混乱を生むだけだからだ。

企業の掲げる目的はただ一つであるべきであり、それは利益を生み出すことだ。しかし、その利益は公正でなければならず、不当で、不相応で、得るに値せず、不適切なものであっ

てはならない。

取締役の会社に対する義務は絶対的なものであり、取締役が義務を果たすことで株主が得る利益は公正であり、得るに値するものでなければならない。株主が得るすべての利益が公正であることを確保するのが取締役の義務だ。しかし、現時点ではそうなっていない。取締役の義務が、企業の成功促進という役割を超えて他の当事者まで及んでいないからだ。

現行会社法では、取締役による「他者の利益」の評価基準が取締役自身の目標（会社の成功）に依存するという自己参照的な構造となっている。取締役の義務は会社の成功に焦点を当てており、その成功は他の当事者の利益にもつながるが、他の当事者の利益は、取締役がそれを会社の成功促進につながると判断するか否かに左右される。これはあたかも、「私の利益」に「あなたの利益」がどう貢献するかを判断するのは私であり、「あなたの利益」を考慮するか否かを決めるのも私だ、と言っているようなものだ。

そして、まさにそれが、取締役がストックオプションや株式所有と連動するインセンティブ制度の受益者として自己の利益を優先し得る立場にいることを意味する。企業の成功を導くために何が妥当かという判断は、自己の利益によって曇らされている。つまり、取締役は自分たちが得る利益によってゆがめられた価値判断をもとに、企業の利益を評価している。

アダム・スミスは『国富論』でこのジレンマを次のように指摘している。「利益のために資本こそが、あらゆる社会の有用な労働の大部分を動かすのである」(注3)。だが、次のようにも述べている。「利益率は地代や賃金のように、社会が繁栄すれば上昇し、衰退すれば下落するようなものではない。逆に、豊かな国では自然に低く、貧しい国では高く、急速に崩壊しつつある国では最も高い。したがって、資本家の利益は、地主や労働者の利益とは違って、社会全体の利益と結びついていない」。

スミスは利益の重要性と限界の両方を認識していた。利益は、企業にとって推進力であると同時に経営資源を得るために不可欠なものだが、人間や自然界に便益をもたらすことからだけではなく、搾取することによっても得られる。

では、企業が複数の目的と受益者を持つというパンドラの箱を再び開けることなく、このような法的拘束から抜け出すにはどうすればよいだろうか。その答えは、企業の成功から利益を得る唯一の受益者を株主としたままで、「企業の成功」の定義に「他者に損害を与えないこと」を条件として入れることだ。言い換えれば、株主利益の追求には、他者に損害を与える場合を除くという条件がつくということだ。他者に便益をもたらすことを要求するものではないが、他者を不利な立場に置くことを避ける義務が生じる。

これは、英国会社法が「啓発的な株主価値」の例であるという主張に説得力を与える。従来の法解釈である「他の当事者の利益は、株主利益のための手段であり従属的なもの」は、「啓発的な」という言葉の意味からすれば啓発性はない。他者の利益を考慮する株主価値こそが真の「啓発的な株主価値」だ。これは道徳律を決定する際に、従来の解釈から黄金律を再定義することの重要性を示している。

取締役の義務の再考

議論の余地はあるが、いくつかの解釈によると、道徳律はすでに英国会社法に組み込まれている。まず、同法では、会社取締役が「構成員全体の利益のために会社の成功を促進」しなければならないと規定している。これは構成員（株主）にとって有益な解決策、つまり利益を伴う解決策を提供しなければならないことを意味する。不採算の解決策は選択できない。

次に、同法は「その際、以下の点（他の事項に加えて）を考慮すること。（中略）（d）会社の事業活動が地域社会や環境に与える影響」と規定している。これをどう解釈すべきだろうか。

企業が計画している事業が、地域社会や環境に正の外部性をもたらす場合を考えてみよう。その場合、問題は何もない。株主の利益のために会社の成功を促進する決定を支持することは、地域社会や環境に便益をもたらす。しかも、他者に問題を生じさせて利益を得てはいない。

しかし、企業の計画している事業が地域社会や環境に負の外部性をもたらす場合はどうか。会社法は、いくら株主の利益のためとはいえ、自社を成功に導くため他者に害を与える決定をしたり、そうした決定を積極的に受け入れたりすることを取締役に求めているわけではない。もしそうでなければ、企業が地域社会や環境を食い物にすることを容認することになってしまう。同法の「啓発性」は世界に災いをもたらす源になる。
それは、英国会社法が意図していたことではない。「以下の点」を考慮する際、同法は、他者に与える正の外部性と負の外部性を別々に扱うべきだった。つまり正の外部性は考慮してもいいが、負の外部性をもたらすことは避けなければならない。そうすることで、企業の成功と株主への利益は、他者に損害を与えるのではなく他者の問題を解決することから生まれると、会社法が示すことになる。

現在、英国会社法172条は、取締役は株主の利益のために会社の成功を促進する際、株主以外のあらゆる要素を手段として扱うべきだと解釈されている。より合理的な解釈は、取締役の義務は以下に挙げる関係者の利益を侵害せずに利益を上げることだ。(a)従業員、(b)サプライヤー、顧客、その他、(c)地域社会や環境、(d)会社の評判、(e)現在および将来の会社の構成員。言い換えると、取締役の義務は、すべての人に対して、あらゆる場所で、常に道徳律を遵守することだ。

このように解釈すれば、英国会社法は非常に啓発的であるといえる。しかし、「以下の点」の補足事項を規定していない国の会社法はどうだろうか。実際、それらはどの程度啓発的なのか。例として、『資本主義における大論争』でベブチャック教授がよりどころとした、ある意味で最も重要な国である米国の会社法を見てみよう。

米国会社法

米国の上場企業の大多数はデラウェア州で設立されている。デラウェア州会社法では「デラウェア州の会社の取締役は経営責任を負い、会社の利益を守り、株主の利益に関して、株主のために『受託者』として効果的に役割を果たさなければならない」とし、「デラウェア州の会社の取締役は（中略）その会社と株主に対して忠実義務を負う」と規定している。[注4]

2010年、デラウェア州衡平法裁判所の大法官（当時）ウィリアム・B・チャンドラー3世は次のように述べた。

「会社は（中略）少なくとも投資から収益を得ることに関心のある株主がほかにいる場合、純粋な慈善目的のための適切な形態ではない。（中略）利益追求型の会社という形態を選んだ以上、（中略）取締役はその形態に伴う信認義務と基準を遵守しなければならない。それらの基準には、株主の利益のために企業価値を高めるよう行動することが含まれる。社名の後に続く『Inc.』には、そうした意味が含まれている。したがって、（中略）営利目的のデラウェア州の会社において、株主の利益のために経済的価値を最大化しないことを、明確かつ意図的に目指す企業方針は有効とは認められない[注5]」。

2015年、デラウェア州最高裁の元首席判事であるレオ・ストラインは次のように述べた。「デラウェア州会社法を冷静に見ると、取締役は自分たちの裁量の範囲内で株主の利益を唯一の目的としなければならず、他の当事者は株主の利益を促進する手段としてのみ考慮されるべきなのは明らかだ」(注6)。

米国法律協会はデラウェア州会社法について次のように解釈している。

「会社の目的は、法律の範囲内で、会社の経済的価値を高めることだ。その際、以下の点を考慮することができる。(a) 会社の従業員の利益、(b) サプライヤー、顧客、その他との関係を強化することの有用性、(c) 会社の活動が地域社会や環境に与える影響、(d) 責任ある事業の遂行に関連する倫理的な配慮(注7)」[傍点は著者による]

会社の目的を経済的価値に限り、他の当事者に対する義務を課さないことにより、米国法律協会は取締役の信認義務を株主への金銭的利益に限定し、他の当事者の利益はそれに従属するものと位置づけている。

米国のすべての州がデラウェア州会社法の原則に従っているわけではない。「利害関係者法(Constituency Statute)」を持つ州もある。利害関係者法は1980年代から90年代に導入され、取締役に株主以外のステークホルダーの利益を考慮することを許可し、一部の州ではそれを義務づけている。[注8] これらの法は、80年代に企業買収ブームが起き、他のステークホルダーにマイナスの影響が及んだことへの対応として制定された。[注9]

しかし、利害関係者法によって、他の当事者の利益が実際に保護されているかどうかについては懐疑的な見方が多い。その一因として、裁判所が利害関係者法を株主の利益以外の観点から解釈することに消極的であることが挙げられる。[注10] また、取締役が他のステークホルダーの利益を考慮しなかった場合、救済を求める手段が彼らに与えられていないことも問題だ。[注11] 株主以外のステークホルダーの利益を考慮した経営を実現する難しさに加えて、[注12] 一部の専門家は、「利害関係者法は法の導入時に期待されていた、他のステークホルダーに利益をもたらすことに失敗した」と結論づけている。[注13]

株主の利益を超えてステークホルダーの利益を保護するために米国で考案された2番目の法的形態はベネフィット・コーポレーション（以下、BC。パブリック・ベネフィット・コーポレーション（PBC）とも呼ばれる）だ。BCは、営利企業が利益と社会的目的という二つの使命を果たすことを法で求めている法人形態だ。[注14] メリーランド州が2010年に初めてBC法を採用し、それに続いて38の州が同様の法律を制定した。

この新しい法律を批判する人たちの主張は、「既存の法律でも取締役には、利益と社会的目的の二つを追求するための十分な裁量が認められているため、この法律は不要だ」というものだ。[注15] また、BCは宣伝や「目的のウオッシュ［目的に取り組んでいるように見せかけること］」

に利用されているという指摘や、(注16) 多くのBCは社会や環境に利益をもたらしていない(注17)といった批判もある。ある研究では、BCは消費者向け分野に集中しており、その「資格」は社会変革よりも一般消費者向けのビジネスで有利に働くと結論づけている(注18)。

したがって、株主以外のステークホルダーを保護するための新しい法的枠組みが、従来の株主第一主義に及ぼした影響はわずかであり、取締役に他の当事者の利益を考慮する権限を与えても、彼らの行動の変化にはつながっていない。デラウェア州会社法の影響は、それに替わる選択肢が出現した場合でも、依然として深く浸透している。

取締役が他の当事者の利益を考慮するように法や制度を確立することは可能なのか。それとも、ベブチャック教授が法実証主義の立場から主張するように、米国企業の取締役が現状と異なる行動をとること、つまり株主利益のために会社の成功を追求すること以外の行動を期待することは不可能なのだろうか(注19)。

英国会社法や他の国の同様の会社法に道徳律が組み込まれているとの解釈が可能という見方も一部にあるが、それは広く認められているものではなく、特に米国ではそうだ。その理由は、利害関係者法もBCも、デラウェア州会社法が抱える根本的な問題である「他者を犠牲にして利益を得ること」を防げていないからだ。英国会社法でさえ、本当にその問題に対処できるのかどうかは曖昧であり論争が続いている。道徳律を世界に広く浸透させていくには、企業のパーパスそのものに目を向ける必要がある。

「目的の法」と「法の目的」

企業や会社法に目的を導入しようとする試みには、波乱に満ちた歴史がある。[注20] 19世紀の初期の英国会社法[注21]では、有限責任の付与と「ウルトラ・ヴァイレス（能力外）の法理」に対応するため、企業に目的条項を採用するよう規定していた。ウルトラ・ヴァィレスの法理とは、企業が定款で定めた目的の範囲を超えて活動した場合、それらは能力外の行為として無効とする考え方だ。[注22]

目的条項とそれをウルトラ・ヴァイレスの法理によって課すことには、三つの問題があった。一つ目は、権限外の行為に対して取締役がどんな責任を負うのか。二つ目は、企業が関与できる活動や目的を変更する能力をどう制限するか。三つ目は、権限外と見なされた契約を当事者が執行できなくなることだ。

これらの問題に対処するため、企業は徐々に一般的で意味が希薄な文言を目的として定めるようになり、目的条項は、事業範囲を明確にしたり制限したりするという本来の役割を果たさなくなった。裁判所がウルトラ・ヴァイレスの法理を厳格に解釈して適用しようとする試みは、曖昧さと不明瞭さを増していき、この法理の効力は徐々に弱められ、２００６年の英国会社法改正により廃止された。

初期の会社法の立案者たちは、なぜこれほど間違った方向へ進んでいったのか。裁判所はなぜ1世紀近くも、ウルトラ・ヴァイレスの法理を厳格に解釈して適用しようとし続けたのか。その答えは、彼らが投資家、特に債権者が企業による虚偽の説明を信じて引き込まれていくのを防ごうとしたからだ。しかし、彼らは、企業の目的を変更する能力を制限することで、それを実現しようとした。時代の変化に即座に対応する必要がある企業にとって、これは受け入れがたいやり方だ。さらに、彼らが解決すべきだったのは、単に投資家や債権者の問題ではないことを、彼ら自身が十分に認識していなかった。したがって、企業の目的を会社法に組み込もうとした過去の試みは、取締役の義務を決定する際に、適切に定められた目的が果たす役割について、参考になる教訓をほとんど提供していない。(注23)

それとは対照的に、他者の犠牲のもとに利益を得ることを違法としそれ以外の利益を得る方法を認めることは、企業は他者に害を与えるのではなく、他者の抱える問題を解決することで利益を得るべきという考え方を示している。この場合、取締役の義務は、問題の発生を避けることではなく、利益を得るために問題を発生させてはならないことだ。「問題を引き起こさない」ではなく、「問題を引き起こして利益を得てはならない」が取締役の義務だ。

この区別が重要な二つの理由がある。第一に、企業が問題を引き起こすことを動機付けてはならない。第二に、企業と取締役は、ある都市から別の都市に拠点を移転する決定が雇用に与える影響や、従業員の賃金を抑えて顧客に低価格で商品を提供することなど、異なる利害関係者間で利害が衝突する場面などで、日常的に判断を求められる。これらの判断が客観的で公正かつ賢明であるためには、自分たちの利益を優先することによって判断がゆがめられてはならない。つまり、企業は問題を是正（例えば、従業員の再教育など）するためのコストを負担し、そのうえで適正な利益を得なければならない。

「人々や地球の抱える問題を解決して利益を生み出し、問題を生じさせて利益を得ない」というパーパスは、取締役が企業の構成員（株主）や企業活動の影響を受け、企業が依存する他の関係者との信認関係を決定するための適切な基盤を提供する。それが適切な理由は次の三つだ。

第一に、取締役には、株主の利益を促進すること以外の目的を追求する権限がないことが明確にされている。取締役が追求できるのは、利益を伴う解決策だけだ。したがって、取締役と株主の利益が相反することはない。

第二に、利益は問題を引き起こすことではなく問題の解決から生じることを明らかにしている。英国会社法との関連でいうとこの考え方は、企業が利益を得る際には株主以外の利害関係者（（a）従業員、（b）サプライヤー、顧客、その他、（c）地域社会や環境、（d）会社の評判、（e）現在および将来の企業のメンバー）の利益を損なわないようにする義務があることを意味している。つまり、道徳律を組み込み、自社の利益のための他者に問題を引き起こすことを禁じ、利益を積極的に追求することを認めている。

第三に、企業に対して、株主の金銭的利益を追求することを超えたパーパスを定めることは要求していない。もちろん、企業がそれを望むなら認めている。なぜ、ある特定の時点で適切と思われることを自由に行う裁量を企業に持たせずに、彼らの手を縛るべきなのか。その答えは、企業の裁量を制限することにより、制約のない場合よりも優れた成果を上げる可能性があるからだ。企業はパーパスというマストに自らを縛りつけることで、魅力的な機会に誘惑されてパーパスからそれてしまいそうなときでも、確実にパーパスに従うことができるようになる。

法による強制を伴わないパーパスは、企業の意図を表現したものにすぎず、のちに目指すべきさらに良いものが出現したら放棄されるかもしれず、のちの取締役会や株主がパーパスに従うように縛ることもできない。したがって、そのようなパーパスは、他の当事者にコミットする手段としては機能しない。なぜなら、企業は取締役や株主が将来的に考えを変えないと保証できないからだ。

企業は一般的に、このような形で自らを拘束することを望まないかもしれない。しかし、パーパスという制約があることにより、従業員、サプライヤー、顧客、地域社会、政府といった他の当事者から信頼を得ることができ、彼らとの互恵的なコミットメントから互いに利益を得ることが可能になる。その協力関係は、例えば出資、パートナーシップ、ジョイントベンチャーなどを通じて提供される。なかでもそれが特に重要となるケースがある。敵対的企業買収やアクティビスト・ヘッジファンドによるキャンペーンは、企業の株式を買い集める者が他の株主の支持を得て、現在の取締役会構成員を、より多くの株主価値を創出する者に入れ替えることを目的としている。その過程で、従業員の解雇、調達・流通体制の変更、環境保護や地域支援プログラムの放棄などの戦略変更が実施されることがある。

このようなことが将来起こり得るという脅威があるだけでも、敵対的ＴＯＢなどの標的になりやすい企業は自らを拘束する方針の採用を検討する必要がある。企業支配権市場においてＴＯＢやヘッジファンドの動きが主流になると、利益がどこから得られたかに関係なく株主価値の最大化が求められ、それ以外の方針を採用することが非常に難しくなるからだ。

それに対して、会社法が道徳律に則って解釈される場合、たとえ敵対的買収者やアクティビストが成功したとしても、新しい所有者や取締役は、対象企業を事業再編する際、英国会社法172条に定められているように、現在の従業員、サプライヤー、流通業者、環境、地域社会の利益を引き続き保護する義務を負う。

正の外部性を発生させる特定のパーパスを掲げる場合、他の当事者の利益は、単に害を与えないという最低限のものでなくなる。すなわち、パーパスに賛同し投資を行っている従業員、サプライヤー、その他の当事者が抱く正当な期待に応えることも求められる。買収元の企業や株主が標的とする企業を再編できないと言っているのではない。買収者やアクティビストは、単に他の当事者からの富やウェルビーイングの移転によって利益を得るべきではなく、他の当事者の利益を考慮しなければならないということだ。

法の限界と無限の可能性

企業のパーパスを「問題を引き起こすのではなく問題解決を通じて利益を得る」に設定することは、取締役の義務を株主の利益とともに道徳律にも合致させ、そのような拘束力のあるコミットメントがなければ達成不可能だったパーパスに自社を向かわせるよう取締役にコミットさせる点でも重要だ。また、パーパスをそのように定義することは、会社設立時の条件として定款に道徳律を組み込むことにもつながる。ただし、正の外部性を発生させるパーパスの採用を認めるが強制はしない。

多くの人が指摘しているように、英国や米国をはじめとする多くの国の会社法は、企業の成功を促進するものであればどんな内容であってもパーパスに採用することを認めるという寛容な姿勢をとっている。(注24)会社法はすでに、株主の利益のために会社の成功を促進させるという取締役の義務に合致することを条件に、企業が積極的なパーパスにコミットすることを認めている。しかし、道徳律が拘束力のある条件として規定されているわけではない。(注25)だからこそ「問題を引き起こすのではなく解決を通じて利益を得る」というパーパスを会社法に組み込むことが、現行法への貢献につながる。

政府や規制当局による執行を伴うことなく、法が株主の利益を超えて、企業がなぜ設立され存在するのか意味ある表明を行うよう企業に期待するのは、非現実的であり望ましいことではない。しかし他方で、政府や規制当局による執行を伴う場合、企業のパーパスの決定に政治が関与するという危険な道に進むことになりかねない。さまざまな当事者の利益を反映したパーパスの採用を企業に促すどころか、政府や規制当局によるパーパスの押しつけは、政治的な思惑や官僚による指導や管理によって中身がゆがめられる危険性がある。(注26)

法は、市場の失敗から生じる「負の外部性」には対処できるが、企業が「正の外部性」を内部化できないことには対処できない。つまり、他者の犠牲のもとに利益を得ることは法で禁止できるが、他者に正の外部性を発生させるよう法で義務づけることはできない。さらに、各国の国内法は、国際レベルで存在している格差に対処できない。

それを説明するために、世界に次の二つの国があると想定してみよう。一つは会社法の解釈において道徳律を尊重するX国、もう一つは会社法の解釈において道徳律を尊重しないY国だ。両国の国民が他者への利他的な配慮を一切せず自分の富のことだけを考え、両国間で製品や資本の流れが制限されていない場合、X国はY国が存在するなかで存続できるだろうか。

答えは「ノー」だ。X国の企業はY国の企業の低コストに対抗できず、資本がX国からY国に流れてしまうからだ。移動する製品や資本に伴う負担は、他国に移住できないX国の国民が背負うことになり、彼らはY国の国民よりも悪い雇用条件を受け入れざるを得なくなるだろう。

「他者の犠牲のうえで利益を得ない」という原則をX国とY国の両方が採用しなければ、X国の善良な国民が不道徳なY国から自らを守るため、資本市場や貿易の障壁を求めるようになってしまう。だからこそ、道徳律は世界の国々の会社法に組み込まれなければならない。

会社法は、組織が望まないパーパスを採用させたり、法の権限を越えて活動範囲を拡大させたりすることはできないが、株主利益を追求しない企業の設立を認めている。例えば、英国会社法172条2項は、企業がその構成員（株主）の利益のために会社の成功を促進させることを求めない内容であっても、パーパスとして採用することを認めている。

同法の注釈は、172条2項の意図について説明している。この項は「利他的、または部分的に利他的な会社についてのものだ。例として、公益目的会社（charitable companies）やコミュニティー利益会社［社会的な目的の追求のために設立される営利企業。主に英国］が含まれるが、どんな会社も構成員の『利己的』な利益に優先する『利他的』な目的を採用することが可能だ。会社のパーパスがその構成員の利益以外のものとなる場合、取締役は誠実にパーパス実現の可能性が最も高い方法を考えて行動しなければならない(注27)」。

したがって、会社は、慈善的、社会的、公的な目的を持つことができ、「構成員の利己的な利益」のために企業の利益を配分する必要はない。これにより、一定の条件を満たせば、どんな種類の活動にも法人化の恩恵が拡大される。その条件とは英国会社法172条1項（a）～（f）に規定する条件であり、「（他の事項に加えて）すべての意思決定がもたらす長期的な影響を考慮する」ことなどだ。つまり、他者に損害を与えないどんなパーパスに対しても、取締役は義務を果たさなければならないということだ。

そう考えると、道徳律はすべての企業に適用されることになる。「問題を発生させることからではなく問題解決から利益を得る」というパーパスに代わりに、「人々や地球に対して問題を発生させるのではなく問題解決策を生み出す」がパーパスに掲げられる。慈善目的企業はその受益者を、公的企業は市民や福祉を、社会的企業は関連する社会や地域社会をそれぞれ支援し、他の当事者に害を及ぼさないよう配慮しなければならない。企業は自社のシステム内、つまり事業領域内の人々と、システム外であっても自社の活動によって影響を受ける人々との調和のとれた共存を確保しなければならない。

次章で企業の性質や組織について述べる際、主にビジネスの文脈で論じることになるが、「人々や地球に対して問題を引き起こすのではなく問題解決策を生み出す」というパーパスは事実上、道徳律に従って運営されているあらゆる形態（経済的、公的、社会的な活動を含み、民間、公共、非営利の違いを問わない）の資本主義の組織システムのすべてに当てはまる。

企業のパーパスは、企業の成功を判断するための基準であり、取締役が株主に対して忠実義務と注意義務を果たしているかどうかを裁判所が判断する基準でもある。企業は特定の問題の解決を目指すと明示することもできるが、そうする義務はない。ただし、その明示した場合、それらの問題解決が企業の成功や取締役の信認義務を判断する基準の一部になる。

問題解決志向型組織の概念は、企業の法的責任を決定する枠組みを提供する。(注28) それによって企業は、他者に問題を生じさせて利益を得ていないことを証明し、他者に損害を与える行為を防止するためのシステムやプロセスを整備する責任を負う。これらのシステムやプロセスは、株式所有、ガバナンス、測定、資金調達の四つの分野に関連する。(注29)

企業が適切な株式所有構造、ガバナンス、測定、資金調達手段を備えているかどうかに焦点を当てることで、法は企業のマネジメントや活動、具体的には、所有やガバナンスのあり方、活動や影響の測定方法、資金調達手段、さらには業績評価や従業員や投資家への報酬システムなどに大きな影響を与える。言い換えれば、法は、企業が環境や社会的連帯に及ぼしてきた悪影響を逆転させ、企業の利益をその周囲の世界の利益と合致させる可能性を持っている。

利益と繁栄

「人々や地球に対して利益を伴う解決策をつくり出し、問題を生み出して利益を得ることはしない」という企業のパーパスは、単なるパーパスの表明にとどまらず、正当な源泉から利益を得ることを表現している。正当な源泉とは、人々や自然界に問題を引き起こすのではなく、問題を解決することで利益を得ることを示している。これが重要なのは、企業がパーパスを追求する過程で生じる矛盾を解決するからだ。その矛盾とは、企業の構成員（株主）にとって金銭的利益を追求することと、より広く社会や自然界・環境にとってのウェルビーイングを追求することとの間に生じるものだ。

企業が、市場価格に反映されない形で他者に影響を及ぼす場合、内部化されず、財務成果に反映されない外部性が生じる。それらの外部性は価格付けされていないため、財務会計上、収益や費用として計上されず、収益性管理の対象から外れるからだ。企業のパーパスを再定義すれば、事業が他者に与えるマイナスの影響について、価格がついているかどうかにかかわらず、考慮することが求められる。

企業は、生産者、雇用主、購入者、近隣住民、または公共財と生態系サービスの利用者としての活動が、他者の利益やウェルビーイングのどの部分に悪影響を与えているか特定し、自社が引き起こしている悪影響や被害を緩和、是正、補償するための最善な方法を示さなければならない。もし、これらのコストが高すぎて、その活動から利益を得られない場合、企業はその活動をすべきではない。なぜなら、パーパスの前半部分で「利益を伴う解決策をつくり出し」と述べているように、利益を得られない活動を行うべきではないからだ。(注30)

これにより、社会や環境に対する利益と株主の利益が一致するようになる。企業は、社会や環境にプラスの影響を与える場合にのみ利益を得ることができ、マイナスの影響を与える場合に利益を得ることはない。(注31)利益と問題解決との間に正の相関関係があることは、少なくともパーパスについて「利益を伴う」と定義しているので明らかに正しく、もはや実証研究による確認は必要としない。

企業のパーパスは、取締役会と株主に対し、利益の正当な源泉とは何か、つまり株主資本に対するリターンがどこから生じるのかを明示する。また、企業が顧客や従業員、サプライヤー、社会、環境にどのように貢献するか、投資家がそれらのどこで適切なリターンを得るのかを明確にする。それによって、規制や法律に違反しなければどんな利益でも正当なものと見なされる現在の状況を是正する役割も果たす。企業が社会や環境に損害を与えることを防ぐための法や規制が不要になるわけではないが、その必要性は減少する。

問題を引き起こさず利益を生みながら解決することを企業のパーパスとし、問題の解決策を提供することで得られる利益は、株主の利益とその他のすべての当事者の利益を一致させる。株主は、他者に損害を与えず問題が解決された場合にのみ利益を得る。株主とその他の当事者との間の利害対立は協力へと変わり、株主は他者を搾取して利益を得ようとするのではなく、他者との相互依存関係や彼らへの責任を意識するようになる。

問題解決志向型企業は、取締役と株主との間のつながりを弱めるどころか、むしろ強化する。株主自身の利益とウェルビーイングは、企業が社会や環境のウェルビーイングを向上させることで得られる利益と一致する。現在、株主による利益の追求と環境や社会の繁栄を犠牲にすることの間に生じている対立は解消される。株主は、自分たちの金銭的利益が環境や社会に損害を与えて生み出されたものでないことが明確になり、安心できる。

これにより、取締役と株主のつながりだけでなく、両者と外部の世界とのつながりも強化される。つまり、企業の財務成果が株主のウェルビーイングと一致し、他の当事者を含むすべてのもののウェルビーイングと一致することを意味する。それは問題を引き起こさずに他者の問題を解決することから得られるものであり、他者がもたらす「外的な利益」と他者のウェルビーイングを大切に思う「内的な関心」が一致しもたらされる。

ここまで私たちは、取締役が株主に対する説明責任や信認義務を果たしつつ、環境や社会と企業を結びつける方法について見てきた。本書では、株主と取締役の利益は、他者にもたらす便益から生まれると定義した。そうすることで、株主が自身の金銭的利益とウェルビーイングに関心を持つことで、取締役と株主とのつながりが前よりも強化されるだけでなく、両者の利益がすべての人々やモノの利益とも一致する。

要するに、ニューヨークの高層マンションのペントハウスに住む裕福な投資家たちの利益と、発展途上国のスラム街に住む貧困層やアマゾンの熱帯雨林に生息する絶滅の危機に瀕した生物種の利益を結びつける方法を、利益を伴う問題解決策を実行できるという条件つきで見つけたのである。私たちは、真の利益とは何か、問題を生み出すのではなく利益を伴う解決策を他者に提供するというパーパスがどのようにして真の利益をもたらすかを認識することで、この方法を見つけることができた。

インベストメント・チェーン（投資の連鎖）と多国籍企業は、富裕層がさらに富を増やすための手段であるとともに、富を貧困の緩和や自然保護に結びつける手段でもある。利益が貧困を生み出すのではなく緩和する場合に、自然を破壊するのではなく保全する場合に、それらは結びついているのだ。利益を通じてそれらを結びつけることで、投資家の利益が、利益を伴って問題を解決するという企業のパーパスと一致することが確約される。企業は、調達した資金を問題解決に投じることにより、利己的な利益を集団的な取り組みに変換するシステムの変革者となることができる。

つまり、私たちは、ビジネスの成功の追求を通じて、世界を魔法のように結びつけることが可能になる。しかし、世界の貧困層や弱い立場の人々に富裕層が共感と関心を抱くようになること以上に驚くべきなのは、現在と未来の世代との間に共生関係を築くことができる点だ。世界の富裕層は、貧困で立場の弱い現在世代だけでなく、ずっと離れた未来の世代にも関心を持っている。

なぜそう言えるのか。企業が現在世代だけでなく将来世代にも貢献するには、企業構造をどのように発展させていけばいいのか。その答えは、会社の永続性にある。人の命は有限だが、企業はそうではない。企業は永遠に存在し続けるという不死の性質を備えている。問題を生み出さず利益を伴う解決策を提供するというパーパスを確立することで、企業には、地理的にも感情的にも遠い人々の利益だけでなく、時間的に遠い未来の世代の利益を守り促進する義務が生じる。企業は、異国の市場や環境で直面する未知のリスクだけでなく、時間的に遠く離れたまだ見ぬ将来世代にも配慮しなければならない。

ビジネスは、世界全体を永続的に結びつけるために生み出された最も強力な手段であり、法はビジネスの可能性を最大限に引き出すことを主な役割としている。これまでのところ、法は正反対のことを行ってきた。法は、企業のパーパスを株主の金銭的利益という完全に利己的な利益と結びつけ、貧困で弱い立場の人々の利益を保護したり促進したりはせず、彼らに対する搾取を助長してきた。法は、企業が本来目指すべきことや実現すべきことを手助けする役割を果たすべきなのに、逆にそれらを阻害してきたわけだ。

その過程で、法は私たちをウェルビーイングに導くどころか、自己利益の追求により社会全体が貧しくなるような状況に追い込んできた。市場や企業活動の無制限の自由を主張する者と、規制や圧力で縛りつけることを求める者との対立を規制やエンフォースメントで調整しようとして、政府や民主的システムに大きな負担をかけてきた。(注32)

｜本章のまとめ

企業は法から生み出されるものであり、法は企業を好ましい形につくり上げることができる。かつて企業の設立は国からの許可制で、その後、自由に設立できるようになったのも、法がそのように規定したからだ。

適正に解釈された会社法は、企業のインセンティブを、個人や社会、地球の利益と一致させることが可能であり、実際にこれらは一致する。また、政府と並んで人類がつくり出した最も強力な仕組みである企業が、損害を与えることなく問題解決に確実に取り組めるようにすることで、個人や社会、地球が抱える問題の解決を促進することができる。しかし、この二点において、法が機能していないことが、現在の危機を深刻化させている原因になっている。私たちは、現在の会社法に危機の原因があることを認識し、その状況を改善する力を持っていることに気づく必要がある。

法をシステムの観点から捉えるアプローチは、中央集権的にすべてをコントロールするのではなく、株主だけでなく社会や環境の利益とも利害を一致させる責任を企業に課すことにより、権限を個々の企業レベルに分散することを促す。また、市場外の影響を企業のパーパスに組み込むことで、市場プロセスと競争を促進させる。負の外部性を企業の境界外の問題として扱う従来の議論を逆転させ、負の外部性を内部化することで、市場の失敗を修正するための外部からの規制の必要性が減り、規制に妨げられずに競争できるようになる。

さらに、問題を引き起こさずに利益を上げるというパーパスは、取締役の株主に対する信認義務や説明責任を弱めるものではない。逆に、企業と株主の利益を一致させることで、それらの義務や責任を強化する。他者に問題を引き起こすのではなく問題を解決することから利益を得られるという事実は、企業が約束した問題の解決を実現することに対して、株主が感情的にも経済的にも関心を持つことを意味する。

企業がパーパスを実現する能力に影響を与える四つの重要な要素がある。それは、株式所有、ガバナンス、測定、ファイナンスだ。利害関係者との紛争の際、法は、企業が構築しているシステムや手続きの妥当性を評価するうえで重要な役割を果たす。その過程で法は、企業が株式所有、ガバナンス、測定、ファイナンスのシステムをどのように構築するかに大きな影響を与え、それらが自社の能力を最大限に生かして世界に貢献することと一致するように促す。

これにより、先進国に住む裕福な投資家たちが現在だけでなく将来にわたって、貧困国の人々が抱える問題の解決に関与するようになり、自己中心的で利己的な企業という組織は、啓発的で他者を尊重する組織に変革されていく。ビジネスは複雑になるどころか、期待されている成果をどのように実現するかが明確になり、単純化していく。

道徳律を会社法に組み込むことは、負の外部性の発生を回避するためには重要だが、その本当の意義は、正の外部性を生み出せる点だ。私たち一人ひとりの利益は、互いに助け合うことによってのみ得られるという共通の認識を生み出す。それにより、中央集権的な統治者に頼ることなく、目指すべき方向性と目的の一致を図ることができる。

また、道徳律を会社法に組み込むことで、私たちが所有者やリーダー、従業員、顧客、サプライヤー、投資家、地域社会の一員として、個別に、または集団としての課題や問題をどのように解決するかに関して、共通の理解や利益の基盤が生まれる。つまり、私たちが繁栄し、成功するために能力を最大限発揮し、そして何よりも謙虚さと人間性を取り戻すための手段となるのだ。

しかし、ビジネスに支障を来さずにそれらを実現できるのだろうか。答えは簡単だ。企業が本来のパーパスの実現に集中できるようにすること、つまり、真の利益を生み出す問題を認識し、それらの解決に専念できるようにすることだ。

パート

3

THE METHOD

方法

企業を所有することは従来、財産権と見なされてきた。それは資金供給者に大きな権限を与える。しかし、企業が資金以外のリソースに依存する度合いが増すにつれて「企業の所有＝財産権」との見方は現実と合わなくなってきた。

それに代わる見解として、他の当事者に権限を与えるステークホルダー・アプローチが広く提唱されているが、混乱の原因を生むだけでなく、実現が難しいことが明らかになっている。株主への説明責任を後退させるのではなく、株主の権利とともに責任も認識すべきだ。

こうした責任は、企業がシステムの一部であることから生じる。企業の所有者は、その企業が属する広範なシステムの一部の所有者でもある。したがって彼らは、企業に対して財務リターンを要求する権利があるだけでなく、システムが抱えている問題の解決に貢献する責任も負っている。

システムの抱える様々な問題を解決するためには、多様な株式所有構造が必要だ。実際、世界には多様な株式所有構造が併存している。そこには、市場を通じて株式が広く分散して所有されているアングロ・アメリカ型から、より一般的に見られる形態である、支配株主による安定的で集中した株式所有と一般株主による分散した株式所有の併存型に至るまで、さまざまだ。創業家一族や国による集中した株式所有は世界中で見られ、一部の国では従業員や財団による株式所有も見られる。

併存型のシステムは、企業固有のリスクの影響を受けやすい「安定的かつ長期的な株式所有」と、グローバルなシステミックリスクの影響を受けやすい「流動性が高く分散した株式所有」を組み合わせたものだ。したがって、支配株主と一般株主は、それぞれ企業の資金調達やガバナンスにおいて異なる役割を果たす。

問題を解決する責任は、支配株主だけが負うわけではない。問題解決への取り組み方は企業の方向づけ、ガバナンス、マネジメントに反映される。企業が問題解決というパーパスを定め、それを効果的かつ確実に実現できるようにするのは取締役会の役割であり、さらに企業に属するすべての者がパーパス実現に対する責任の一部を担うべきだ。

コーポレート・ガバナンスは、単に経営陣と株主の利益を一致させるためのものではない。それは「利益を伴う問題解決策を生み出す」というパーパスを実現するためのプロセスだ。経営者は、企業のパーパスを明確にし、具体的に示すべきだ。そのパーパスをビジネスのコア戦略と結びつけ、パーパス実現に本気のコミットメントを示す必要がある。さらに、企業の価値観と文化がそのパーパスと一致するように整え、パーパス実現のために組織内のメンバーに権限を委譲し、適切なリソースを供給し、成果に応じて報酬で報いるべきだ。

経営陣は、パーパスの実現に取り組む組織下部のメンバーを信頼しなければならない。組織のトップは、顧客、地域社会、サプライヤー、流通業者が直面している問題に関して、それが生じている地域や環境、生態系を十分に評価できず、問題への対処法や解決策の提案、最適な人材や技術について的確な判断を下すことができない。これらの問題を解決できるのは、現場の知識や経験が豊富な従業員たちだ。彼らが持っている具体的で状況に応じた暗黙知と、企業が持つ形式知を組み合わせれば、利益を生む問題解決策を提供することが可能になる。だからこそ、彼らが問題を抱える当事者との関係を構築できるよう、信頼し権限を与えるべきだ。

第5章

問題を所有する

財産権とは、
個人が外物に対して、
他のいかなる個人の権利も
完全に排除して主張し行使する、
独占的かつ専制的な
支配権である。

ウィリアム・ブラックストン
『イングランド法釈義』第2巻第1章
（オックスフォード・クラレンドンプレス、1765年）

英国の法学者ウィリアム・ブラックストンが『イングランド法釈義』で述べたこの考え方は、現代の財産権理論と所有権概念の基礎となっている。それは企業に関する二つの支配的概念である株主第一主義とエージェンシー理論を支えており、現代のマネジメント教育、ビジネス実務、公共政策では、株主による「独占的かつ専制的な支配」が頂点に達している。

ブラックストンが提唱した財産権の見方は、資本主義とは「生産手段の私有と利益獲得のためにそれらを運営する経済システム」であり、所有権とは「資産に対する『権利の束』であり、所有者に強力な権限を与えるもの」だ。英国の法学者トニー・オノーレは1987年に自著のなかで、それらの権利を11の構成要素から説明している。（注1）その要素とは、①占有権、

②使用権、③管理権、④所得権、⑤資本権、⑥安全権、⑦相続可能性の付帯権、⑧期限欠如の付帯権、⑨有害な使用の禁止、⑩強制執行に服すべき責任、⑪残余財産の性質だ。

これらの要素に照らすと、従来の所有概念は理論的な裏づけに乏しく、実際のビジネスや経済活動にも適していない。特に、ブラックストンの概念は、人間のウェルビーイング向上につながる可能性のある商業活動には適合せず、有害だ。その誤った適用が、「経済、社会、政治の不安定化」「所得と富の分配における危機的状況」「環境破壊」「先進国と発展途上国における多くの人々の不満の増大」を引き起こしている。深く浸透した概念を変えるのは容易ではない。この状況を変えるには、所有、企業、資本主義システムの本質的な概念を根本から再構築する必要がある。

所有権概念

企業の所有権には二つの側面がある。(注2) 一つは、企業の収益に対する請求権、もう一つは企業のガバナンスに対する支配権であり、後者は他の当事者が企業に対して持つ権利よりも範囲が広い。この二つは密接に関連している。支配権は、企業の他の当事者、特に株主の代理人として企業資産を管理するために選任された者によって、収益を収奪されるリスクから株主を守るために必要だ。株主は、取締役の選任、解任、報酬に関する権利を持ち、取締役会が下す重要な意思決定に影響力を行使できる。

株式所有と財産権の関連づけは、アナロジー（類比）によるものだ。株主は、自動車や住宅、洗濯機の購入と同じように企業に投資する。したがって、株主は、企業資産の利用とそこから得られる利益に関して同様の請求権を持つ。株主の影響力は、彼らの代理人として任命された取締役からなる取締役会に反映されるが、最終的な権限は資本の提供者である株主にある。その権利行使を妨げることは、あらゆる形態の財産に対する自由の侵害と変わらない、というアナロジーだ。

このアナロジーは、かつては実態に合っていたかもしれないが、今や的外れになっている。その理由は三つある。第一に、株主は企業資産を管理していない。自分で買った自動車や住宅、洗濯機は自分で管理できるが、ゼネラル・モーターズのような大企業だけでなく小規模な企業の場合でさえ株主は企業資産を直接管理していない。企業は、膨大な数の個人や組織の活動を調整する高度に複雑な仕組みであり、個人や個人のグループが資金を供給し支配できるものではない。

第二に、自動車や住宅、洗濯機の責任ある使用が他者に与える影響は小さいが、規模の大きさにかかわらず企業の場合はそうでない。ゼネラル・モーターズの影響は全世界に及び、街角の商店はその周辺に影響を及ぼす。したがって、株主が企業に対して持つ財産権は、個人が自分の所有物に対して持つ権利よりも大幅に制限されて当然だ。

しかし、第三に、財産権のアナロジーが企業に当てはまるとしても、その重要性は急速に低下している。このようなアナロジーは産業革命と製造業の勃興を背景に登場したもので、当時の企業は、投資家から多額の資金調達を必要とする物的資本に依存していた。それに対し、今日の企業が依存しているのは、工場や機械ではなく、人、情報、知識、コンピューター・アルゴリズム、ネットワーク、ブランド、評判などだ。これらは、かつて企業が依存していた「有形資産」と対比して「無形資産」と呼ばれる。

これにはいくつかの重要な意味がある。第一に、企業が必要とする資金調達の額が著しく減少している。ハイテク企業は通常、事業の初期段階で比較的少額の資金を数回に分けて調達し、その後、自らが稼いだ利益を投じて事業拡大を図る。

第二に、従来の製造業とは対照的に、企業は資産を所有しない傾向が強まっている。企業は従業員、社会、環境を所有しておらず、サプライチェーンや流通網で関わる多くの組織も所有していない。その代わりに、自社の財産権の境界を越えて幅広い当事者や組織と協働し、投資している。

つまり21世紀の企業は、人的、知的、社会的な無形資産の集合体であり、それらを所有しているわけではないが依存している。そして、これらの無形資産は、ますます大きな影響力を及ぼすようになっている。例えば、フェイスブックとグーグルの持つ影響力は、単に多国籍企業としての活動だけでなく、提供するサービスもグローバルだ。このことは、所有権やガバナンスのあり方を考えるうえで重要な意味を持つ。それにより、企業を財産権の観点から捉える従来の見方を覆すことになるからだ。

企業はもはや資金を供給した人々が所有する資産の集合体ではなく、企業には資金供給によって権利を持つ所有者は存在しない。むしろ、企業は購入も所有もしていない資産に依存しており、それらに影響力を持つ。したがって、企業は法的境界の外にある資産の集合体であり、外部資産や関係者との調整が必要だ。しかしその調整は、資金供給者による支配権行使によって行われるのではない。

つまり、従来の「資金供給と支配権の関係」を切り離して考える必要があるということだ。生産手段の私的所有を基盤とする経済システムとして、その所有者に強力な権限を与える資本主義は、支配権を資本の提供者、特に利益と損失の残余リスクを負う株主に割り当てることを前提にしている。(注3) それがかつては妥当だった(前述の理由から本当に妥当であったかは疑わしい)としても、今日では当てはまらない。企業は従業員、サプライヤー、地域社会、自然などの他の当事者に依存し、それらに影響を与えることを考えると、これらのグループも少なくとも株主と同様に、企業の成功にとって重要であり、失敗のリスクにもさらされている。

ステークホルダー理論の誤り

株主を中心に企業を捉える見解に問題があることの反動として、企業に対して利害関係を持つのは株主だけではなく、もっと幅広い「ステークホルダー」たちだという考え方が解決策として提示された。そこには、従業員、サプライヤー、顧客、地域社会、債権者、そして株主も含まれる。ステークホルダー理論によると、取締役会は株主だけでなく、より広範なステークホルダーの利益促進に努めるべきだとされている。

資本主義概念に関してよくある議論は、「株主資本主義vsステークホルダー資本主義」に関するものだ。株主資本主義の支持者は、株主が企業の唯一の所有者だと主張する。株主はリスクキャピタルを供給し、ビジネスリスクを負うからだ。

一方、ステークホルダー資本主義の支持者は、ステークホルダーがさまざまな形で企業に投資し、成功や失敗のリスクを共有していると主張する。投資とリスク負担の観点から見ると、ステークホルダーも企業の所有権を持っており、取締役はすべてのステークホルダーに対して注意義務と忠実義務を負っているとする。

また、ステークホルダー理論の支持者は、取締役の説明責任を株主だけに限定せず、企業に利害関係を持つすべてのステークホルダーに広げることを求めている。そうすることで、企業は株主だけでなくすべてのステークホルダーが企業の成功に貢献していると自覚し、その結果、企業業績が向上すると考えている。企業がステークホルダーの利益を考慮しなければ、企業業績を左右する彼らの協力や支援が得られなくなってしまう。

しかし、株主資本主義の支持者は、取締役がすべてのステークホルダーに対し説明責任を負うとしたら、結局、取締役は誰に対しても説明責任を負わなくなり、企業は管理不能に陥ると主張する。もはや企業業績は、単に財務リターンや金銭的利益を反映したものではなく、すべてのステークホルダーが得たリターンや、彼らが負うリスクとその見返りを反映したものとなる。そのためには、さまざまな関係者が得る利益を評価する広範なパフォーマンス指標を設ける必要がある。しかし、これらの指標を用いる場合、利益に対する評価は主観的なものとなり、また、金銭的利益や財務リターンほど正確に評価することはできない。

そのため、ステークホルダー資本主義の考え方は、企業の業績を向上させるどころか、さまざまな当事者間の利害が対立する場合には混乱の原因となり、企業の取締役や経営陣が対処できないような判断を求めることになる。さらに、彼らにはそうした判断を下す正当な根拠がないとも指摘されている。そのような決定権限は選挙のプロセスを経た政府にあり、企業にはない。企業の取締役は、政治的判断を求められて市民から選挙で選ばれるのではなく、金銭的利益として測定される成功を期待する株主によって選任される。

これは昔から続いている議論であり、一方の理論から他方へと何度も振り子が揺れ動いてきたが、いまだに結論は出ていない。20世紀前半にはステークホルダー資本主義が優勢となったが、経営陣は幅広い裁量を行使する一方でほとんど誰にも説明責任を負わないと批判され、勢いを失った。その結果、20世紀後半には、株主利益に重点を置く考え方が徐々に優勢となった。財務成果の測定基準が開発され、経営陣の関心は株主の利益にのみ集中するようになった。

現在までの20年間で、株主資本主義が人や社会や環境に及ぼした悪影響が明らかとなり、ステークホルダー概念が再び重視されるようになった。たとえ複雑だとしても、ステークホルダー資本主義の考えを取り入れなければ、株主はもちろん、従業員や地域社会、自然界に至るまで、私たちすべてが苦しむことになるという考えが広まっている。そのため、世界は大きく三つに分かれている。米国のように依然として株主資本主義を強く支持する国もあれば、欧州各国のように幅広いステークホルダーの利益を重視する国もある。英国のようにその中間に位置し、両方の要素を取り入れる国もある。

また、株主とステークホルダーの利益の対立は「啓発的株主利益」という考え方で解決できると主張する者もいる。これは、企業が他者のウェルビーイングに配慮すれば最終的には株主の利益につながることを認識する点で「啓発的」と名づけられた。これを表現する際に「アンドの天才」[注4]というフレーズが使われることがあり、「社会に利益をもたらすとともに(ａｎｄ)、株主にさらに大きなリターンをもたらす」ことを指す。また、「善行を通じて成功する」というフレーズも使われ、これは「株主に利益をもたらしながら、社会にとっても良い行いとなる」ことを意味する。

だが、この考え方が見落としている問題がある。それは「社会の利益」と「株主の利益」のどちらか一方しか選べない状況において、企業が良いことをして成功するのではなく、悪いことをして成功する状況が生じる可能性があることだ。例えば、アルコール、タバコ、ギャンブル、武器製造、化石燃料製造など『罪ある株』と呼ばれる企業の活動がそれに当たる。言い換えると、企業とその取締役は、法が認める範囲内で、税金の支払いを回避し、環境を汚染し、賃金を最低限に抑え、世界中から最安値を提示するサプライヤーを探して調達すべき義務を負う。ただし、その結果得られるメリットが企業の評判に与えるダメージを上回る限りにおいてだ。それは株主から見れば「啓発的」かもしれないが、それ以外の者にとってはそうではない。

また、株主とステークホルダーの利益は長い目で見れば一致することがあることから、対立の原因は主に時間の問題、つまり「短期志向」にあると指摘されることもある。時間がたてばたつほど短期志向の弊害が次々と明らかになり、企業の評判が問われ、規制が脅威となり、企業は株主に報いるためにステークホルダーを支援しなければならなくなる。企業が短期的ではなく長期的価値の創造に焦点を当て続ける限り、最終的(終わらないほうが望ましい。なぜなら、この考え方のキーワードの一つが「持続可能性」だからだ)にはすべてがうまくいき、将来に向けて持続可能なビジネスを構築できるという主張である。

しかし、時間は弊害を明らかにして解決するどころか、問題を隠し誤った方向に導くおそれもある。責任を負うべき人がすでにそこにいなかったり、責任を問われなくなったり、支払い能力がなく損害を受けた人々は救済されなかったりするかもしれない。また、被害を受けた当事者が問題解決による利益を享受できなくなるかもしれない。

気候変動、格差、社会的排除への無策、そして企業による自然、遺産、地域社会、人間の健康に対する破壊的行為の結果を、私たちは目の当たりにしてきた。問題は、単に時間の長さではなく、誰にとってどのような時間なのかということだ。

貧困層が貧困のままなら、あるいは社会全体が発展しても格差が変わらなければ、長期的視野に立っても未来は暗たんたるものだ。奴隷制度が廃止されていなかったら、今も続いていたかもしれない。自然に関しては、最終的にすべてがうまくいくと考えないほうがいい。企業が保険を使って事業の持続可能性をカバーすれば、経済的な影響は回避できるかもしれないが、環境や気候の問題解決には少しもつながらず、問題を外部化することでさらに悪化させるおそれがある。問題は、ケインズが述べた「長い目で見れば、私たちは皆死んでいる」ことではなく、短期間のうちに死んでしまうことだ。

第三の提案として、インベストメント・チェーンの末端には、お金だけではなく、自らの健康、生存、子孫、安全に関心を持つ人々がいることを認識するという解決策が考えられる。つまり、自分たちの繁栄とウェルビーイングに関心を持つ人々だ。彼らは財務リターンだけでなく、それがどのように生み出されるのかにも関心がある。(注5)

このことは「インパクト投資」の成長に反映されている。インパクト投資は投資家が場合によっては、財務リターンを犠牲にしてでも、人間、社会、環境に良い影響を与えることを目的としている。しかし、すべての株主が同じではない。財務リターンにのみ関心がある人もいれば、そうでない人もいる。株主は、財務成果だけでなく、社会的な成果についても異なる考え方や時間軸を持っている。

この解決方法には、二つの問題がある。第一に、インパクト投資の市場は成長しているが、従来の株主価値最大化を目指す市場に比べれば、その規模は小さい。そのため機関投資家は依然として、最大の財務リターンをもたらす投資機会を見いだし、促進することが自分たちの役割だと考えている。第二の問題は、投資家が利用できる企業の非財務指標が、質や比較可能性、信頼性の点で、財務指標に比べて劣っていることだ。そのため機関投資家は、非財務的要素よりも財務的要素に資源を配分するほうが良い選択だと感じている。

投資家の関心の範囲やスタンスに関する議論がいずれも満足のいくものでないのは、核心となる問いに答えていないからだ。問題は、投資家の時間軸が十分に長いかどうか、関心の範囲が広いかどうかではない。その核心的な問いとは、「他者から得られる利益だけでなく、他者のウェルビーイングに心から関心を寄せているかどうか」だ。この問いに対して、「啓発的株主価値」のアプローチや、長期と短期の視点の違い、または株主の富をウェルビーイングに置き換えることでは、答えは得られない。

一方、「株主資本主義vsステークホルダー資本主義」というレンズを通して世界を眺めると、ほとんどの場合、どちらを支持していいか迷い、混乱し、不安になる。どちらも適切ではないため、それは当然だ。私たちは、「企業とは何か」について誤った見方をしている。

企業は商品でも財産でもない

企業は、株主、債権者、従業員、顧客、サプライヤー、地域社会、あるいは国の所有物ではない。誰の所有物でもないのだ。それらの当事者は多かれ少なかれ、何らかの利害関係を持っているが、それはブラックストンのいう「独占的かつ専制的な支配権」としての所有権ではない。むしろ全く逆であり、これらの当事者は権利を持っているのではなく義務を負っているのだ。この義務は、何かを行う義務であり、何かを生み出さなければならない義務ではない。この義務を履行する過程で何かを生み出すかもしれないがそれは副次的なものにすぎない。この義務とは「問題を特定し、解決すること」だ。

なぜ問題解決が企業の根本的なパーパス、すなわち存在理由となるのだろうか。その答えは、ある企業が解決すべき問題を持っていて、ほかの企業や個人がそれらを解決できない場合、その企業が存在する確かな理由となるからだ。もし企業が解決すべき問題を持っていなければ、なぜその企業が存在し続けるべきなのか、という疑問が生じるだろう。

「企業は人々を不幸から救うだけでなく、幸せにするために存在している」との考えに対し、「そこまで道徳的に考えなくてもいい」と反論する人がいるかもしれない。しかし、問題解決には、悪い状況を取り除くだけではなく喜びや幸せを生み出すことも含まれる。「そうかもしれないが、株主と投資家を儲けさせ幸せにするだけでも、存在理由として十分なのではないか」と思う人もいるだろう。他の人々を犠牲にせず、少なくとも一部の人々を裕福で幸せにできるなら存在理由として十分だ。それこそが、利益を上げながら問題を解決することの本質である。

製品やサービスではなく問題解決に焦点を当てる理由は、いつもとは言わないまでも、財やサービスがしばしば利益とともに害を生み出すからだ。企業を単に財やサービスを生み出す主体として捉えるだけでは、その責任の本質を十分に理解することはできない。利益よりも問題解決に焦点を当てる理由は、利益は問題を引き起こさず解決した「結果」であり、「パーパス」ではないからだ。また、ウェルビーイングよりも問題解決に焦点を当てる理由は、ウェルビーイングは「結果」であり「パーパス」ではないからだ。人々を幸せにし、満足させ、充実させることは、企業経営のパーパスではない。それらもまた、問題解決という「パーパス」から生じる「結果」であり、「パーパス」そのものではない。ただし、これには別の見方もある。

企業をシステムとして捉える

企業は成果を生み出すためのシステムであり、成果を達成するためにさまざまな当事者を結びつける。当事者には、企業の投資家や従業員のほか、その企業と連携し協力するすべてのサプライヤー、流通事業者、顧客、組織も含まれる。大学はその一例で、アイデアやイノベーションの源であり、研究者や学生が大学発のビジネスを創造している。また、慈善団体、市民組織、非政府組織（ＮＧＯ）もその例であり、さまざまな地域社会、個人、自然界のニーズやパーパスに関する情報と知識の源となっている。

企業はシステムだが、それ自体がより大きいシステムの一部になっている。企業は地域社会、国、国際社会に属し、それらに影響を及ぼすと同時に影響を受けてもいる。企業は自らが属するさまざまなシステムにプラスとマイナスの影響を与え、それらのシステムもさらに大きなシステムの一部であり、最終的には地球規模のシステム、将来的には惑星レベルのシステムの一部となる。企業は、どのように定義されようともシステムの一部だ。

従来、企業は独立した存在と見なされてきた。ブラックストン的な解釈では、企業に対する権利は所有者に属し、株主第一主義の立場からは所有者は株主に限定され、ステークホルダー資本主義の立場ではその企業に利害関係のある幅広い個人の集団に属する。しかし、いずれの場合も企業を独立した存在として見ている。

本書で提唱している企業概念は、企業を独立の存在として見る立場とは大きく異なり、企業を「非常に大きく、複雑なシステムの一部として機能するシステム」と捉えている。企業のパーパスを、株主のためであれステークホルダーのためであれ「自社の成功を促進すること」と考えるのは誤りである。企業のパーパスは、「企業がその一部を構成するシステムの成功に貢献し、その成功を促進すること」にある。企業の存在理由は、「地域、国、そして国際的なシステムの発展を、現在と将来にわたって推進すること」だ。その過程で、投資家や従業員、サプライヤーなど、その企業に関係する当事者に利益をもたらすが、それはパーパスの産物であり、パーパスそのものではない。

なぜ、企業のパーパスが自社の成功促進だけではなく、その企業が属するより大きいシステムに貢献することだといえるのか。その答えは、私たち一人ひとりが、また集団として企業に求めているのがまさにそれだからだ。私たちは企業に対して、自由、自律性、自己決定、自由意志、さらには経済的繁栄、ウェルビーイング、人類と地球の繁栄、感情や心理的な充足と満足感などを求めている。

では、自由、自律性、自己決定、自由意志はどこからもたらされるのか。システムという視点を持つことによって、私たちの自由は制限されるどころか、今まで感じていた制約や束縛から自分たちを解放できるようになる。これらの制約は、個々の利益と集団の利益の不一致や、自分の意思決定が他者に悪影響を及ぼすのを避けるため自分に制約を課す必要性から生じている。私たちが、かつてないほど複雑で過度に介入する法と規制のある社会で生活しているのはそのためだ。利己的な願望と欲望が他者の迷惑にならないようにするため、社会に法と規制の網をめぐらせて自らを縛っているのだ。

一方で、個人の利己的な利益が他者の問題を解決することから生じることが確実になれば、個人と集団の利益は一致しないどころか重なり合う。私たちの存在理由は自己の利益だけでなく他者の利益にも関わるものであり、私たちのウェルビーイングは他者のウェルビーイングの達成度合いに依存している。「システム的なアプローチが制約ではなく解放をもたらす」とはこういうことだ。自分たちを取り巻く世界をどう認識し、どのように行動するかが、他者が自分たちに対して置く信頼を正当化する基盤になる。

つまり、システムの進化と機能は、単一の支配的権力や神の意志によってではなく、私たち一人ひとりがそれぞれの目標や目的に従い、個人や集団として行動することによってもたらされる。システムの形や性質は、私たちが個々に、そして集団として望むことによって決まる。もちろん、それは、私たちが世界に影響を与えられる能力に左右され、その影響は時代によって大きく異なってきた。しかし、企業がシステムの重要な構成要素である理由はまさにここにある。企業は、膨大な資源を調達・配分し、技術の進歩を活用する能力を備えているからだ。

ここで重要なのは、システムに「中心」が存在しないことだ。中央集権的な管理は必要ではなく、むしろそのような管理はないほうが望ましいということが、今後明らかになっていくだろう。なぜなら、中央集権的な管理や統制は、ほぼ間違いなく悪い結果を招くからだ。これが、企業をシステムの視点で捉えるのが適切である第二の理由であり、企業は経済的繁栄、ウェルビーイング、人類と地球の繁栄に貢献するという点において重要な役割を果たしている。私たちが個人または集団として何をすべきか、あるいは何をしたらシステムが最善の結果を出せるのかという問いに対する正解は存在しない。

ニルヴァーナ〔苦しみや煩悩から解放された悟りの状態、理想郷〕の概念は誤解されがちであり、その理由は達成が困難なだけでなく、ドイツの哲学者ライプニッツのいう「最善世界」(注6)の存在を前提にしているからだ。彼の考え方は、非常に抑圧的であり、誰かや何かによって定められた「崇高な目的」のために全員が働くべきだと示唆するだけでなく、さらにそのような世界に到達する方法を私たちが知っていると暗示しているからだ。私の主張は、そのような世界はほぼ確実に存在せず、たとえ存在したとしてもそこに到達する方法は私たちにはわからない。もし、今日それを知っていたとしても、明日には確実にわからなくなるだろう。

それよりも私たちは、多様性、実験、イノベーション、多元性、そして「百花繚乱《りょうらん》」の価値を認識すべきだ。個人がそれぞれの野心や夢を追求するが、その際に一つだけ条件を加える必要がある。それは、他者を犠牲にして利益を得るのではなく、他者の繁栄と利益を促進させることによって自分たちも繁栄し利益を得るということだ。そうすれば、私たちは皆、個人または集団として他者のウェルビーイングに貢献していることが確かになり、人によって貢献の大きさに差はあるが、その過程で私たちは、地域、国、世界レベルで、現在と将来にわたってシステムの発展に貢献できる。

最後に、この考え方がもたらす心理的な恩恵について考えてみよう。ウェルビーイングは、モノの所有や他者からの評価や尊敬だけでなく、自分が何者であり何を成し遂げたかという自己評価からも感じることができる。私たちは、この世界に生を受け、存在し、やがて去っていく。その結果、何が残るだろうか。最も重要なのは、大金や広大な土地ではない。大量の書物や巧妙なアイデアでもない。家族や将来世代でさえ最も重要でないかもしれない。最も重要なのは、私たちが与えられてきた特権を濫用しなかったことだ。私たちは最もシンプルな基準に従って、自分たちのできることを行ってきた。つまり、私たちは他者や自分が暮らしていた世界を手助けすることで得られる喜びや満足感を享受してきただろうか。その答えが「イエス」ならば安心してよいし、「ノー」であれば不安が残るだろう。私たちにとって最大の幸福の源は、自分が何者であり、なぜ存在しているのかを知ることだ。

「問題を所有する」とはどういうことか？

問題を所有することとは、所有権に対する全く別の視点をもたらす。ブラックストン的な財産概念やキャッシュフローに対する請求権や支配権という考えから離れるだけでなく、権利を義務へと転換する。つまり、問題を特定し、判断し、解決する義務へと変わり、その義務を果たすことで結果的に収益を得る権利が生まれるという考え方だ。それは原因と結果を正しい順序に変える。つまり、組織に対する金銭的請求権から支配権が生じるのではなく、組織が他者の問題を解決するために行使する支配権から金銭的請求権が生まれるのである。

おそらく最も重要な点は、所有権が排他的な特権から、組織に関わるすべての人が共有するものへと変わることだ。組織内の全員が、問題解決というパーパスに対して「所有意識」を持つべきであるということだ。これは単なる言葉遊びではなく、実際の現実の話だ。企業とは、パーパスという傘のもと、それぞれが特定のパーパスや目標を持つサブ組織（事業部門、支店、子会社など）からなる集合体であり、その中には個々のパーパスを持つ個人やグループがいる。

これにより、「企業はシステムの一部である」という概念が理解しやすくなる。企業自体が複数のサブシステムからなるシステムだからだ。これまでの企業の捉え方には大きな欠陥があった。その一つは、企業をトップダウン型組織と捉え、特定の誰かが企業を所有し、他の当事者の誰よりも優先して企業は所有者に対して高度で最終的な説明責任を負うという考え方だ。この捉え方は根本的に間違っている。企業はシステムの一単位であり、その所有権はシステムの内外の関係者が共有する。そして、企業自体もより大きいシステムの一部であり、そのシステムで発生する問題の一部を所有している。

したがって、企業をマトリョーシカ人形のように内側の要素は外側の要素の縮小版であると捉えるのではなく、それぞれが独自の重要な役割を持つジグソーパズルのピースのように見なすべきだ。その企業自体もジグソーパズルの重要なピースとして役割を果たしている。この見方は、サブ組織がマトリョーシカ人形のように単純なパターンの繰り返しではなく、独自の重要性を持っていることを強調している。

つまり、企業の姿や構造は、従来の企業所有に関する概念が示すような単調な一様性よりも、はるかに複雑で繊細なものだ。企業は投資家から現場の従業員までが一方向に並んだ組織ではなく、横方向にも広がりを持つ三次元的な組織だ。さらに、企業の永続性を考慮すると、現在の問題だけでなく世代を超えた問題に取り組むことができるので、4次元的な広がりを持つようになる。

したがって、企業は単にその投資家の利益を促進するための道具にとどまらず、投資家の資金を活用して他者の問題を解決する存在へと進化する。企業は、投資家の資金を、その企業が属するシステム内の問題解決成功へと変換するシステムである。

これを実現するため、2種類の所有者が存在する点を認識する必要がある。それは「資金供給を行う所有者」と「問題解決に取り組む所有者」である。どちらも企業の成功に不可欠であり、企業がパーパスを果たすためには両者の利益を守らなければならない。従来の企業所有の考え方は前者だけを重視し、後者を無視しており、その結果、企業の複雑で繊細な側面を単調な人形に変えてしまっている。残念ながら、それが現在の企業所有の捉え方であり、財務にのみに焦点を当て、それがすべてだと考えている。しかし、所有の本質とは「世界が直面する最大の課題を認識し解決すること」であり、現在の捉え方には生命力や活気が欠けている。

問題を認識し解決することは、企業の存在理由である「問題の特定と解決」に対する計画と実行を監督し責任を負うことを意味している。それには、パーパスを実現するために必要な内部の組織構造やプロセスの整備、正しい組織文化や価値観の醸成、成果測定システムや会計システムの構築、適切なインセンティブ制度や報酬制度の確立などが含まれる。

さらに、企業や投資家が問題を引き起こして利益を得ないようにすること、企業がパーパスを達成するための資源を確保すること、予期せぬ問題や不測の事態に対処するための十分な備えを確保することも含まれる。言い換えると、企業は自らが掲げたパーパスに従って行動することで、そのパーパスと他者がそのパーパスに対して置く信頼が確実なものであるようにする責任を負う。

他者の問題に対して責任を負うことは企業にとって負債になるが、その問題を解決することにより、負債よりも価値の高い資産を生み出すことができる。これは、企業にとっても、企業の影響を受ける人々にとってもメリットをもたらすという意味で「公正な利益（just profit）」だ。しかし、現在の所有権の考え方はそうではない。企業の所有権は、企業が最も効率的に利益を上げるための手段と見なされており、その過程で法さえ破らなければ、どんな形であっても利益を得ていいと考えられている。どのような手段を用いようが、お金を稼ぐことだけが企業の義務であり、それ以外の義務は問われない。この考え方によって、企業所有の概念が非常に限定的で狭いものになってしまっている。

誰が所有者なのか

企業所有の特徴は、国によって大きく異なる。もし企業所有のパーパスが「金儲け」だけだったならば、もっと画一的であっただろう。実際、広く共有された認識として、アングロ・アメリカ型の所有システム、つまり上場企業の株式を分散した多くの株主が所有し、各株主の所有割合は非常に小さい所有形態をとるべきであるとの考えが存在する。そして、アングロ・アメリカ型の企業所有をモデルと見なし、株式市場の問題点を是正し適正に機能するよう規制すれば、最終的にこの形に収れんするか、収れんすべきだと考えられている。

アングロ・アメリカ型は望ましい形だと思う人がいるかもしれないが、実のところ英国と米国以外ではまれだ。ほとんどの国では、最大規模の上場企業でさえ大株主によって支配されている。大株主で最も一般的なのは、創業家一族と国だ。さらに、多くの国の株式市場がアングロ・アメリカ型に収れんしているとの証拠も存在しない。

それどころか、英国と米国では上場企業数が急速に減少しており、1990年代から2020年代にかけて半減した。英国では減少が加速しており、ロンドン証券取引所は欧州最大の証券市場としての地位を失った。(注7)

さらに、世界の金融市場を分類する際、英国と米国はひとくくりにされることが多いが、実際は大きく異なっている。米国では一部の株主が大量の株式を保有するケースが多くあり、また、一部の株主が他の株主よりも多くの議決権を持つデュアルクラス株式が頻繁に用いられている。

つまり実際には、株式をブロック保有する支配株主による集中化された支配が、例外どころか一般的である。他方、唯一の例外である英国では、株式市場が衰退している。これは何を意味しているのだろうか。

答えは、上場企業には2種類の株主がいるということだ。議決権行使を通じて企業を支配し、長期間にわたって株式をブロック保有する支配株主と、議決権行使を通じた影響力がほとんどなく、市場の流動性を利用して株式を売買する一般株主だ。このような状況が生まれる理由は、それぞれの株主が異なる役割を果たしているからだ。後者の一般株主は、個々の影響力はほとんどなく、株式売買のための流動性を歓迎する。

一方、株式をブロック保有する支配株主は、株式の売買はそれほど容易ではないが、議決権行使を通じて投資先企業の取締役の選任や解任、経営方針の決定などに影響力を行使する。つまり、支配株主は投資先企業が取り組むべき問題やその解決方法に影響を与える立場にあり、一般株主は主にその問題解決によって得られる財務リターンに関心がある。

ユニバーサルオーナー

過去数年間で、分散した株主による投資に著しい変化が見られるようになった。20世紀初頭の、地方の株式市場の成長とともに、株式所有が広く分散し始めた。当時の株式市場は各国の地方都市にあり、投資家が各地域の企業に分散投資することが可能になった。20世紀の間に地方の株式市場は次第に統合され、少数の都市、特に首都に集中するようになった。その過程で、株主は各地域だけでなく各国の企業に分散投資できるようになった。

同時に、株式所有の分散を促進する新たなタイプの機関投資家も登場した。年金基金、生命保険会社、ミューチュアルファンドなどだ。これらの機関投資家は、国内の幅広い企業のほか次第に世界各国の企業にも投資するようになり、投資家が自らポートフォリオを分散するコストを軽減した。例えばミューチュアルファンドは、さまざまな企業に投資することで、投資家の分散投資やポートフォリオ選択のニーズに応えており、まず米国で広まり、その後、欧州やその他の地域でも普及した。

しかし、ミューチュアルファンドの運用成果は、投資家が自らポートフォリオを分散させた場合のリターンと比較すると、必ずしもよいものではなかった。その理由は、第一に投資家から徴収する手数料が高額であること、第二に保有株式を頻繁に売買し、入れ替えていたからだ。投資家の利益のためにそうしていたのかもしれないが、結果的には取引コストがかさみ、投資家のリターンが減少した。

その結果、投資家は分散投資のメリットを享受しつつも、ファンドマネジャーに資金運用の裁量を与えないファンドを求めるようになった。こうして登場したのが、世界中の主要な市場や地域の株価指数に連動するインデックスファンドやトラッカーファンドだ。インデックスファンドによって、国、業種、規模を横断する形で投資を分散することが可能になった。つまり、投資家は世界をまたいで株式のポートフォリオを構築できるようになり、コストをほとんど負担することなく国内外への分散投資によるメリットを享受できるようになった。さらに、インデックスファンドの持ち分は流動性が高く、非常に低コストで即座に取引できる。

その結果、ほとんどの投資家とは言わないまでも、多くの投資家は個々の企業や株式のリスクをほとんど意識せず、世界の企業全体の業績動向を気にかけるようになった。彼らが関心を持っているのは、政治、戦争、規制、環境、社会、パンデミックなどの世界的なシステミックリスクであり、特定企業の個別リスクではない。

皮肉なことに、これらの「ユニバーサルオーナー」は、個々の企業の問題解決を「所有」しているのではなく、それとは正反対のグローバルなシステム上の問題を「所有」している。彼らはグローバルなリスクを価格の面で「内部化」し、リスクに見合う高いリターンを要求するが、個々の会社のリスクには関心がない。皮肉といえるのは、20世紀初頭に準則主義［あらかじめ法律で定めた要件を満たせば、許可や認可を待たずに、当然に法人として認められるとの原則］に移行した頃は今とは全く逆で、株主の関心は投資先企業だけに向けられていた。

創業家一族による所有

多くの上場会社に見られる支配株主と一般株主が併存する株式所有構造は、企業が果たさなければならない二つの役割、つまり問題解決とそれによる財務リターンの創出を反映している。英国の上場企業数は急速に減少しつつあるが、英国上場企業の分散した株式所有に欠如しているのは、問題解決と財務リターンの創出の両方に深く関わる大規模な「アンカー株主」だ。この点こそ、多くの英国上場企業が金の力で支配されている株式市場から受ける耐え難い圧力から逃れるため、プライベート・エクイティ・ファームを利用して非上場化を進めている理由だ。

要するに、支配株主のブロック保有により、企業の創業者の特質を維持することができる。創業者は、自社のパーパスを定める。そして、取締役を選任し、資本を調達することで、パーパスの実現を監督する。その後、創業者は保有株式を、配偶者や子孫、家族、従業員、他の企業、機関投資家、個人投資家などに譲渡したり、売却したりする。

株式所有が創業者の子孫に承継される場合、企業は創業家一族の支配下にとどまる。ある段階で、創業家一族が保有株式の一部を売却して資本価値を実現し、外部から資金調達を行うことはあるが、一族が株式の大部分を継続して保有すれば、企業に対する支配権を維持できる。

創業家一族による所有は、企業の所有と支配を一族内で維持しようとするため、企業が取り組む問題解決に長期的かつ世代を超えた視点をもたらすことができる。他方で、後継者問題はきわめて重要であり、子どもたちへの承継はそれほど簡単なことではない。

創業家一族による所有にまつわる問題は、それが過去に形成された所有であり、現在の状況に合っていない点にある。つまり、所有は創業者のビジョン、エネルギー、決意から生まれたが、それらは世代を重ねるとともに薄れていき、後の世代は、世界が抱える経済、環境、社会問題の解決よりも、一族の経済的利益を確保する手段として企業に関心を持つ。彼らは外向きではなく内向きで、創造的なビジョンや問題解決よりも、一族の利益を守ることに重点を置くようになっていく。

過去5年間、私はオックスフォード大学サイード・ビジネススクールの「オーナーシップ・プロジェクト」に携わってきた。このプロジェクトはフォード財団（著名実業家ヘンリー・フォードと息子エドセル・フォードが創設）の資金支援を受けた。この研究では、年間売上高や運用資産が10億ドル超の世界最大級のファミリー企業の緊密な協力により、ファミリー企業の経営、特に、創業家一族と企業との相互作用について深い洞察が得られた。

この相互作用は複雑で広範囲に及び、多様で変化に富み、莫大な富を持つ一族による経営の複雑さや、彼らのニーズ、野望、問題を反映している。しかも、複数の世代をまたがっており、企業とのさまざまな関わり方を通じて相互作用は多方面に広がっている。それは、国、業種、個人によって異なり、新しい世代が前の世代とは違った関心や目標、問題を持つことで時とともに変化している。しかし、ここで重要なのは、相互作用が時に期待外れに終わってしまうことだ。

創業家一族による所有の最大の利点は、企業と深い利害関係を持ち、株式を保有し続けることにコミットする株主が関与することだ。この株主は、気ままな「ユニバーサルオーナー」とは対極にある。相続を通じて株式所有は一族内で保持されるため、短期的で流動的、受動的な株式市場の影響を受けずに、企業に対する長期的で安定した関与が維持される。

その一例が、スイスの製薬会社ロシュだ。同社はスイス証券取引所に上場し、株式が活発に取引されているが、ホフマン家とオエリ家が支配権を握っている。2009年にロシュは同社が過半数の株式を持つバイオテクノロジー企業ジェネンテックについて、少数株主から株式を買い取り完全子会社化した。当時は金融危機の直後であり、ロシュはジェネンテックの残りの株式を取得する際、新株を発行して資金調達する選択肢もあったが、それを選ばなかった。理由は、新株を発行すると、一族の持ち株比率が低下して過半数を割り込み、支配権を維持できなくなる恐れがあったからだ。

長期的な視点と安定性を失うことは、新株発行による資金調達の代償として容認できないと考えられた。英国における多くのファミリー企業の所有者は、まさにこのような理由で支配権を失っている。企業買収の資金を調達するために新株を発行する過程で、一族による支配が犠牲になったのだ。

長期的かつ安定した視点を持つファミリー企業は、環境、社会、ガバナンス（ＥＳＧ）のパフォーマンスに強い関心を持っていると思うかもしれない。しかし、証拠はそれとは真逆を示している。世界各国の異なる業種に属する企業を対象にした大規模なデータを用いてファミリー企業と非ファミリー企業を比較すると、ファミリー企業はＥＳＧのリーダーではなく、むしろ後れをとっていることが明らかになっている。[注8] これは驚くべきことではない。２代目、３代目、それ以降の世代が所有するファミリー企業は、創業期の熱狂も薄れ、世界的な株主のグローバルな視点も持ち合わせておらず、代わりに一族間の争いに悩まされることが多い。

それが、他の欧州各国と異なり、英国では大規模な上場企業において創業家一族による所有が維持できなかった理由の一つかもしれない。20世紀前半の英国の株式市場は流動性が高く、ファミリー企業の株主に対して、内部争いで苦しむ代わりにそこから簡単に抜け出せる有利な機会（つまり株式売却の機会）を提供した。そのため、英国のファミリー企業の創業者たちのビジョンやパーパスは次第に希薄化し、ついには完全に失われてしまった。

株式のブロック保有でもっとも特徴的な例の一つはデンマークで見られ、財団や信託がしばしば保有している。ドイツでも同様の例が広く見られる。この点に注目すべき理由は、慈善活動の一環として企業が財団に資金を拠出することはよくあるが、財団が株主として企業を所有することは一般的には望ましいと考えられていないからだ。しかし、この形態は、欧州で最も成功を収めている大規模な上場企業に見られる。

ノボ・ノルディスクの例で述べたように、財団による株式所有は特にパーパス志向型企業と関連し、企業の掲げるパーパスと財団の慈善目的が連動するようになる。この株式所有は、特にメディアのような業種に合っているかもしれない。メディアはニュースや情報提供など多大な公益を生み出す一方で、収益の確保が難しく、個人情報保護やセキュリティー確保などで高いコストがかかるため、安定的かつ長期的視点に基づく経営が欠かせない。

プライベート・エクイティ・ファンド、モノ言う機関投資家、政府系ファンドは、問題解決をパーパスとする企業の所有者になり得る。これらの投資家は、企業が必要とする資金、助言、支援を提供するための金融資源や専門ノウハウを持っている。これまでのところ、彼らの株式保有期間は非常に短く、短期投資による財務リターンの実現以外に、パーパスを促進することが難しかった。しかし、将来的に他者の犠牲により利益を得る手段が制限される場合、彼らはより長期的な視点で投資し、問題解決を通じた価値創造に積極的に関与するようになるかもしれない。

企業が問題解決と投資家への財務リターンの創出という二つの役割を果たしていると認識することで、世界中のほとんどの株式市場で「支配株主と一般株主が併存する株式所有構造」が支配的であることにもおのずと納得がいく。また、従来の株式市場に対する見方によると、この併存型の株式所有は分散型の株式所有に取って代わられるはずだったが、これがなぜ消滅せず長期にわたり存続しているかも説明している。英国における分散型の株式所有がうまくいかなかった理由については第10章で詳述する。

解決すべき問題と、その解決に必要な投資から得られる財務リターンを認識することは、これまで見過ごされてきた企業所有に関する重要な側面だ。これは、企業の問題解決システムを、その企業が属するより大きい問題解決システムに結びつける方法である。これが欠けていると、企業は激変する株式市場の荒波のなかで舵を失った船のように漂い、自分たちが取り組むべき問題の解決に向かって進むことができなくなる。

株式のブロック保有の多様化こそ、問題解決を志向する株式所有に期待されることだ。単なる財務リターンの追求とは異なり、問題解決の追求は、投資家の感情や人間関係、地域社会、科学や環境、さらには地球規模の関心や懸念に響くものだ。異なる知識、能力、スキル、関心を持つ多様なタイプの所有者が、取り組むべき数多くの問題に対処するために必要だ。

第2章で論じた時価総額1兆ドル超の米国企業は、問題解決を強く意識した創業者や所有者のもとで成功を収めた上場企業の好例だ。これらの企業は問題解決に重点を置き、財務的思考に支配されるのを避けるため、デュアルクラス株式などの手法を用いてきた。創業者の支配権を強化する手法は、ガバナンスへの悪影響を懸念する金融機関から強い反対を受けたが、それにもかかわらず多くの企業がそれらの手法を採用してきた。

これらの企業がもたらす財務リターンは、悲観論者や批判者の予測を覆しただけでなく、投資家が自分たちの利益について必ずしも最善の判断を下せるとは限らないことも示している。ボーイングのように、エンジニアリングの卓越性を犠牲にして財務優先思考に支配された企業は、顧客や地域社会の利益や安全性を無視することがあるだけでなく、投資家の莫大な財務価値を毀損してきた。(注9)

「問題解決を追求する集中した株式所有」と「財務リターンを重視する分散した株式所有」の組み合わせは、財務的要素と非財務的要素の適切なバランスを提供する。特に英国では(ある程度は米国でも)、財務的要素を他の要素よりも強調しすぎた結果、「問題解決」とのバランスを失ってしまった。両者のバランスを再調整することは、すべての人にとってより良い結果をもたらすだけでなく、世界中の企業が問題解決を通じて達成してきた素晴らしい事業と財務の成果を促進するために重要だ。

富の目的

多くの宗教は天国への門番であり、適切な資格を満たせばその門を通り抜け永遠に生き続けられると私たちは理解している。しかし、私たちは今、それらの宗教が「富の本当の目的とは何か」についても示唆を与えていることに気づき始めている。

ローマ帝国末期の4世紀から6世紀にかけて、新たに台頭したキリスト教が一つの答えを提示した。[注10] 衰退しつつあった帝国は、貧困層をどのように支援するかという問題に直面していた。地域社会が慈善寄付を通じて支援するという解決策も考えられたが、そうした善意はあっても実行に移す手段がなかった。その一方で、手段はあっても支援の意欲を欠いていたのが富裕層たちだった。

ローマ帝国の巨万の富は、商業と土地の組み合わせによって築かれた。4世紀には、ローマの歴史家アンミアヌス・マルケリヌスが「ローマの偉大さは、一部の者たちが無責任で不道徳な行動をとることで台無しになっている。彼らは自分たちの背景やルーツを忘れ、まるで何をしても許されるかのように、不道徳で堕落した行動をとっている」[注11]。キリスト教の出現は、ローマの富裕層に欠けていた目的、つまり死後に天国で永遠の命を手に入れる目的を与えた。そのために必要だったのは、この二つを結びつける仲介者であり、教会という新しい機関がそれを担った。

司教と聖職者たちは、富裕層の不安や罪悪感を解消しつつ、貧困層の飢えや苦しみを和らげる方法を見いだした。教会は富裕層に対して贖宥状《しょくゆうじょう》という「天国行きの切符」を提供することで富裕層の精神的不安や罪悪感を和らげ、集めた寄付や施しによって貧困層を助ける仕組みを築いていった。さらに、教会は優れた仲介者として、その過程で自らも少なからぬ、時にはかなりの富を蓄えることができた。それはまさに理想的な関係だった。

この仕組みには二つの問題があった。一つ目は、司教と祭司は服装だけでなく、一般の人とは異なる存在であることを示し、誠実な仲介役としての信頼を確立する必要があったことだ。そのためにとられた解決策は、一般の人たちが溺れやすい世俗的な快楽や欲望、他の人を苦しめる強欲などを断つことだった。禁欲主義の一形態が「性の自制」であり、後の独身主義の採用につながった。

二つ目の問題は、人々がその仕組みに疑念を抱き始めたことだった。自己抑制の誓いが破られたり濫用されたりすることは避けられず、「天国行きの切符」という報酬は次第にその魅力を失っていった。19世紀に製造業から新たな富が生まれる頃には、富の別の目的を見つけることが急務となった。20世紀の対応策は、富裕層にさらに多くの富を生み出すよう奨励することだった。富は富を生み、それ以外のことは忘れ去られた。

しかし今日、古代ローマにおける初期キリスト教の啓蒙が失われたことを嘆いているのは貧しい人々だけではない。富裕層も同様だ。彼らがさらに多くの富を生み出し、それを失わないよう努力し続けることは健全ではなく、永続性がない。私のように世界で最も裕福な人々を調査した経験がある者にとっての共通認識は、富裕層の多くが世界で最も苦悩し不幸であるという現実だ。巨万の富を持つと、人々が自分に近づいてきたとき本当に自分を求めているのか、それともお金目当てなのかを常に疑うようになり、精神的に不健全になる。ロシアの文豪レフ・トルストイは小説『アンナ・カレーニナ』の冒頭で「幸福な家庭はどこも似ている」と書いたのは正しかったかもしれないが、裕福であることは共通点ではないはずだ。

では、21世紀に「天国」に相当するのは何だろうか。慈善活動を通じて富を与えるという答えもあるかもしれないが、それでは満足感や生きがいが得られないかもしれない。必要なのは現代版の「永遠」であり、答えは「永続性」である。死後の世界で生き続けるという考えの代わりに、この世で自分の影響を未来に残すことが求められる。つまり、自分の存在を永遠のものにするには、新しい命や価値を生み出し、まだ見ぬ未来に続くものをつくり出す必要があるのだ。

司教と祭司が永遠の命を約束することで富裕層と貧困層を結びつけたことに代わり、今では信託受託者や財団が救貧という信認義務を果たすことで富裕層と貧困層を結びつけている。企業が設立した財団（企業財団）が企業に投資することにより、富を手放す行為が富を永遠に保存する方法に変わる。企業財団を設立し、かつてのカトリック教会が果たした役割を企業財団が同様に担うことで、蓄積された富を、利益を伴う問題解決策に変え、富める者にも貧しい者にも天国の扉を開くという初期キリスト教の魔法を再現できる可能性が生まれる。

これにより、初期キリスト教が永遠の扉を開いたのと同様に、富裕層が永続性を実現するための選択肢が広がる。この仕組みは他者を犠牲にすることなく、道徳律に従って富を蓄積することを要求するだけであり、地獄の罰を持ち出す必要はない。現代では地獄の罰の代わりに不当利得の返還が求められる。

4世紀と21世紀の富を比較するアナロジーはそれほど重要ではないと思うかもしれないが、実際には非常に洞察に富んでいる。要するに、財団と機関投資家による併存型の企業所有は、富を問題解決と金銭的利益の双方に、所有者の望む割合で配分できるようにする方法だ。

アセットマネジャーが投資家に対して投資ポートフォリオの分散手段を提供してきたように、慈善団体も単に資金を寄付するのではなく、財団傘下の企業に投資を分散させることで、問題解決のポートフォリオを多様化できるようになる。その過程で、慈善団体は21世紀の啓発的なアセットマネジャーとなり、5世紀の古代ローマ帝国の司祭や司教と比較して二つの利点（税控除が受けられ「性の自制」は不要）を得られるであろう。

公的所有

2021年時点で、1000万ドル超の資産保有者は世界で180万人いた（フィラデルフィアの人口より少し多い規模に当たる）。全世界の私有・公有資産の合計710兆ドルのうち63兆ドルを彼らが所有していた。(注12)

同年、全世界の株式市場の時価総額は124兆ドルだった。(注13) もしこの180万人の人々が保有資産の半分を、人々や地球が抱える問題を、利益を伴う形で解決することをパーパスとした上場株式投資ファンドに投資していたとしたら、全世界の上場株式の25パーセント相当分を所有することになる。彼らは企業の支配権の変更に関する決定を拒否できる「ブロッキング・マイノリティー［拒否権を行使するために必要な議決権数］を持ち、企業がパーパスに従って活動するよう影響力を行使できただろう。

分配の観点から見ると、富の集中は望ましくない。支配の観点から見ても望ましくない場合がある。なぜなら、ごく少数の人々による巨万の富の支配はきわめて非民主的になりがちだからだ。さらに、企業の実質的所有者に関する透明性の欠如がこの問題を悪化させる。(注14) しかし、もし適切で透明性のある投資が実行されれば、集中した株式所有は、企業価値を高めながら世界的な問題の解決に取り組む有益な企業活動を推進する強力な手段になり得る。

公益を推進するもう一つの方法は、所得税と資産税の組み合わせを通じて、富を公的所有に移行することだ。公的所有には四つの形態がある。国・地域・地方自治体による直接所有、公的年金基金による所有、政府系ファンドによる所有、国有企業による所有だ。経済協力開発機構（OECD）によると、規模で世界上位1万社の上場企業うち800社は公共部門が50パーセント超の株式を所有している。所有形態は、国や自治体による直接所有が最も多く、次に政府系ファンド、公的年金基金と続く。(注15)

1980年代に英国と米国から始まった民営化の波は、第2次世界大戦後に一般的になった公的所有に対する不満の表れだった。国は公益や社会的利益を促進すべき存在だが、実際には官僚主義、腐敗、ロビー活動、政治的ご都合主義などのひずみにさらされる。さらに、企業との関連で重要なのは、本来求められる多元主義や多様性に対して国は単一主義や画一的な考え方や意図を押しつける傾向があることだ。また、国による経営は、企業が本来備えている永続性や資本の提供を通じたコミットメントを欠いている。

しかし、こうした民営化は当初期待されていたほどの利益が実現せず、公共財やサービスを民間で提供することの弊害が明らかになるにつれて、批判されるようになった。特に、私的利益と公益を一致させるはずだった規制メカニズムには、独占による濫用を防ぎ、公的サービスの効率性を促進する点で深刻な欠陥があることが明らかになっている。これらの問題への対応策として、再国有化の可能性とともに、より厳格で徹底した規制のエンフォースメントが求められるようになっている。

しかし、公益を追求する規制当局と私的利益を追求する企業との間で利害の不一致がある状況では、規制によって達成できることには限界がある。[注16]例えば、厳しい規制のある場所では、民間部門の投資家が資本を規制の緩い他の場所に移動させることで規制の効果が弱まってしまう。金融危機への対応はその一例だ。当初は厳格な規制を約束していたが、経済や政治の現実に直面し、規制は徐々に弱められていった。

そのため私たちは現在、公的所有に対する不安と、民営化と規制に対する不満のはざまに立たされている。自己利益を追求する組織に対して、外部から社会的利益の実現を強制しようとする仕組みがこのような状況を招くのは避けられないことだ。必要なのは、企業には私的利益だけでなく公益を促進する義務をもともと負っている点を認識することである。特に、企業がインフラや公共サービスなどの重要な公共機能や独占的な公益事業を担う場合、このような認識が求められる。これらの企業にはサービスを提供する相手に対して特別な責任があり、特別な基準に従った配慮が求められる。また、社会的操業許可に従ったサービス提供へのコミットメントを、企業のパーパスや定款に盛り込むべきだ。

生産手段の私有か公有かというイデオロギー上の対立ではなく、解決すべき問題に対して誰が責任を負い、それらの資産を用いて問題を解決すべきかに焦点を当てなければならない。生産に用いられる資産を所有する者は誰もおらず、そして現在、それらの資産が生み出す問題の解決に責任を負う者も誰もいない。まず問題を認識することから始め、それを解決するために必要な資産を決定すべきであり、資産の所有から始めてその資産が引き起こす問題を解決しようとするのは本末転倒だ。

本章のまとめ

所有に関する問題を考える際、システム設計に関する問題として認識することが重要だ。私たちは資本主義を生産手段の私的所有と、生産手段を利益のために運営する経済システムとして一貫して捉えてきた。この文脈では、所有は資産に対する「権利の束」であり、それによって所有者に強力な権限が与えられる。また、企業は「契約の束」であり、取締役会が所有者である株主の利益のために経営する。言い換えれば、資本主義とは、取締役会が契約を通じて他者と関わりながら、利益のために私有財産を運営するシステムと捉えられてきた。

このような捉え方とは対照的に、本書では資本主義を、私的および公的な所有者が、利益を伴う形で人々や地球の抱える問題を解決するための経済・社会システムと捉える。所有者は、問題を引き起こして利益を得てはならない。この文脈では、所有権は単なる「権利の束」ではなく、これらのパーパスを達成するための義務と責任の束だ。また、企業は単なる「契約の束」ではなく取締役会によって確立された原則と価値観に基づいた「信頼関係の束」である。これも資本主義を一貫した見方で捉えたものであり、所有者や取締役会が契約だけでなく信頼関係を通じて他者と協力し、問題解決を目指している。

問題を「所有する」とは、問題を引き起こすのではなく解決する責任を負い、問題解決によって利益を得ることを意味する。したがって、企業所有の役割は、解決または回避すべき問題を特定し、それらを解決するための組織構造、システム、プロセスを確立することだ。問題を所有することによってそれらは企業の負債となるが、企業はそれを解決することで資産に転換し、さらなる問題を発生させることなく利益を獲得できる。

世界に存在するさまざまな株式所有構造には、問題を引き起こしてではなく問題解決を通じて利益を得ることを各企業がどれだけ重視しているかが反映されている。デンマークの財団所有企業や、ボッシュ、カールスバーグ、イケア、マークス、インドのコングロマリット企業タタなどはこの点を特に重視している一方、英国や米国の分散した株式所有構造を持つ企業はこの点をあまり重視していない。(注17) 株式所有構造は、企業が解決しようとする問題の種類によっても異なる。小規模な個人企業は地域の問題、広く所有される大規模な多国籍企業はグローバルな問題に取り組んでいる。また、所有者の視点の広さも反映される。流動性のある株式所有の場合は短期的な視点が、ファミリー企業では世代を超えた長期的な視点が重視される。さらに、企業がどの関係者を重視しているかで違いが現れる。例えば、従業員が所有する企業では従業員が、国有企業では国益が重視される。

デンマークがいくつかの基準で、世界で最も成功した国の一つであるのは偶然ではないだろう。懐疑論者は、その要因を企業部門ではなく、デンマークの狭い国土や一貫した政治・社会システムの成果だとし、その成功が、慈善活動や社会問題の解決を志向する企業の株式所有構造にある可能性を考慮しようとしない。しかし、企業部門のインテグリティが国の社会的結束や全国民で分かち合う豊かさに与える影響を軽視すべきではない。この点については、第10章で再び取り上げる。

多様な株式所有構造が存在することにより、解決される問題の種類も多様化し、それらの間の競争は最も効果的な解決策の積極的な追求を促す。企業支配権市場は、企業にとって最大の価値を生み出す適切な所有者を見つけるのに役立つ。

したがって、ブラックストンが提唱した「所有権とは、世界の外物に対する唯一の専制的な支配である」との考え方も、二つの重要な条件が満たされる限り望ましいものだ。つまり、専制的支配が世界の他の部分にとって有益であり、所有者が得る利益が他者に問題を引き起こすことからではなくコミットメントの実現を通じて他者に便益をもたらすことで生じる場合だ。

ここで問題となるのは、所有者がどうすればそれを実現できるかである。どのようにしたら、世界に問題を引き起こすことなく問題を解決し利益を得ることができるのか。さらに重要なのは、企業と私たちの両方にとって、問題解決がより大きな利益を生む世界をどうつくるかである。その答えは、企業の所有者だけでなく、取締役会から現場の従業員に至るまで組織に属するすべての人が問題を認識し、解決する責任を担うことにある。それこそが、ガバナンスとリーダーシップの役割だ。

第6章

優れた解決策

皆で協力して
解決できない問題はないが、
独りで解決できる問題は
きわめて少ない。

リンドン・B・ジョンソン
（米国第36代大統領）

課題

問題を解決して利益を得ることはそんなに難しいのだろうか。常に企業が取り組んでいることではないのか。残念ながら、そうではない。理由は二つある。第一に、他者や社会に不利益をもたらさない解決策を講じる必要があり、第二に、支払い能力のない人々の抱える問題を解決し、そこから利益を生み出さなければならないからだ。

第一の問題から見ていこう。多くの人が、企業の最大の欠点はここにあると考えている。企業は様々な方法を駆使して、他者を犠牲にして利益を得ている。現在最も懸念されているのは、環境問題と二酸化炭素排出だ。ほかにも、テック企業による制限のない人工知能の開発競争がもたらす人類の未来への脅威や、多国籍企業による低税率国への利益移転を通じた租税回避、高所得国における地域社会を犠牲にした低所得国への雇用の移転などが問題となっている。

利益追求型の企業は、問題解決に取り組む一方で常に問題を生み出していると多くの人が考えている。その理由は、金儲けを最優先に位置づけ活動しているからだ。ビジネスを始める際に大抵の人が探すのは、これまで誰も気づいていない比較的簡単に大きな利益が見込める市場だ。金儲けの追求というのは、お金のある市場や人に関心を向け、ないところは無視することだ。

人類、社会、環境に関して解決すべき難しい課題がどこにあり、それらをどのようにして利益を生むビジネスに転換できるかという視点でビジネスを始める人はほとんどいない。そうしたアプローチをとるのは、一般の起業家ではなく社会起業家と考えられ、一般の起業家は「金儲け主義者」、社会起業家は「善行者」と見なされる。

だが、この説明は根本的に誤っている。それは、「解決が困難な問題をいかにして利益を生み出す形で解決できるか」という意識でビジネスを始めた人こそが、最終的に最も利益を上げることができるからだ。では、支払い能力のない人々の抱える問題を解決し、そこから利益を生み出すにはどうすればよいのだろうか。

この問いに答えを出すのが難しい理由は、企業の収益は人々の支払い能力に依存している一方で、大多数の人々は生活必需品以外のものを購入するための収入を得ていないためだ。そのため、ビジネスは世界の大部分が直面している問題とは切り離されており、問題に対する関心も解決する能力も持っていない。また、企業が何らかの問題の解決に取り組む場合、それが貧困層にとっては利益ではなく害となることが多い。例えば、水に替わって砂糖たっぷりの炭酸飲料を提供するケースがこれに当たる。

企業が、貧困層の抱える問題を解決し、そこから利益を上げるという難しい課題に直面した場合に、この課題に向き合わず、汚染や乏しい税収、低賃金労働などの負の外部性を彼らに押しつけ、他方で、高所得の国や地域において安定した雇用や質の高い財やサービスを提供するほうがはるかに簡単だ。これは非難されるべき企業の悪しき側面であり、この課題が解決されないことにより所得格差とグローバル経済へのアクセスの不平等がさらに悪化し、それが第一の問題の原因になるという悪循環が生じている。

この状況を打開するにはどうしたらよいだろうか。そのためには、まずは企業に対して世界の多くの国や地域に悪影響を与えて利益を得るのをやめさせ、富裕層には自分たちの消費に係る「真のコスト」を負担させる。次に、世界の貧困層や困窮地域に対するサービスの提供が、企業にとって最大の収益源となり得るような方法を確立する。こうした地域には最も深刻な問題が存在しており、企業がその問題を解決すれば莫大な富を得られる可能性がある。

本章は、その理由と方法に焦点を当てて説明する。

1 ガバナンス

企業のパーパスが問題解決にあるという概念は、コーポレート・ガバナンスに関する従来の見解とは大きく異なる。従来の見方では、コーポレート・ガバナンスは、一般的には経営陣、特に取締役（執行・非執行）の利益を株主の利益と一致させることに関するものと捉えられ、トップダウン型で財務成果と収益性の向上に企業が注力するよう設計されている。この考え方は、株主が残余権者であることを根拠としており、企業は株主価値の創出を促すよう株主利益のために経営されると、株主は当然のこととして期待している。

株主利益はどのように得られたものなのかという問題は、従来、コーポレート・ガバナンスの範囲外のものと考えられてきた。コーポレート・ガバナンスは、企業内部のマネジメントと取締役会の責任に関するものであり、取締役会を構成する取締役の利益が株主の利益と一致するよう設計されている。しかし、ビジネスで「何をするか（パーパス）」と「どのようにするか（方法）」の区別は曖昧になってきており、「どのように（方法）」が「何を（パーパス）」にますます影響を及ぼすようになっている。

株主利益がどのように得られたものなのかが、株主にとって重大な関心事となってきている。その理由は、利益を生み出す方法に伴うリスクが増大していると株主が認識し始めたためだ。評判リスク、社会的圧力、政治的干渉、規制による介入などが、グローバルに分散投資している株主にとっても大きな脅威になりつつある。

その結果、ここ数年で取締役会の役割は拡大し、財務リスクだけでなく、環境、社会、ガバナンス（ESG）の失敗から生じるリスクの監督も含まれるようになった。株主は、自社がESGのリスクにどの程度さらされているか、またどの程度寄与しているのかについて、取締役会の説明責任を問うようになってきている。現在、企業はESGパフォーマンスを定期的に報告するよう求められ、その成果やリスクは株価に反映されている。

このことは、グローバルに分散投資している株主が直面するリスクが、個別企業に特有のリスクから、グローバルなシステミックリスクに変化していることを表している。第8章で詳述するように、ESGの測定にはさまざまな問題が生じている。各企業のESGパフォーマンスに関する情報を提供する複数のプロバイダーがそれぞれ異なる基準で評価しており、相反する評価が下されている。また、提供される情報に対する監査や検証制度も存在しない。国際機関が統一基準を定め、ESGパフォーマンスの測定に関し一貫性とデータの信頼性を確保するまでは、そうした評価が原因で企業が批判にさらされたり、疑念を持たれたり、スキャンダルに巻き込まれたりするリスクがある。

さらに重要なのは、ESGパフォーマンスの測定が、企業のパーパス、つまり問題を引き起こすのではなく解決することで利益を得るという本質に直接関わっていないことだ。問題解決をパーパスとする企業のガバナンスの枠組みは、投入資源（インプット）と結果（アウトプット）だけを捉えていた従来の企業概念を、それらが及ぼす影響にまで拡張するよう求めている。

「解決策を生み出す」という表現は、企業の活動（投入資源と成果）がどのような変化をもたらし、他者のウェルビーイングにどのような影響（インパクト）を与えるかを考慮することを意味している。要するに、他者のウェルビーイングを増進させる影響を「解決策」、他者に害を及ぼす影響を「問題」と捉えている。ほとんどの財やサービスには、多かれ少なかれ両方の側面がある。

自動車を例に考えてみよう。自動車メーカーは自動車を製造し、それにより搭乗者が快適に移動できるようになるが、その一方で、騒音や排ガスによる環境問題を引き起こす。インプットは自動車の製造に必要な資源（原材料、労働、資本設備）であり、アウトプットは自動車だ。その結果、搭乗者は高速で安全な移動手段を享受し、歩行者や住民には騒音や大気汚染が引き起こされる。このように、自動車の生産によって、搭乗者の抱える移動の利便性や快適さに関する問題を解決するという正の外部性と、歩行者や住民に環境問題を引き起こすという負の外部性が生じる。

したがって、企業業績の評価には二つの側面がある。一つ目は、企業が生産する財やサービスを評価するだけではなく、企業活動がどのような変化を引き起こすかを評価することだ。

自動車メーカーの場合、自動車の移動手段としての便益や大気汚染による環境被害だけでなく、生産活動が資源調達先の国や工場のある地域社会に及ぼす影響なども含まれる。

二つ目は、これらの変化が、企業活動の影響を受ける当事者のウェルビーイングにどのような影響を与えるかを見極めることだ。先ほどの例では、ユーザー、搭乗者、従業員にとっては利益となり、逆に、歩行者や住民、そして国内外の工場周辺や資源調達先の地域社会に害を及ぼすことになる。一つ目の側面は、企業の生産活動や製品に関する組織内部のガバナンスに関わり、二つ目の側面は、組織外部のガバナンスと他の当事者へのエンゲージメントに関わる。

解決策の提供によって利益を創出することは、内部ガバナンスの焦点を、単に株主の利益と取締役会の利益を一致させることから、利益を生み出す問題解決のプロセスに移すことになる。このため、利益は問題解決のプロセスから生み出されるものでなければならず、内部ガバナンスはその企業が解決すべき問題を特定し、どのように解決すべきかに焦点を当てることが求められる。

問題を生み出さないようにするには、企業活動がもたらす結果や、それによって影響を受ける関係者へのインパクトについて十分理解するための、外部ガバナンスが必要だ。企業活動によって生じる不利益は何か、将来ある段階でどのような問題が発生する可能性があるかを把握しなければならない。その際には、企業の顧客だけでなく、従業員、サプライヤー、地域社会、社会全体の視点から、何が問題となり得るのか注意深く検討する必要がある。

解決策を生み出すというポジティブな側面は、企業がパーパスを定め実行するプロセスに関する内部ガバナンスと、そのパーパス実現のために企業が依存する当事者に関係する。したがって、企業が解決しようとしている問題は何か、誰の問題か、問題解決のために企業が依存する当事者とどのように連携するかが問われる。

問題を生み出さないようにすることのもう一つの側面は、企業活動によって影響を受ける当事者への関与と、利益を伴う解決策を提供するというパーパスをどの程度達成できているか評価することと関係する。

企業はこれらを実現するために、内部と外部のガバナンスをどのように構築したらよいだろうか。私はここ数年、オックスフォード大学で「パーパス策定のイニシアティブ」を共同代表者として主導してきた。このイニシアティブでは、欧州と北米の主要企業60社と世界の30社の金融機関に対して、問題解決をパーパスにした企業活動を経営に組み込む方法を助言してきた。この活動のなかで「スコア・フレームワーク」と呼ばれるものを開発した。スコア（SCORE）とは、内部と外部のガバナンスにとって中核となる五つの要素の頭文字を取ったものだ。(注1)

1　企業の掲げるパーパスを簡潔（Simplify）にしてわかりやすくすることで、組織内外のすべての人が、課題に取り組むうえでその重要性を深く認識し、理解できるようにする。

2 企業のパーパスを、戦略や資本配分の重要な意思決定に結びつけ（Connect）、日々の業務の中心に位置づけることで、それが単なる宣伝やマーケティング、あるいは本業から外れた社会的責任（CSR）の一つとならないようにする。また、企業のパーパスは外部ガバナンスとも関係し、企業が問題解決というパーパスを達成するために依存している他の組織や当事者、事業活動が影響を与える人々と企業を結びつける。

3 問題解決というパーパスを認識する（Own）。これは、企業の主要株主による株式所有と一部関連している。また、組織内のすべての従業員が企業の掲げるパーパスを認識することで、その実現に自分がどのように貢献できるか理解できるようになる。取締役会は適切な組織構造、価値観、文化、プロセスを整え、それにより取締役会から実務の現場に至るまで、パーパス実現に対する責任意識を明確に持たせることが求められる。

4 パーパス達成への貢献度に応じて、従業員を報酬や昇進で報いる（Reward）。これには、パーパスがもたらす結果や影響の測定手法を開発し、企業内部のインセンティブ制度をこれらの測定手法と関連付けることも含まれる。

5 企業の掲げるパーパスを体現する（Exemplify）ため、コミュニケーションやストーリーを通じて、そのパーパスを生き生きと表現し、組織内外の視点から成功、課題、失敗を鮮やかに描くことで、そのパーパスが目指すべき意義あるものであることを示す。

第2章で取り上げたデンマークの製薬大手ノボ・ノルディスクを例に説明しよう。インスリンを製造する同社が直面していた問題は、糖尿病患者の80パーセントが低中所得国に住んでいることだった。その結果、インスリンを必要とする多くの糖尿病患者に同社の製品は行き渡っていなかった。ノボ・ノルディスクは、自社が治療へのアクセスの不平等という問題を引き起こしていること、つまり問題を生み出して利益を上げていることに気づき、この状況を是正するため、利益を伴う形で最も貧しい人々でも治療法にアクセスできる解決策が必要だと考えた。

同社は何をしたのか。前述のように、糖尿病を予防し、発症した場合でも対応できるようにするため、生活習慣の改善や安価な治療法を模索した。では、どのようにしてそれを実現したのか。まず、パーパスを簡潔化し明確にした。次に、世界中の医師、病院、大学、政府、医療従事者と連携し、代替治療法や生活習慣の改善策を特定した。さらに、同社の支配株主で糖尿病治療の研究を推進するノボ・ノルディスク財団のパーパスと自社のパーパスを一致させ、パーパス実現の成功度を評価する手法を開発し、それに従業員の報酬を連動させた。最後に、成功事例や課題をストーリーとして説明することを通じて、その成功とインパクトをわかりやすく伝えた。（注2）

これは、本書で取り上げたもう一つの製薬企業アストラゼネカの事例と似ている。アストラゼネカは、中高所得国だけでなく低所得国でもアクセス可能な新型コロナウイルスのワクチンを製造した。このケースでは、アストラゼネカが（一部ではあるが）英国の株主によって所有されていたことが、オックスフォード大学との連携や研究資金の調達を容易にした。その結果、保存が容易で手ごろな価格のワクチンを開発するプロセスが効率的かつ迅速に進み、アストラゼネカは競合他社のような高い利益率を設定せず、ほぼ原価でワクチンを提供できた。

製薬企業はパーパスの実現に関して、業界ならではの特質があり、例外と考える人がいるかもしれない。そこで、他の業界の企業にもこの考え方が適用可能か理解するために、全く別の業界である銀行業界の事例を見てみよう。これは、2008年の金融危機の最中とその後の最も困難な状況下での事例である。

権限委譲

スウェーデンのスベンスカ・ハンデルス銀行は、金融危機の前後や最中にも、株主へのリターンを着実に増加させた。[注3] 2008年の金融危機や1990年代初頭のスウェーデン銀行危機の際にも救済を受ける必要がなかった。同行は欧州で最も資本力のある銀行の一つであり、高い支払い余力と流動性比率、信用格付けを誇っている。

ハンデルス銀行のパーパスは、顧客と株主の利益を第一に考えることであり、それは、顧客満足度の高さや競合他行に勝る運営コストの低さ、株主に対するリターンの着実な増加として表れている。同行は過去数十年間にわたって、最も高い顧客満足度と顧客ロイヤルティ、最も低い運営コスト、自己資本利益率（ROE）の成長に関して、常に高い評価を受けてきた。

ハンデルス銀行の際立った特徴は次の3点だ。第一の特徴はその株式所有構造にある。同行はスウェーデン株式市場（ストックホルム・ナスダック）に上場しており、同社の株式が活発に取引されているが、他方で二つの支配株主が存在している。一つは「オクトゴネン基金」と呼ばれる同行の利益分配スキームであり、もう一つはスウェーデンの持ち株会社インダストリヴァルデンである。このインダストリヴァルデンの大株主の一つがハンデルス銀行だ。つまり、ハンデルス銀行は株式の相互保有の形で実質的に自己を所有している。

この株式所有構造は、従来の見解では株式所有とガバナンスに関する最悪の例であり、良い実務慣行のすべての基準に反するものだ。しかし、この仕組みは前章で取り上げた、流動性の高い「分散した株式所有」と「支配株主によるブロック保有」が併存する構造と同じだ。前者は外部株主の参加を促し、後者は問題解決志向型企業に必要な株式所有の安定性を提供する。

二つ目の特徴は、そのガバナンスにある。ほとんどの銀行はトップダウン型の階層的組織を採用している。この傾向は金融危機以降さらに強まり、規制当局は銀行に対して、リスク管理委員会を設けトップレベルでリスクを監視・管理するよう要求し、規制を強化した。ハンデルス銀行の経営はその逆を行く。意思決定の権限を各支店に委譲し、特に支店長に、どの商品を、誰に、どの価格で、どのように販売するかを任せている。この権限委譲には「支店こそが銀行である」という同行の経営理念が反映されている。

この点が重要なのは、組織全体にパーパスが浸透するうえ、顧客との信頼関係を構築するための権限を支店に与えることができるからだ。これにより、階層型組織構造を持つ銀行が陥りがちな官僚制を回避し、例えば、融資に関する意思決定を顧客との直接的な関係から得られた情報に基づいて下すことが可能になる。

つまり、ハンデルス銀行は、大規模な多国籍企業において従来の銀行の業務形態である地域密着型のリレーションシップ・バンキングを再現し、短期的な手数料収入よりも、長期的な関係を通じて顧客企業とともに成長することを重視している。この点から、多国籍企業がグローバルな事業活動のなかで、地域や地元との関係をいかに構築し発展させるかについて重要な教訓を得ることができる。

三つ目の特徴は、報酬制度だ。通常、優秀な人材を確保しつなぎ止めるにはボーナスの支払いが不可欠とされているが、同行では、従業員が60歳で退職するまでボーナスは一切支払われない。従業員は60歳になると、同行の二つの支配株主の一つであるオクトゴネン基金の利益分配スキームに参加することができる。これは非常に長期的なインセンティブ制度だ。

この報酬制度が重要なのは、銀行に対する顧客からの信頼が高まることだ。ボーナスなどの成果に応じて変動するインセンティブ制度は、従業員と株主の利益を一致させるのに役立つが、その一方で、利益の最大化を目指して大量の金融商品を販売しようとする従業員と、顧客の利益との間にミスマッチを生み出すおそれがある。

ハンデルス銀行では、支店長の人選を重視し、彼らが同行の経営理念や価値観を十分理解していることを確認したうえで、支店の運営を一任している。つまり、従業員が銀行の経営理念や価値観に沿った意思決定を下すことを強く信頼している。その結果、従業員は顧客との信頼関係を築くことができる。従業員に強力な金銭的インセンティブを与える報酬制度を採用するトップダウン型組織の銀行では、従業員の利益と顧客の利益との間にミスマッチが生じるため、信頼関係の構築は不可能だ。

ここで重要なのは、ハンデルス銀行は問題解決に責任を負っているとの意識を、株主と取締役会から支店などの現場に至るまで浸透させることで、同行に属するすべての人がパーパス実現に対する責任を担っているとの感覚を持てるようにすることだ。同行は意思決定を組織全体に委譲し、組織の価値観や文化を強調し、従業員を信頼し意思決定を一任することで、それを実現している。

これによって、支店のすべての従業員がリレーションシップ・マネジャーとして機能し、顧客との長期的な関係を構築できるようになる。融資の決定を上層部に上げて何週間も回答を待ち、その後に「申し訳ありませんが、融資申請は却下されました」と顧客に伝える必要もない。従業員は顧客と向き合い、顧客の人柄や事業内容、事業の将来性を深く理解したうえで、最も重要で信頼できる「人間の判断」に基づいて融資の可否を決定することができる。

このことが示しているのは、組織上層部から現場への委譲が必要なのは意思決定の権限だけでなく、資金源についても同様であり、意思決定権限の委譲が資金利用に関する権限委譲を可能にする。そして、組織のトップだけでなく企業全体において、問題の共有と問題解決に必要な資金源の確保の二つが同時に実行されていることが重要だ。

企業とは、問題の共有と問題解決に必要な資金源の確保を組み合わせ、必要なリソースを提供するシステムである。組織のガバナンスとは、この両者の組み合わせを資本市場から取締役会を経て現場の組織にまで浸透させる手段であり、それによって組織のすべての人が問題解決というパーパス実現に向けて自分の役割を認識し、利益を上げながらそれを実現するための資金源を確保できるようになる。

投資

企業が行うべき投資には5種類ある。それは人、場所、自然、イノベーション、アイデアだ。具体的には、「人」は従業員の教育、スキル、訓練、「場所」は地域社会、都市、地方、

「自然」は生態系、生息地、自然環境の保護や回復、「イノベーション」は企業の技術革新、研究機関との連携、テクノロジー、「アイデア」はスタートアップやスピンアウト、大学発ベンチャーに対する投資だ。

恵まれない人、社会から排除された人、貧困に苦しむ人に対し経済活動に参加する能力を与えるには、そうした人々を雇用し、彼らに必要な知識、スキル、教育を提供し、労働力として貢献できるようにすることが重要だ。衰退した地域社会、都市、地方の再生には、活気のある中小企業の創出と、土地やインフラへの投資が欠かせない。

生態系や生息地、自然環境の保護・回復には、自然の再生能力を生かした自然ベースの解決策と、エンジニアリングによる解決策への投資が必要だ。経済成長は、企業のイノベーション、経済活動の集積の創出、新しいテクノロジーへの投資から生まれる。そして大学は、スタートアップ、スピンアウト、新しいアイデアの事業化の源であり経済繁栄の基盤になる。

もっとも成功を収めた企業は、グローバルな資本市場から資金を調達し、それを人や場所に振り向けている。そして、新技術や最先端の研究から得られる知識やアイデアを活用して、問題解決に取り組んでいる。彼らはグローバルに得られる一般的な知識や資源を、個人や地域社会が抱える特有の問題と結びつけ、具体的な要望やニーズを正確に把握したうえで、それらを満たす最適な方法を提供している。

困難で複雑な問題を解決するためには、資金源に加え、一般的で体系化された形式知とその場の状況や背景の理解に基づく暗黙知が不可欠である。この資金源と知識の組み合わせによって、企業はもっとも大きい負の外部性を生じさせる問題を内部化し、世界でもっとも恵まれない人々や地域社会に対して利益を伴う解決策を提供し、事業上の優位性を構築することができる。これを実現するには、企業の経営陣だけでなく組織全体にわたって適切なガバナンスが必要だ。

その場の状況や背景の理解に基づく暗黙知を得るためには、当事者が直面する問題や課題を詳細に把握することが必要だ。投資家や取締役会は、一般的な体系化された形式知は持っているかもしれないが、遠く離れた都市や地域、国に住む顧客、サプライヤー、または地域社会の具体的なニーズを把握することはほとんどできないだろう。特に、複雑な技術や新しい研究が必要とされる場合はなおさらだ。その代わり、企業は、問題に関連する個人や地域社会、専門家、研究機関に最も近い従業員に権限を委譲し、彼らが最善の対応策を立て、実行できるよう支援すべきだ。

当たり前のことのように思えるが、巨大企業でこれを実行できる組織構造を持っているものはまれだ。むしろ巨大企業は、支配と権限をトップに集中させ、本社には中間管理職を何重にも配置し、そこから遠く離れた現場で顧客や地域社会と向き合っている従業員を管理するため官僚的な規則を採用している。

その結果、顧客、地域社会、サプライヤーから見た企業のイメージは、無関心で冷淡な組織であり、自分たちのニーズや問題を理解したり、評価したり、関心を寄せたりすることはなく、問題解決など期待できない組織のように映ってしまう。関心があるのは可能な限り多くのお金を稼ぐことであり、それを控えるのは広報活動やソーシャルメディアなどで悪い評判が立った場合のみだ。

欠けているのは、顧客、地域社会、サプライヤーのウェルビーイングに対して深い関心を寄せる組織内の人間だ。そうしたケースでは、企業が従業員を信頼しておらず、従業員の行動を詳細な規則と上層部による管理・承認で縛りつける必要があると考えている。求められているのは、従来の階層構造を逆転させ、企業が影響を及ぼしている当事者と直接関わり、暗黙知を持っている現場の従業員に権限を委譲する決断だ。

中間管理職こそ、この役割を果たすべきであり、単に経営陣の意思決定を従業員に伝えるだけでなく、相互に影響を及ぼし合う地域社会や社会全体と企業を結びつける役割が期待される。中間管理職は企業が依存し、影響を与える人々に対する理解を深め、彼らが抱える問題や、その背景・歴史について深く理解し、さらに、彼らが抱える問題に対処するために何が必要か、利用可能な方法やその代替手段について十分に理解することが求められる。

中間管理職は、現場の従業員や店舗スタッフが顧客や販売業者、サプライヤーとの間で緊密な信頼関係を築けるよう、権限を与えるべきだ。これにより前述のハンデルス銀行で見られた顧客満足度を反映する形で、顧客ロイヤルティーが促進される。ハンデルス銀行のケースでは、個人や企業が長期的な投資や借り入れに前向きになることで、短期利益を追求する取引重視のトランザクション・バンキングではなく関係重視のリレーションシップ・バンキングに移行することが可能になり、利益は増加し、経営も安定している。

では、従業員が「現地化」しすぎて、他者を支援する過程で自行の利益を損ねてしまうリスクをどのように回避して、権限委譲を実現できるだろうか。その答えは、組織文化と、組織が様々な当事者に対してどのような価値観を持っているかにかかっている。組織の価値観は、過去において他者に引き起こした問題の是正や、将来において解決を約束した問題へのコミットメント、問題への対応や解決を優先し、それに必要なリソースを十分確保することに重点を置くべきだ。その価値観は組織全体の文化に反映され、優先事項の実現との整合性が図られる必要がある。それによって、これらの価値観が価値を創出し、投資家がその企業への長期投資を通じて構築するコミットメントが正当化される。

利益を生む問題解決

インドの多国籍企業であるマヒンドラは1945年に設立された(注4)。同社は製鉄業から始まり、その後自動車製造を含む20の異なる事業を展開した。同社が掲げる理念は、常識に挑戦してイノベーションを推進し、ステークホルダーのためにポジティブな変革を起こすことにある。2008年、同社はこの理念を実践に移すため、インドの中古車市場に参入した。

当時の中古車市場の規模は新車市場と同程度だったが、ほとんどの取引は非公式に行われ、一定の基準に従って行われた取引は全体のわずか15パーセントにすぎなかった。中古車市場は未整備で透明性と信頼性に欠けており、社会資本が欠如した状況だった。

マヒンドラは資本と自動車のスペア部品を備えた信頼できる企業として、中古車市場の変革に新たなビジネスチャンスを見いだした。同社は、信頼性の高いブランド名や潤沢な資金、データを活用して、売り手と買い手、交換部品、修理サービス、相場価格や取引履歴に関する情報により簡単にアクセスできる仕組みを構築しようと考えた。

マヒンドラの親会社マヒンドラ・アンド・マヒンドラは、この取り組みを進めるため、子会社マヒンドラ・ファースト・チョイス（ＭＦＣ）の小さなチームに権限を委譲した。独立した組織としてＭＦＣはアジャイルなスタートアップ文化を築き、リスクを取りながら、パートナーとなる企業や団体と緊密な関係を構築することができた。

ＭＦＣは中古車業界の問題点について一通り理解していたが、詳細までは把握していなかった。中古車売買がどのように行われ、どの関係者が売買に関わるのか、修理サービスやローンなどの関連サービスは誰がどのように提供するのか、また、それぞれのサービスに生じる具体的な問題を正確に把握する必要があった。

ＭＦＣは六つの主要な当事者（買い手、売り手、自動車メーカー、独立系中古車販売業者、独立系自動車修理業者、銀行）を特定し、それぞれが直面している問題を明らかにし、解決するために、詳細な顧客プロファイルを作成する作業に着手した。

買い手は、中古車価格の適正性、事故歴や過去の所有者数などの車歴、売り手が提供する書類の信頼性、修理用のスペア部品の入手に悩んでいた。売り手は、自分の車の相場価格がわからず、買い替える際には買い手と同じ問題に直面していた。中古車販売業者は集客や利益の確保に苦労していた。

自動車修理業者は、部品の調達や熟練した整備工の採用と雇用継続に苦労していた。銀行は差し押さえた自動車の車歴や中古車価格に関する情報が不足していることに悩み、差し押さえた自動車が売れずに自分たちで抱え込んでしまうことを懸念していた。

MFCは、中古車市場で当事者たちを悩ませている問題を徹底的に分析し、具体的な解決策を打ち出した。例えば、標準化された検査サービスを開発し、そのサービスを展開するため自動車販売業者を対象に、複数メーカーの中古車を販売するフランチャイズチェーン（FC）を立ち上げた。この事業モデルでは、在庫管理や顧客関係管理（CRM）のためのITシステムなどのサービスをFCに加盟する企業に提供し、MFCがロイヤルティー（加盟料）を得る。さらに、ITシステムを通じて収集した取引データをもとに購入後の車両に対する保証プランを設定し、その収益を販売業者と分け合った。このデータは中古車価格の基準としても活用され、インド初の中古車価格評価ガイドの作成にも貢献した。

MFCは、銀行が差し押さえた自動車をブローカーに売却できるネットオークションのプラットフォームを提供し、ブローカーは落札した車両を自動車販売業者に売却できるようになった。また、インド全体における供給と流通を最適化するためのソフトウエアを開発し、小規模な物流拠点を設立した。さらに、すべての自動車修理業者が利用できる部品在庫情報のカタログを提供し、自動車整備工が必要なスキルを効率的に習得できるシステムを開発して、研修にかかる雇用主の重い負担を軽減した。

その結果、ＭＦＣはインドの中古車市場を変革し、その基盤のうえにビジネスを成長させることに成功した。この事例は、権限委譲、問題解決の精神、市場における各当事者が直面する問題の詳細な理解、革新的な解決策の考案という要素が結びつくことで、企業が大きな競争優位を築き、同時に重要な社会課題にも対応できることを示している。

本章のまとめ

本章から浮かび上がってくるのは、利益とは問題を引き起こしてではなく問題解決から生み出されるものだと認識している企業において、ガバナンスとリーダーシップが中心的な役割を果たしている点だ。この文脈におけるガバナンスは、経営陣の利益と株主の利益を一致させることだけに焦点を当てた偏狭で有害なアプローチを大きく超え、利益を伴う問題解決の実現を目指す。

ここでの取締役会の役割は、企業の掲げるパーパスの決定を監督し、パーパスが包括的なフレームワークとなりその枠内で経営戦略が決定されるようにし、企業の価値観と企業が他者に与える影響と結果が一致するよう、組織文化や成果測定方法、インセンティブ制度を構築することにとどまらない。組織のすべての部門が、問題解決における自分たちの貢献を認識し、パーパスを実現するために権限や資金源を得られるようにすることも重要だ。これは、組織内の全員が自身の役割を自覚し、それを実現する力を持てるようにするものであり、問題の共有とそれを実行するための資金源の確保を組み合わせて権限とリソースを提供することによって、企業全体がより広範なシステムの文脈でパーパスを設定し、それを実現できるようになるのと同じだ。

この観点からのガバナンスは、取締役会から金融市場へ、中間管理職から経営陣へ、現場の従業員から中間管理職へと、上の階層を見上げることだけではなく、権限を現場に委譲することも意味している。その結果、企業に影響を与え、また企業の影響を受ける当事者と普段から直接関わっている人たちが、暗黙知を活用して解決すべき問題を特定し、解決策を生み出すことが可能になる。したがって、こうしたガバナンスや権限委譲は、解決不可能に見える問題の解決策を生み出し、その実現に必要な財務資本を得るための手段になる。また、組織に属する人々全員に刺激と活力を与え、社外のステークホルダーや、特に金銭的な富を享受する可能性がもっとも低い自然界にも豊かさをもたらす。

パート

4

THE PRIZE

真の価値

資本主義システムにおける資源配分には、測定が不可欠だ。そして、自然や環境との関係で測定はもっとも重要になる。測定には主に、「指標（メトリクス）」「会計」「価値評価」という三つのアプローチが用いられる。

「指標」は自然資本の量や質、状態を測定・記録し、「会計」は自然の維持や回復にかかるコストを計算・報告するものだ。これらのコストは国民所得や企業の収益、利益の計算、バランスシートに計上されるべきであり、自然の維持と回復にかかるコストを差し引いて利益を算出すべきだ。「価値評価」は自然や環境の金銭的価値を数値化する試みだ。

自然資本の経済分析において価値評価が重要な役割を果たしている。特に、自然に対しどのように投資したら人類にとって最善の利益をもたらすかを判断する際に役立つ。しかし、価値評価は必ずしも自然本来の状態を反映せず、人間中心の見方に基づく。そのため価値評価は、自然本来の規模や状態を測定する指標や、自然の維持や回復にかかるコストを報告する会計と組み合わせて用いられるべきだ。

自然資産の保全には、目録の作成、規模と状態を反映した維持や回復の優先順位の決定、企業会計と国民経済計算におけるコストの計上、自然ベースのさまざまな解決策への投資に伴う社会的コストと便益の明確化という、段階的なアプローチが提示されている。

この段階的アプローチは、「持続可能性」や「サステナブルファイナンス」の概念とも密接に関係している。これらの概念は、自然資産だけでなく、人的資産や社会的資産にも関係している。

企業内での資源配分や投資家その他のステークホルダーへの報告において、測定は非常に重要だ。これまで主流となっていたのは、環境・社会・ガバナンス（ESG）報告であり、投資家や企業によるポートフォリオの配分や投資評価において重要な役割を果たしてきた。しかし、この報告には、データの信頼性と正確性に問題があり、企業のパーパス実現に必要な資源の投入やパーパスの達成状況について説明するものではない。

企業はパーパスをどの程度達成しているのか成果を測定すべきだ。そして、自らが引き起こした問題を是正、改善するためにかかるコストを負担し、将来生じる可能性のある問題を回避するためのコストや、パーパスを実現するために必要な投資のためのコスト負担にも備えるべきだ。そのためにはカレント・コストと資本コストを適切に計上する必要がある。

この成果測定方法は、従来の原価計算と何ら異ならない。他者に損害を与えることを回避し、その掲げるパーパス実現による便益をもたらすために企業が負担するコストを計算する。真のコスト、収益、「正しい利益」の予測は、従来の財務評価や投資評価の基盤になる。

自然資産や社会資産の非財務的価値評価も、真のコストと収益の財務的価値評価を補完するために行うことができる。これらの非財務的価値評価は、企業や投資家による投資評価やリソース配分の意思決定において非常に重要だ。環境や社会に便益をもたらすために要した投資支出から十分な財務リターンを得るためには、適切なビジネスモデルが求められる。

第7章

自然の価値評価

人生にはたどり着きたい
究極の目標が一つある。それは、
人間のあらゆる感情を理解し、
感じ取ることだ。

ヴィルヘルム・フォン・フンボルト
（ドイツの言語学者）

黄金律の解釈は自然界との関係において特に重要だ。(注1)「自分がしてほしいと望むことを他者にしなさい」という従来の黄金律は、シロナガスクジラ、ジャイアントパンダ、サイ、トラ、その他世界の1万6000種類の絶滅危惧種のような「他者」との関係で特に問題がある。これらの生物に何をしてもらいたいのか。これらが提供する肉、角、毛皮、それで得られるお金で生き延び、暖をとり、富を得ること以外に何があるのか。従来の黄金律は、自然界を破壊、絶滅させるための許可証だといえるだろう。それに対して、「自分がしてほしいと思うことを他者にしなさい」という黄金律を「他者がしてほしいと望むことを他者にしなさい」に再定義すると、自然界が何を求めているかが明確になる。もし、自然界が声を持っていたなら、おそらく「生存を許されること」が要望のトップに来るだろう。

ここで浮かぶ疑問は、この道徳原理をどのようにして実践に移すかだ。幸いなことに、私たちには自然界が生き延び繁栄するために、企業や政府が何をしなければならないかを明確に示す実例がある。それは、民間部門と公共部門において測定と会計の重要性を示している。

私の母国である英国は２０１８年１月に、自然資本の向上に向けた国家計画を世界で初めて策定した。(注2) これは本書で述べた問題解決志向型組織のパーパスを、政府のパーパスとしても適用しようとするものだった。この計画は、２０１１年に英国政府が「自然資本を、自分たちが引き継いだときよりも良い状態で次世代に渡す」最初の世代となるというコミットメントに基づいている。(注3) 言い換えると、自然に害を与えるのを避け、逆に便益を与えようとするものだ。

政府の意図は高尚であり、コミットメントも誠実なものだが、実現できるかは別問題だ。この25年計画は、より緑にあふれた美しい国土、きれいな空気と水、豊かな牧草地や草原、森林、多くの種類の鳥や動物が暮らす風景をイメージするものだった。この計画は、経済成長と人口増加が土地と自然に与える絶え間ない圧力に対する防壁として構想され、緑と美しい自然を守り、土地が荒れたり都市化によってコンクリートに覆われたりすることから保護することを目的としていた。

計画はうまくいくのだろうか。一般に25年という長期の計画は、過去の例を見ても優れた実績がなく、この計画にも実現を妨げる罠がいくつかある。自然資本を測定し価値評価するアプローチは、期待される効果とは正反対の結果を自然界に及ぼすリスクがあり、それは単に意図しないだけでなく、全く受け入れがたい結果だ。価値評価という概念は、経済学の枠を超え、道徳哲学と生物進化の領域にまで踏み込む問題を提起する。

たとえ気が進まなくても、これらの問題に本格的に取り組む前に価値評価について議論することは非常に重要だ。なぜなら、誤った会計処理は、むしろ会計処理をしない場合よりもはるかに壊滅的な結果をもたらすからだ。実際、そのリスクは非常に深刻であり、自然資本の価値を認識して保護しようとする一見立派な試みが、皮肉にもその消滅を加速させるという正反対の結果を招くおそれがある。

自然資本の特質

一部の人は、自然資本を自然と同義と考えているが、「資本」という言葉が加わることで、深い意味が含まれるようになる。「資本」という語は、富の創出に寄与し、その富に対する権利を生じさせるものを指している。(注4) したがって、人的資本は経済価値を生み出す知識、スキル、個人的特質の蓄積を意味し、社会資本は個人や社会が利益を得るネットワークや関係性を指している。

英国の経済学者エルンスト・フリードリヒ・シューマッハーは、著書『スモール イズ ビユーティフル』で初めて「自然資本」という言葉を使った。(注5)自然資本とは、人間が自然界から得る利益を表すためにつくられた概念で、自然資本は人類に恩恵をもたらす自然資産の蓄積を指している。したがって、自然に「資本」を加えることにより、自然が人間にとってどれだけ重要かを再認識し、それが人間のウェルビーイングや福祉を向上させるためにどのように役立つかに注目が集まるようになる。25年にわたる自然資本計画とは、人類の利益のために自然環境の保護と利用を進めるための計画である。

この計画の実行には六つの段階がある。(注6)第1段階は、国、地域、地方、企業、地主が所有している自然資産を把握し、国レベル、地域レベル、企業レベル、個人レベルで自然資本資産の目録を作成する。この段階は非常に重要だ。国や企業、個人は、保有する物的資産や金融資産の記録をある程度整備しているが、自然資産については十分に把握していないからだ。

第2段階は、それらの自然資産の状態を評価することだ。自然資産と他の資産を区別するのは、それらが再生と回復の能力を持っているからだ。自然資産を過剰に利用しなければ、人類はその恩恵を無料で受け続けることができる。しかし、自然の回復能力が限界に達すると、自然資産は回復力を失い、再生不能となるか絶滅の危機に陥る。

したがって、自然資産は、健全な状態にある再生可能資産、再生不可能の臨界点の近くかそれに達している資産、臨界点を超えて衰退している資産、非再生資産の四つのカテゴリーに分類できる。自然資産の保護とは、それぞれの資産がどのカテゴリーに分類できるかを識別し、特に臨界点に近いかそれを超えてしまっている資産に注意を向ける作業である。

第3段階は、自然資産の量・質の目録作成の次の段階として、それらが生み出すサービスの評価へと進む。ここで初めて、自然資産の資本としての要素、つまり人間のウェルビーイング（健康、物的側面、精神的側面、繁栄と隆盛、安全、生存）に対する貢献が考慮される。例えば、洪水の防止、炭素隔離、きれいな空気や水、食料の確保、レクリエーションの充実などが含まれる。

ここまでの段階では、価値評価や金銭的価値には触れていない。自然資産とそれがもたらすサービスや利益は物理的単位や指標で測定されている。定量的な測定と定性的な測定の組み合わせだが、会計処理単位との関係で標準化を試みてはいない。

第4段階は、自然資本が生み出す利益の相対的な重要性を評価する段階であり、自然資本のアウトプットの標準化を試みる必要が出てくる。経済学者たちは近年、これまで人間のウェルビーイングに最も寄与してきた多くの資産を会計上扱ってこなかったことに気づき始めた。これまで焦点は、物的資産と金融資産に置かれていた。国と企業の会計制度は、人的資本や社会資本のような無形資産を除外し、物的資産と金融資産を主に対象としてきた。世界銀行や国連などが主導している「ウェルス・アカウンティング（富の会計）」は、物的資本と金融資本を超え、人間に利益をもたらす他の資産にまで目を向ける野心的なプロジェクトだ。（注7）

自然資本はそうした資産の一つであり、市場に供給されるようになった最も新しい資産の一つで、最近までもっとも無視されてきた資産の一つだ。(注8) 教育とスキルの観点から見た人的資本の重要性は長年にわたって認識され、社会資本の促進における信頼と制度の役割も同様に認識されてきた。しかし、自然資本は、いくつかの例外を除いて、自由に利用できるのが当たり前であると捉えられてきた。しかし、その誤った取り扱いに耐える能力には限界があることが、最近ようやく理解されるようになった。

土地だけでなく自然資本を構成する他の多くの要素も、同様に希少な資源であると認識されるようになるにつれ、それらの価格や価値を数値化する必要性が認識されるようになった。もちろん、木材や食料といった自然資産の産物は数千年もの間取引され、価格がつけられてきたが、他の自然資産はそうではなかった。最近になって初めて、きれいな空気や炭素隔離といった「商品」に価格をつける必要性が感じられるようになった。したがって、自然資本を評価する指標の作成と並んで、価格づけや価値評価を行うための技法が求められている。(注9)

自然資本が生み出すサービスの価値評価ができたら、第5段階では自然資本の管理に取り組む。あらゆる財やサービスと同様に、利用可能な資源は限られているため、取り組みに優先順位をつける必要がある。その標準的な方法は、財とサービスの費用便益分析を行い、支出単位当たりの純便益が大きい順に資源を割り当てるというものだ。

第6段階では、自然資本の管理に関するさまざまな要件を整備する。具体的には、それぞれの資産の財産権と責任の特定、ガバナンスシステムの構築、戦略プランの策定、目標に対する成果の測定、自然資本の保護や改善を奨励するインセンティブの設定などだ。

つまり、自然資本の管理は、他の資産の管理と同じだ。資産目録を作成し、状態を評価し、成果を測定して、それらを評価し、優先順位をつけて管理するという流れだ。資産のストックはアウトプットを産出し、アウトプットは利益を生み出すが、管理に投入できる資源は限られているため、最大の純利益を生み出すものに集中させる必要がある。

私たちは自然をまるで生産ラインのように扱っている。片方の端から自然資産を投入し、もう一方の端から自然資本のサービスが出てくる。その間には、労働力や物的資本を配分して最大の価値を生み出そうとする管理者がいて、自然は人間の富とウェルビーイングを生み出すための単なる一要素にすぎないかのように扱っている。

しかし、自然は単なる資源や生産要素ではない。もし、そのように扱うならば、自然は決して人間に富やウェルビーイングをもたらさないであろう。

自然資本会計

この問題は、資本の本質を巡る長年の議論と密接に関係しており、本書の中心テーマでもある。(注10) 前述のように、資本とは人類に利益をもたらす資産であり、資本の価値評価とは定義上、資本が生み出すサービスに対して人間が付与する価値のことだ。それを生み出すために何がインプットされたかはあまり問われない。重視されるのはインプットではなくアウトプットであり、それこそが経済学者が測定しようとするものだ。

自然資本は特にこの点が重要だ。なぜなら、自然資本は人間がつくり出したものではなく、過度に利用されなければそこに存在し続けるからだ。(注11) そのため、自然資本が生み出すサービスの価値について議論することは理にかなっているが、その生産にかかった過去のコストや代替に要するカレント・コストについて議論することは意味をなさない。これらのコストは通常、会計士が企業や国のバランスシート上で資産として計上するものだが、自然資本には当てはまらない。

そのため「ウェルス・アカウンティング」は、通常の会計がコスト計算を重視するのに対し、主に経済価値の評価を重視している。次章で述べるように、このような評価には正確な市場価格やそれに近い信頼できる推定値が必要だが、それらが不足していることが多いために困難を伴う。そのような状況では、ケインズの言葉として(厳密には誤って)引用される「完全に間違うよりは、おおむね正しいほうがよい」に頼ることが多い。つまり、価値評価を全く無視するよりは、おおよその推定値を算出するほうが有益だという考え方だ。

しかし、実際のところ、経済価値の評価に関する懸念の主な原因は、測定の実務的な問題ではない。それよりはるかに重要なのは、原則に関わる問題だ。私たちは何に対して答えを出そうとしているのだろうか。鋭い読者は、前述の自然資本計画の実行の六つの段階を振り返り、自然資産そのものの評価から、それらが生み出すサービスの評価へと、知らぬ間に焦点が移ったことに気づいたのではないだろうか。最終的に自然資産は、それらが生み出すアウトプットを得るための単なる手段として扱われ、アウトプットの価値に重点が置かれるようになってしまっている。

経済学者とは対照的に、会計士は企業や国の生産能力の評価に関心を持っており、生産能力を維持するために必要な資産が存在し、それらが適切な状態にあるか評価することを重視している。企業の利益や国全体の所得は、生産能力を維持するためのコストを差し引いて測定される。特に、企業を所有者とは別の独立した存在と捉える立場では、企業の利益は、現在の活動を維持するために必要なコストを差し引いて計算される(注12)。

この違いが生じた原因を探ると、25年計画が何を目指しているかという問いに行き着く。人間に最大の利益をもたらすよう自然資産を管理しようとしているのか。それとも、自然資産自体の生産能力と再生能力を維持する形で管理しようとしているのか。前者は自然資産を財産と捉える経済学者の視点であり、自然資産は人間に奉仕するためのものであり、その観点から価値評価すべきだという考え方だ。後者は自然を独立の存在と捉える会計士の視点であり、自然資産はその生産能力や再生能力を維持すること自体に価値があると捉えている。

会計的アプローチは、基本的には、自然資産の範囲や状態の把握と、それらが再生し自己を維持する能力を考慮する第2段階で止めることが有益だとしている。しかし、第3段階から第6段階まで進めて、自然資産が提供するサービスやそれに関連する価値評価をすることも重要だ。言い換えると、自然資産の管理計画を策定する際には、まずそのパーパスを明確にしなければならない。そして、このパーパスの問題に早急に取り組む必要があるのは、私たちが自然資本サービスを劣化させ続けていることと、その状況を改善できる可能性が高まっているためだ。

自然資本計画のパーパス

自然資本委員会の創設と25年計画策定の動機は、自然資本を私たちが受け継いだときよりも良好な状態で次世代に引き渡すことだった。これが意味するのは何か。一つ目の答えは、25年後の英国市民が、自然資産から今よりも多くの利益を享受できるというものだ。私たちは、きれいな水や空気、洪水の減少、レクリエーションの充実などを享受できるようになる。この考え方は、特に、住宅開発の削減や雇用の減少を有権者に受け入れさせるという複雑な問題に直面している政治家にとって非常に魅力的だ。

二つ目の答えは、森林、草地、自然公園、魚類資源、生物多様性などが現在と同じか、さらに良い状態で維持・増加しているというものだ。この立場は、自然資本を国民に対する外的な利益ではなく、自然資本の量と質、維持や向上という内的な観点から捉えている。(注13)

どちらの場合も、限られた資源をどのように割り当てるか経済的な判断が必要になる。一つ目の答えの場合、経済価値の評価や費用便益分析がその目的に使用されるツールだ。二つ目の答えの場合には、最も脆弱で消滅のリスクの高い自然資産や、維持や回復の恩恵を最も受ける資産に資源が投入される。特に後者では、自然資本を、生態系における生物と環境との複雑な相互関係のなかで評価することが重視されており、これは特定の自然資本サービスの向上を評価する部分的な費用便益分析とは対照的だ。

この二つのアプローチの違いは、技術の進歩によって特に重要な意味を持つようになってきている。現在、自然が自然資本サービスを生み出す最良の方法であるかもしれないが、人工の代替物が登場し、いずれ自然システムを凌駕する可能性がある。例えば、人工芝は天然芝ほど美しくはないが、代替物として欠点だけでなく利点もある。また、人工樹木［大気中の二酸化炭素を吸収する機能を備えた装置］による炭素隔離は、自然の炭素吸収に代わる選択肢として今後ますます普及していくだろう。

現在のところ、自然は人工的な代替物よりも広範なサービスを提供でき、自己再生能力と適応能力という利点がある。しかし、今後もずっと存在できるとは限らず、さまざまな人工代替物の組み合わせが、自然を維持するよりも低コストの解決策を提供する可能性がある。したがって、政策決定者がコストを重視する場合、費用便益分析によって、自然を維持するよりも人工的な解決策のほうが低コストだと判断し、その結果、人工的な代替手段の採用が進む可能性がある。

そうなれば25年計画は、自然資産を保護するどころか、破壊する原因になりかねない。自然資本のもたらす外的な利益を増進する計画に従う一方で、現在の自然資産を消滅させることになるかもしれない。つまり、自然資本のアウトプットや価値評価に焦点を当てるだけでは、自然の維持や改善は保証できない。

しかし、新技術が登場しても古い生産方式や雇用が置き換わることを心配する必要がなかったように、自然資本サービスの技術的な代替についても心配する必要はないのではないか。そして、他の財やサービスの生産における進歩を妨げてはならないのと同様に、自然資本サービスに関しても進歩の邪魔をしてはならないはずだ。進歩の邪魔をすることは、綿や羊毛の工場が登場した際に発生したラッダイト運動［19世紀初頭、産業革命期の英国で起きた労働者による機械打ち壊し運動］のような誤った対応になるだろう。

このようなアナロジーは適当でないかもしれない。それには三つの理由がある。第一は、自然には強い不可逆性があるからだ。新技術の採用を決定しても、いつでも取り消すことができる。実際、手作業と機械製造の選択のように、伝統的な生産方式に戻ることを選択することもある。そうしたプロセスが利益を生み、市場があると見なされれば、そのプロセスを選ぶことも可能だ。

自然資本の場合、その選択肢は現在利用できない。特定の自然が一度失われると、それは永久に失われるからだ。つまり、自然資本は破壊によって失われてしまうため、その保全には「オプション価値」があるということだ。例えば、１００年前は、木と森を美観やレクリエーション、燃料として評価していたが、炭素隔離の役割については知られていなかった。太陽は、生命、光、暖かさの源として見なしていたが、生産や輸送などに利用できるエネルギー源になるとは認識されていなかった。また、現在、植物と土壌から新たな薬効のある成分や物質が次々と発見されている。(注14)

要するに、自然資本に対して過小評価が生じているのは、将来世代が保全によって得られる「オプション価値」を測定できないことや、自然破壊が不可逆的であることによる。このオプション価値は、予期しない新たな生態系サービスの需要だけでなく、将来登場する新しい種類のサービスからも生じるものだ。

第2の理由は、再生可能資産が無機的ではなく「生きている」という問題と関連する。これらの資産は、私たちが部分的にしか理解できていない進化のプロセスに従っており、将来どのような利益を提供するか完全に予測することはできない。(注15) この問題は、将来の人工知能システムと関連づけて考えると、より深く理解できる。

現在の人工知能は、膨大なデータを高性能なシステムで処理し、新しい方法を見つけ出すことに主に取り組んでいる。その意味でのアルゴリズムは、はるかに洗練されているものの、過去の機械的プロセスの無機質な性質と大差ない。しかし、アルゴリズムが機械学習の段階に到達すると、人の手を借りずに自律的に進化を始め、独立した生命体のようになっていく。技術の進化が自然界の進化を無意味にしてしまうのだろうか。ほぼ確実にそうはならないだろう。現在、さまざまな生物種が共存し、それぞれが進化することによって生命の多様性を豊かにしていることを私たちが評価しているように、将来、高度な機械学習がどれだけ進化しても、人類は自然システムの多様性から恩恵を受け続けるだろう。

自然資産の管理計画において、現在の資本価値を超えて自然の内在的な価値を認めるべきだと主張する最後の理由は、これらの資産が誰のものかという問題に由来する。本章の冒頭で述べたように、自然資本が存在する基本的な前提は、「人間がそこから利益を得るため」だ。私たちは、地球上のあらゆる生命を人間の視点から捉えるよう教え込まれており、自然資本管理も、工場のように、そのアウトプットはすべて人類の利益に役立つものと見なされている。

この見方が工場に関してはある程度正当化されるのは、人間が大部分を建設し、将来の生産による利益を期待してその時点での消費を抑えてきたからだ。しかし、自然資産については同じことが言えない。前述の通り、人間が自然資産をつくったわけではなく、それを引き継いできたにすぎない。受け継ぐことになったのは、先人が自然資産を維持することを選択したか、完全に破壊する能力がなかったからだ。今、私たちはこれまで以上に自然資産を破壊する能力と動機を持っているため、自然資産に対する権利や利益だけでなく、私たちが保全のために果たすべき役割や責任についても認識する必要がある。

ここで、自然資本を財産と捉える経済学者の視点と、独立の存在と捉える会計士の視点との比較によって生じた問題に立ち返ることになる。経済学者にとって自然資本は、他の資産と同様に「自由に扱える対象」であり、人間が好きなように扱うべきものだ。他方、会計士にとって企業は独立した存在であり、経営陣が経営する。そして、経営陣は企業を維持し、その発展を促進させる義務を負っている。これと同様に、私たちは自然を好きなように利用する権利があるのか、それとも管理者または受託者として保全する責務を負っているのかを考えるべきだ。

経済学者の見方は、植民地主義的な世界観だ。人間の自然に対する優越性は、それを好きなように扱う権利と能力を私たちに与える。一方、受託者としての視点からは、私たちは自然の創造者ではなく、保護者としての特権を与えられた存在である。私たちは、子どもたちやその子孫と同様に、すべての生物の守護者としての役割を受け継いでいる。

シューマッハーは次のように述べている。「非経済的な価値を経済計算の枠組みに押し込めると（中略）高次のものを低次に引き下げ、測定不能な価値に値段がつけられる。それによって状況を明確にしたり、賢明な決定が導かれたりすることはない。（中略）論理的な矛盾は最大の問題ではない。より深刻なのは、文明を破壊しかねない『すべてのものに価格がある』といった考え、つまり、『お金がすべてのもののなかで最も価値が高い』という誤った信念だ[（注16）]」。

調整

ここまで、自然資本に対する経済学者の視点に欠点があることを示してきた。しかし、それは経済的評価を完全に否定する根拠にはならない。私たちは自然界の一部であり、それを保護する義務がある一方で、そこから利益を得る権利も持っている。では、これらの権利と義務をどのようにバランスさせるべきだろうか。

この問いに対する答えは一つではない。社会福祉理論が自己と他者の利益を簡単に調整できる方法はないと教えてくれたように、人間と他の種や自然との利害対立を調整する明確な方法もない。個人の好みを引き出して集約することは難しいが、異なる種類の好みを比較して重みをつけることはそれ以上に困難だ。

経済学者の観点で考えると、この問題はほとんど解決不可能に思えるかもしれない。しかし、受託者が他者のために日常的に下す判断との関係では、特別なことではない。このような不確実性に直面したとき、最適化を目指すルーチンではなく、近似的なルールに頼る。ここで提唱されるのは、まさに企業において会計士が通常採用する方法だ。

すでに述べたように、会計士の利益の定義は、企業の生産能力を維持するためのコストを差し引いた収益を指す点で、経済学者の定義とは異なる。(注17) つまり、企業が株主に分配できるのは、事業運営だけでなく資産維持にかかるコストを差し引いた後に残る利益のみだ。(注18)

これは、自然資産の管理に直接応用できる原則だ。第1段階は自然資産の目録を作成し、第2段階は自然資産の重要性や状態に基づいて保護や回復の優先順位を決める。第3段階では、国、地方自治体、企業、土地所有者のバランスシートや損益計算書に自然資産の維持に要する費用を計上し、自然資産の保護や回復に関する責任を反映させる。第4段階では社会的利益やコストを評価し、リターンの高い投資に資源を振り向ける。第5段階では、既存の自然資産の維持と新たな自然資産への投資を管理する。

つまり、ここで提案しているのは、既存の重要な自然資産や生態系の保護・回復には自然資本を独立の存在と見る会計士の視点を適用し、保護・回復を超えた新規の自然資本への投資がもたらす利益の価値評価には自然資本を資産と見る経済学的なアプローチを採用するというものだ。この方法は、既存の主要な自然資産に関して受託者または管理者の役割を果たすことと、新規の自然資本投資に対して経済的評価プロセスを適用することを組み合わせたものだ。[注19] この方法は、既存資産との関係では「備えあれば患いなし」という利点があり、新たな資産との関係ではプラスの利益をもたらすというメリットがある。

このアプローチを適用する際に、解決しなければならない細かな問題が数多く存在しているのは明らかだ。どの資産が重要で、維持や回復が必要なのか、誰が決定を下すべきか。維持と回復のバランスは、第2段階と第3段階でどのように設定されるべきか。自然システムの維持において、異なる生物や環境間の複雑な相互作用をどのようにモデル化し評価するのか。維持や回復にかかるコストを十分な精度で算出できるのか。

しかし、これらの問いに対する回答は可能だ。例えば、最後の問いに関しては、維持や回復のコストの推計には困難を伴うが、取引されていない自然資産やサービスに対して経済的価値評価を行い価格付けすることに比べれば、それほど難しくはない。したがって、会計と価値評価の境界線を会計側に寄せることで、測定に関する問題はむしろ軽減される。

重要な資産を特定し、どの程度の維持と回復が必要かを決定するのは公共政策の問題であり、国や地方自治体が、企業、土地所有者、公的機関に対して、特定の資産を保護し回復を促進する義務を課すべきだ。そして、これらの義務を企業会計上これらの資産を処理する際の要件として反映させ、それに関する費用や利益を報告させるべきだ。

誤測定の問題は、個々の企業のミクロレベルよりも、国や国際機関といったマクロレベルでより深刻であるといえる。企業の利益が自然の維持や回復にかかったコストを考慮していないように、個人や公的組織、非営利組織が得る所得や利益にも同じ問題がある。より深刻なのは、多くの経済活動が、他の部分で生じた悪影響を是正し、原状回復し、反転させるものにすぎない点だ。例えば、二酸化炭素の排出を相殺するための炭素隔離、有害な廃水を処理するための水の浄化、低地にある建物を守るための洪水防止策などだ。

こうした「ダブルアカウンティング」の問題は、民間部門が製造する有害で汚染を引き起こす製品の悪影響を、公的な保健機関がそれに対処するために費やす社会資本との関係でも見られる。例えば、本書で取り上げた啓発的企業ノボ・ノルディスクが製造・販売するインスリンは、大手菓子メーカーのマースが製造・販売するチョコレートに起因する糖尿病を相殺するために使われたかもしれない。したがって、国や国際レベルのGDPは、他の経済活動によって生じた人間、自然、社会への悪影響を単に元に戻す活動を含んでいるので、純粋な経済成長や新しい価値の創出を表しているとはいえない。

持続可能性

「維持」という言葉を「持続」に置き換えることによって、右の議論を持続可能性に関する議論や規制にまで自然に拡張できる。(注20) 持続可能性には自然資産の維持が欠かせないが、従来の方法よりも一貫性があり、包括的な対策が求められている。

第一に、持続可能性に関しては、「許容的な政策」と「禁止的な政策」の違いが重要だ。持続可能性は、自然資産の状態の維持と回復を求める点では禁止的であり、人間の外的な利益を促進させる点では許容的だ。この違いにより、法や規制を通じて対処すべき事項と、企業や個人の自主的な判断に委ねられるべき事項が区分される。

第二に、持続可能性は、国や国際機関といったマクロレベルだけでなく、企業、投資家、慈善団体などのミクロレベルでも重要だ。

第三に、持続可能性を高めるアプローチは、地球温暖化や自然資産全体に対してだけでなく、人的資産や社会資産にも適用可能だ。このような包括的な視点が欠けていると、特定分野に規制をかけるなどその場限りの対策しか打てず、二酸化炭素排出から生物多様性の問題へ、自然界の問題から社会的不平等や排除の問題へ、社会問題から自由と人権の侵害の問題へと悪影響が広がるリスクが生じる。私たちは政策を健全なものにするため、人間、社会、自然界のウェルビーイングを維持することの重要性を認識しなければならない。

｜本章のまとめ

英国は自然資本の充実に向けた25年計画の策定を通じて、世界に範を示している。その意図は素晴らしく、動機も誠実だ。しかし、この計画には多くのリスクがあり、これまでほとんど認識されていない。

本章では、自然資本の評価と管理に関して従来採用されている手法には重大な欠点があり、計画当初に意図されていたもの、期待されていたものとは全く逆の結果に至るおそれがあることを指摘した。この計画は、英国の自然資本の維持を確実にするどころか、消失させることにもなりかねない。

その理由は、自然資本が従来どのような視点から捉えられ、どのような手順で評価・管理されているかにある。自然資本は、他の財やサービスと変わらない生産プロセスの一部と見なされており、人間に利益というアウトプットをもたらすためのインプットとして、他の形態の資本と同様に扱われている。

従来の手法が見落としているのは、自然資本が他の形態の資本とは大きく異なり、そもそも物的資本の1つとして捉えるべきではないという点だ。自然資本の特徴は、その再生可能性と回復力、不可逆性、生命を持ち進化する性質、そしてそれが人間によってつくり出されたものではなく、受け継がれてきたものだという事実が挙げられる。これらの特徴によって、自然資本は他の資本とは根本的に異なり、将来世代にとってオプション価値が非常に大きく、価値評価が難しい。自然資本の維持と拡充には特別な価値があり、私たちはその保護者・受託者として重大な責任を負っている。

したがって、自然資本を管理するために際限なく経済的アプローチを採用することは正当化されないばかりか不適切であり、壊滅的な結果をもたらすおそれがある。一方、自然資本を純粋に内在的な価値に基づいて評価するアプローチは、その価値を固定してしまうリスクがある。既存の自然資産を維持し回復させるためには会計的アプローチを、追加投資には経済的価値評価を用いるという二重のアプローチを提唱する最も重要な理由は、経済的価値評価による自然資産の破壊リスクと、会計的アプローチによって人間が自然資産からさらに多くの利益を享受する可能性を奪ってしまうというリスクの衝突を回避できる点にある。この二重のアプローチを採用することで、自然資本に関する目標設定でグローバルな基準を確立し、それを実現するための評価手法や手段を提供できるようになる。そして、私たちは自然資本の適切な管理を通じて、人類のウェルビーイングを確実に促進させ、自然資本を保全する道を切り開くことができるだろう。

第8章 正しい利益

正直であることは多くの場合、
不正直であることよりも
得にならないと人々は言う。
（中略）
もし私が本当に正義を
実践しても、真の正義の人だと
思われなければ
何の得にもならず、むしろ
苦労と損ばかりである。しかし、
不正を働きながら
正義の評判を得られれば、
天国のような生活が約束される、
と言うのだ。

プラトン
『国家』第2巻「個人、国家、教育」
（紀元前375年頃）

序論

測定は経営改革の「聖杯」と見なされている。測定がなければ改革は進まず、測定があれば企業に対して説明責任を追及できる。しかし、ここ数年間のＥＳＧ報告書の状況を見ると、それが現実に起きていないことがわかる。

測定は、従来の黄金律と再定義された黄金律との違いを鮮明に示す強力な例であり、そのことは企業がどの視点から評価されるべきかという問いを投げかける。つまり、投資家の視点なのか、それとも影響を受ける当事者の視点なのかという問いだ。ＥＳＧの文脈では、この違いは「シングルマテリアリティ（投資家の視点）vsダブルマテリアリティ（その他の当事者の視点も含む）」と説明されることが多い。

過去20年間にわたり、投資家は環境問題や社会課題、投資先企業の脆弱なガバナンスから生じるリスクの高まりに徐々に目を向けるようになり、製品、市場、技術、その他のリスクと同様に、これらのリスクを評価する方法を模索してきた。ＥＳＧ報告書には、投資家に環境問題などの情報を提供し、ポートフォリオの配分や監督をサポートする役割が期待されている。

そうした情報を提供する者は数多く存在する。ＥＳＧが流行し、コンサルタントや投資家にとって収益性の高いビジネスになった結果、さまざまなＥＳＧの評価基準が大量につくり出された。また、ＥＳＧの「ダブルマテリアリティ」という考え方を通じて、その対象は政府、非政府組織（ＮＧＯ）、規制当局、さらには企業活動から直接影響を受ける人々に広がっている。

現在のところ、企業が提供する情報の不備や、情報の標準化や認証の欠如により、測定に関し様々な問題が生じている。しかし、欧州連合や国際会計基準（ＩＦＲＳ）財団の国際サステナビリティ基準審議会（ＩＳＳＢ）などの機関が、情報開示に関する国際基準を定めつつあり、状況は変わり始めている。

それでも、これらの取り組みが目指しているものと、実現できるものとの違いを理解する必要がある。これらの取り組みは第一に、金融市場において資産や商品の価格を適切に評価できるように情報を改善し、投資家がポートフォリオの配分やエンゲージメントの意思決定をする際に役立つようにすることを目指している。これは、少なくとも投資資金の調達コストを通じて企業行動に影響を与えるという点で、経済の機能において重要な役割を果たす。

ESGの「ダブルマテリアリティ」では、企業活動が環境、社会、ガバナンスに与える影響について、政策立案者や関係者に情報を提供することも目指している。しかし、ESGは、問題を引き起こして利益を得ることを防止したり、問題解決によって利益を生み出したりすることを促進するものではない。例えば、現在のようなエネルギー不足の状況では、社会的配慮（ESGのS）が優先される一方で、化石燃料由来の二酸化炭素排出に関する環境的配慮（ESGのE）が軽視される流れを止めることはできない。

これらの問題の中心にあるのは、企業の利益と問題解決が一致していないことだ。その理由は二つある。一つは、企業が他者に与える損害を十分に考慮していないこと、もう一つは、問題解決のための動機付けとリソースが不足していることだ。

解決すべき問いは次の四つだ。①自ら引き起こした問題を是正し、そのコストを負担しているか、②解決を目指している問題に対して十分なリソースを投入しているか、③約束した解決策を実際に提供できているか、④解決策の提供により利益を上げているか。

これらの問いに答えることによって、一貫性のある包括的な測定方法が決まる。これは経営者と投資家にとって価値があり重要なものである。企業が問題を引き起こすのではなく解決することで利益を上げているかどうかを判断するには、適切にリソースが投入され、解決策が実行された結果、利益が生じたといえるかどうかを測定する必要がある。

問題解決をパーパスにするアプローチと、賛否が分かれるＥＳＧへの取り組みとの違いを理解することは非常に重要だ。まず、最も重要な点として、ＥＳＧ報告書は非財務報告であるため、企業の財務成果、特に利益には直接影響を与えない。それに対して、問題解決をパーパスにする企業は、自社が生み出す問題とそれを解決するために必要なコストを明確にする必要がある。したがって、損害を是正するための「真のコスト」を差し引いた純利益を報告することになる。

次に、ＥＳＧ報告書は、企業が直面する環境、社会、ガバナンスに関連するリスクを報告する。一方、問題解決をパーパスにするアプローチは企業が解決すべき問題とそれに必要なリソースを特定することで、より有益な方法を示している。このアプローチにより、企業のパーパスに基づいた戦略の実行に役立つ財務予測が提供され、企業活動のなかで生じた損害の是正にかかるコストを差し引いたうえで、企業価値を評価するための基盤が整う。

従来の企業業績の評価方法は、財産を所有し他の当事者と契約を結ぶ存在として企業を捉えている。これらの活動に伴うコスト、収益、資産、負債を記録し、物的資産の維持や負債の利払いに必要なコストを負担する。そして、企業が用いたリソースのコストとそこから得られた収益が報告され、経常支出と資本的支出が区別される。

しかし、現在の企業会計では、企業が所有していないが依存している資産の維持に要するコストや、契約上または法律上の義務ではないが他者に影響を及ぼすことで負うべき責任を、負債として計上していない。つまり、現行の会計制度は、企業を「所有者」としては捉えているが、「責任ある所有者」や「問題解決者」としては見ていない。

その結果、現在の会計制度は、責任あるパーパス志向型のビジネスを促進するために必要な情報を提供していない。こうした基準に照らすと、企業が他者に損害を与えている場合には利益が過大評価され、他者の利益のために投資している場合には利益が過小評価される。(注1)このため問題を引き起こす活動が過度に促進され、他方で問題解決への投資が不十分になる。

この点こそ、現在の測定システムが抱える重大な欠陥であり、一刻も早く対応が求められる。なぜなら、企業が経済発展に大きく貢献する一方で、この点が深刻な環境問題や社会問題を生み出す根本原因の一つになっているからだ。私たちは、経済発展を望む一方で、これらの問題を避けたいと考えている。

それを実現するための測定システムの構築は、実はそれほど難しくない。会計システムを根本的に変更する必要はなく、企業の実際の支出に対して、最も伝統的で確立された会計手法である原価計算を適用するだけで十分だ。

結果と影響の測定と会計

企業のインプット（投入資源）とアウトプット（結果）だけを測定するのは止め、企業活動がどのような変化をもたらし、他者にどのような影響を与えているのかという問いから始めなければならない。その影響には、正の外部性の場合もあれば負の外部性の場合もあり、ほとんどの企業と製品は両方を生み出している。そのため、企業を単に財産を所有し製品を生産する存在として見るのではなく、「問題の発生」と「問題の解決」の観点から評価するほうが、企業の本質的な価値をより適切に測定できる。(注2)

第6章で取り上げた自動車の例でいえば、結果や影響は、乗客にとっての移動の利便性、他の道路利用者にとっての渋滞や事故のデメリット、さらには地域住民や世界の人々への環境面のデメリットなどがある。これらの結果や影響は、製品の利用やその特性だけでなく、製造過程全体からも生じる。具体的には、雇用創出や従業員が受ける技能教育や研修、サプライヤーや流通業者への経済的恩恵は正の外部性を、地元への環境汚染は負の外部性をもたらす。

したがって、第1段階としては、自社がもたらす変化を特定することが重要だ。これは非常に洞察に富んだ作業であり、企業が自らの活動が及ぼす影響について包括的に計算できるようになるからだ。(注3)特に、新たな活動を計画する際にこれを行えば、将来、自分たちの事業が社会や環境にどのような影響や恩恵を与えるのか、うまくいく場合だけでなく失敗する可能性について考慮する材料にもなる。

したがって、企業が自社の活動による影響をしっかりと評価できるようになれば、将来どのような問題が発生し得るか、またその解決策についても事前に考えることが可能になる。自動車の例に戻ると、自動車メーカーは渋滞や大気汚染など現在の影響だけでなく、将来起こり得る影響や対策についても考慮できるようになる。

第2段階では、企業やその製品、活動がもたらした、または将来もたらす可能性のある悪影響を是正、改善、補償するために、どのような行動をとるか決める。例えば、自動車は渋滞や事故、環境汚染を引き起こす。それにより、道路建設や医療提供に対する公的支出や、他の運転者の自動車保険料や修理費、住宅の防音工事などの個人の支出が増加する。このように、他の当事者の支出はさまざまであるが、それらは製品価格には反映されていない。

現在、自動車メーカーは、これらの負の外部性にかかるコストを負担していない。そのため、他者の犠牲のうえに利益を得ていることになる。これらのコストを内部化するには、メーカーが自ら引き起こしている問題を是正し、被害救済のための行動をとる必要がある。利益の計算と測定は、他者に損害を与え利益を得ることを回避するという企業の義務を踏まえ、行われなければならない。

これらのコストは、契約上の義務に加えて、引き起こした問題を是正する責任から生じる、実際の支出である。要するに、現在の利益は、問題の是正や被害救済にかかる真のコストを反映しておらず、偽りのものだ。つまり、他者の犠牲のうえで得た利益であり、富の創出ではなく、他者からの富の移転にすぎない。企業による富の創出は、真のコストを差し引いた収益によって測定されるべきだ。

企業が負担する真のコストを計算すれば、真の価値評価が可能となる。それは単に、将来の期待収益の現在割引価値から真の期待コストを差し引いたものとなる。ここで注目すべきは、実際に発生する収益と支出以外は、一切計算を試みようとしていない点だ。企業が他者に与える便益は実際の収益に反映される範囲でしか計算されず、また問題を是正するためにかかるコストについても、予想される真のコスト以外は見積もられない。したがって、問題解決に要する真のコストを事前に計上する点を除けば、現在行われている財務分析と異なる点はない。

便益の価値評価

つまり、真のコストの計上は費用便益分析の一部だ。社会と環境に及ぼす損害については、それらを是正するためのコストを計算することで考慮に入れる。ただし、損害自体を価値評価するのではなく、それを是正することによる内部化を求めている。これはあくまでも投資家、特に株主の利益に焦点を当てているが、その利益が他者の犠牲のうえに得られるべきではないという考え方を反映している。

この考え方がなければ、本章の冒頭に示したプラトンが述べたように不正直のほうが得をする状況は避けられない。しかし、たとえそれが是正されたとしても、プラトンが指摘する「正義が報われないままの可能性」が依然として残る。その理由は、企業が提供する財やサービスに対する支払いに反映されない他者への便益は価値評価されないからだ。企業がそうした便益から財務リターンを得られない場合、利益として計上されることはない。

正義が報われるためには、プラトンの言葉を借りれば「真の正義の人」が、投資家に「正義の人」と評価される必要がある。投資家はその活動に価値を見いだし、政府は必要な場合にその活動を支援し、顧客は喜んでその対価を支払う。たとえ、問題を引き起こして利益を得ることを防止できたとしても、さらに一歩進んで利益を伴う解決策を提供するには、投資家や政府、顧客の支援が必要になる。この点は、本書のパート5で詳しく取り上げる。

企業は、必要なコストを負担して自社が与えた負の外部性を内部化できるが、企業がもたらした正の外部性を、収益の増加という形で内部化できるわけではない。これは企業が直面するビジネス上の課題であり、革新的なビジネス・ソリューション、長期的な価値創造へのコミットメント、他者とのパートナーシップの構築、他者からの資金支援などを通じて対処する必要がある。

あるいは投資家は、企業が他者に与える非財務的な正の外部性に価値を見いだすかもしれない。投資家のなかには、自分たちが得る金銭的利益以上に、人類、社会、環境の課題解決に貢献することに重要性を感じる者もいるだろう。言い換えれば、そうした投資家は財務リターンだけでなく非財務リターンにも価値を置く「インパクト投資家」である可能性がある。(注4) 株主の関心は単に経済的利益だけでなく、ウェルビーイングや福祉などより広範な人間的・社会的価値にも及ぶ、というわけだ。(注5) 投資家は、自身の健康や環境、地球の将来を気にかけ、また、他者（自分の子ども、家族、友人、地域社会、国、自然環境）のウェルビーイングに対して利他的な関心を持つこともあるだろう。

理由はともあれ、投資家は自らの富よりも社会全体の幸福に関心を持つことがある。そうした投資家の関心に応じて、企業は他者に与える正の外部性を考慮することが重要だ。そのためには、問題解決によって得られる金銭的利益だけでなく非金銭的利益についても評価することが欠かせない。例えば、二酸化炭素の排出量削減や格差の縮小、社会的包摂の促進、人々の健康と生活の質の向上が地球にもたらす便益などだ。(注6)

これは、企業が費用便益分析を行う際、単に費用の面だけでなく、便益の要素も考慮すべきであることを示唆している。企業は、他者に与える経済的および非経済的便益についても価値評価する必要がある。これを真のコストの算出とは分けて考える理由の一つは、従来の財務分析がカバーする範囲を超えて評価することになるからだ。

もう一つの理由は、価格や収益の流れが明確に存在しない場合に、価値評価を行う作業は非常に主観的であり、従来の計算書類や会計監査に比べると客観性や検証可能性に欠けているからだ。したがって、そのような集計結果は、財務諸表の一部というよりも補足資料と位置づけられるかもしれない。特に、社会や環境に与える便益を評価する際に、投資家や政策立案者、規制当局にとって重要な情報となり得る。例えば、「グリーンボンド」の発行を検討する際、二酸化炭素の排出量削減や生物多様性、自然を基盤とした解決策などに関する情報が、関連する目標を評価し、価格を決定する際に大いに役立つ。(注7)

ここで区別されている「正の外部性」と「負の外部性」の違いは、単に測定可能性の問題だけではなく、受容可能性の問題でもある。企業が第三者に与えた損害を補償する責任を負うべきだという主張と、契約に基づかず意図せずに第三者にもたらした便益を利益として計上すべきだという提案は全く異なる。企業は、前者（責任）の範囲を可能な限り狭くし、後者（利益の計上）はできるだけ広く認めてもらいたいと考えるだろう。

企業の影響を受ける第三者は、当然ながら企業とは逆の立場をとるだろう。彼らは正と負のどちらの外部性も生み出したり求めたりしていないからだ。企業が他者に対して負う責任の範囲を法的責任に限定すれば、測定はより正確になるが、他者に損害が生じる場合の責任が大幅に弱められる。そのため、正と負の外部性を扱う非財務的な価値評価は、価格付けされていない損害についてその是正コストを計上する一方で便益は計上しない利益の計算方法に比べ、企業活動との関連性がずっと低くなる。

要約すると、企業が問題を引き起こさず解決することで利益を得るためにどのような問題に取り組むかは、企業のパーパス、戦略、ビジネスモデル、実行計画を通じて決定される。企業の財務計算、測定、財務および非財務報告、価値評価は、そのパーパスから導き出される。これらは、投資家、政府、規制当局、顧客、地域社会、サプライヤー、社会が、企業が問題解決にどの程度取り組み、利益を上げているか、また、他者に損害を与えて利益を得ることを避けているかを評価するために役立つ。このように、パーパスに基づく企業活動である原因とその結果である財務報告と非財務報告との間にはずれがあり、それがESG報告書のような非財務報告の役割と限界を示している。(注8)

測定は、問題解決志向型企業にとって、当然必要なプロセスだ。企業は、解決しようとしている問題を把握し、それを解決するために必要なリソースを、計画に合わせて適切に配分すべきだ。また、失敗や予想外の問題から生じる追加コストに備えるべきであり、計画通りにパーパスを実現できなかった場合のコストや、事業の軌道修正にかかるコストも負担しなければならない。

企業は、第三者に与える損害や、その損害を補償し問題を是正するためにかかるコストを測定すべきだ。これにより、利益の計算に際して差し引かれる「真のコスト」が算出され、それが「正しい利益」を計算する基盤になる。それに基づいて、企業はある者からの富の移転ではなく価値の創造によってすべての関係者に利益をもたらし、その企業について財務的な価値評価を行うことができる。また、企業は、活動の成果を価格付けすることで、他者にもたらした便益の非財務的価値を推計することができる。これは、投資評価やリソースの配分について判断する際に、特に役立つだろう。

具体例

私は過去3年間にわたり、オックスフォード大学サイード・ビジネススクールを拠点に企業のコンソーシアムとともに「パフォーマンス再考イニシアティブ」という研究プロジェクトに取り組んできた。(注9) このイニシアティブの目的は、さまざまな業界で活動する世界中の企業が、問題解決を企業のパーパスとして実践するのを支援することにある。私たちは企業と密接に協力し、彼らのパーパスの本質や、問題解決に向けて達成しようとしていることを理解してきた。そして、それらの高次なパーパスを、中核事業や各部門において実行可能な具体的方針に落とし込むことを支援してきた。

このイニシアティブの鍵となるのが「測定」と「管理会計システムの構築」だ。この管理会計システムは、企業の各部門の従業員が、企業のパーパスの実現に対して自分たちがどの程度貢献しているかを理解する助けになる。この取り組みの利点は、問題を引き起こして利益を得ることを避け、問題解決を通じて利益を得ることの意味を具体的に実感できる点にある。また、企業内部で活用される管理会計の形式は、法に基づく厳格なルールや原則に従わなければならない外部報告用の財務会計に比べ、導入が容易であるというメリットがある。

私たちは、飲料、建築、エネルギー、製薬の四つの業界で、グローバルに活動する大企業と連携している。これらの企業が取り組もうとしている問題は、アルコールの過剰摂取から二酸化炭素の排出、公衆衛生問題まで多岐にわたっている。各企業が取り組んでいる問題はそれぞれ異なっているが、しかし興味深いことに、すべてに共通する見過ごされがちな問題がある。それは、自社の製品やサービスへのアクセス可能性と、手ごろな価格で提供できているかだ。

例えば、アルコール飲料を販売する企業の課題は、一見すると製品のアルコール度数にあるように見える。しかし、より本質的に問題を捉えるなら、解決すべき課題は、ノンアルコールや低アルコール飲料に対して、通常のアルコール飲料と同じようにおいしく、社会的に受け入れられ、かつ手ごろな価格で提供し、利益を上げられるようにすることだ。

化石燃料を生産・供給する企業が直面する課題は、単に石油・石炭・天然ガスを供給することではなく、現在ではエネルギー企業として、環境に配慮した持続可能なエネルギーを提供することにある。そのエネルギー源は、低中所得国を含む世界のどの国でもアクセスでき、手ごろな価格で利用できるようにする必要がある。このグローバルなエネルギー問題を解決することが、現在のエネルギー企業の使命になっている。

住宅建設企業は、現在よりも二酸化炭素の排出量が少ないか、または排出量をゼロにして、個人や企業が求める住宅や宿泊施設のニーズに応える方法を見つけなければならない。また、建築費を抑え、手ごろな価格で提供する必要がある。製薬企業の課題は、医療問題に対する解決策を考え出し、それを世界の高所得国だけでなく低中所得国でも手ごろな価格で利用可能にすることだ。

つまり、ほとんどの企業の根本的問題は、単に減酒や二酸化炭素の排出削減、健康問題への対処といった世界的な課題を解決することだけではない。解決策は存在するものの、多くの場合、高額だったり、利益を生まなかったり、世界の多くの人々の手に届かないものだったりする。これは、環境や健康の問題というより、アクセスと価格の手ごろさに関する社会的問題であるといえる。多くの企業は、自社が解決しようとしている問題の本質を完全に把握できておらず、当然、解決策も提供できていない。

問題を正確に把握できたら、次の段階は、問題に対処するための代替方法を見つけることだ。先の例で言えば、飲料業界では、既存のアルコール飲料に替わる低アルコールまたはノンアルコール飲料の開発、プラスチックごみを減らすための包装資材の開発、住宅建設業界では、二酸化炭素排出量を削減するための住宅設計や建材の選定、エネルギー業界では、二酸化炭素排出量が少ない手ごろな価格の再生可能エネルギーの生産・提供や電動化、蓄電技術の開発、オフグリッド発電への投資、製薬業界では、新薬の研究開発に加え、ノボ・ノルディスクの糖尿病に関する取り組みで紹介したような代替的な治療方法の開発などが挙げられる。

しかし、最も重要なのは、提供する解決策の効果をどのように測定するかだ。例えば、飲料企業が開発した低アルコールやノンアルコール飲料が、既存のアルコール市場の消費者にどの程度受け入れられ、事業として成功しているか。それらの新商品は、既存のアルコール消費に替わるものなのか、それとも他の飲料に取って代わるのか。また、消費者を高齢者、若者、低所得者層、高所得者層、都市部の住民、地方の住民に分けた場合に、特定の層にしかアピールできていないのか。さらに、糖質含有量や包装、原材料の調達などで新しい問題を引き起こしていないか、などを検討する必要がある。

同様に、住宅建設、エネルギー、製薬業界においても、パーパスの達成度を測る指標が必要だ。それらの指標は、企業が問題を解決する際にどれだけプラスとマイナスの影響を与えているかを反映するものであり、単に問題に取り組んでいるだけでなく、その解決策が手頃な価格かつ多くの人がアクセス可能な形で提供できているかを評価するためのものだ。これをもとに、問題解決を担当する事業部門にリソースを提供して解決策を提供すると同時に、失敗を是正し、将来のパーパス実現に必要な経常支出と資本的支出を行わなければならない。

特に重要なのは、管理会計システムを整備し、パーパス実現に関連する支出を記録し、将来の問題解決に資するものを長期投資に分類し資産計上することだ。管理会計システムを導入することで、問題解決による収益性を測定し、問題を引き起こして利益を得る状況を回避することが可能になる。この点は、企業内のリソース配分や、成果を上げた従業員への評価や報酬に大きく反映される。

例として、ノンアルコール飲料をアルコール飲料の代替として販促活動を行う場合を挙げてみよう。これは一見したところ収益性のない活動に思われるかもしれない。企業は新製品に投資しなければならず、たとえ新製品への投資が成功したとしても、現在販売されているアルコール飲料からの収益がなくなってしまうからだ。しかし、現在行われている活動について正しい利益の計算がなされる場合には、それは必ずしも当てはまらない。解決すべき問題がアルコールの過剰摂取であり、他の製品の利用によって問題を解決できない場合、この飲料企業は問題を引き起こして利益を得ることを回避する他の方法を見つけ出さなければならない。

例えば、アルコール飲料の販売を減らすか、アルコール依存症による健康被害の治療や改善に対する公的・私的な費用を負担しなければならなくなる。言い換えれば、既存のアルコール飲料の「正しい利益」は、現在計上されている数字よりもはるかに低い。その結果、既存の事業活動の収益性を正しく評価すれば、ノンアルコール製品の導入こそが、企業にとって最も収益性の高い戦略となる可能性が高い。

すべての投資に対する評価についても同様のアプローチが採用されなければならない。この評価方法は、現在の事業活動の収益性の評価だけでなく、企業が引き起こした問題を是正するための代替方法の収益性を評価する際にも用いられなければならない。したがって、例えば、化石燃料の生産に関する収益性は、化石燃料の使用により引き起こされる環境破壊を是正し環境を復元する費用が計上されていないため、大幅に過大表示されている。その結果、手軽な価格で利用可能な再生可能エネルギーの生産は、化石燃料の使用により引き起こされた問題を是正する高額な方法に代替する魅力的な選択肢となるだろう。この点は、石油やガスへの回帰が高くつく場合に、エネルギー不足の状況下で再生可能エネルギーに切り替えるという、現在の議論と大いに関係がある。

別の例を挙げると、製薬企業のパーパスは、命を救い、寿命を延ばし、生活の質を向上させることにある。これらは、製薬企業が人々のウェルビーイングにどれだけ貢献しているかを示す指標である。これらの目標を設定することは、企業が研究開発や新たな治療法の開発にどの程度投資すべきかを決定する際の重要な要因となる。低中所得国における医薬品へのアクセスは、公共部門と民間部門が連携する画期的なビジネスモデルが必要であり、ノボ・ノルディスクが糖尿病克服を目指した際にも同様のアプローチが採用された。

一部の製薬企業は、自社の医薬品が寿命の延長や生活の質向上などにどれだけ貢献しているかを推計して、社会的便益を評価しようとしている。そこには、個人の健康が改善することによる稼得能力の向上や、公的な医療・福祉コストの削減という経済的利益も含まれている。例えば、ノバルティスは自社の医薬品による社会的貢献を２０００億ドル超と推計している。(注10) 同社の時価総額も約2000億ドルであるため、ノバルティスの社会的価値と財務価値の比率はほぼ1対1だ。つまり、株主に1ドルの財務価値を生み出すごとに、医薬品を通じて約1ドルの社会的価値を創出していることになる。

同様のことが環境コストについてもいえる。ノバルティスは自社の環境コストを約80億ドルと見積もっており、その大部分は気候、エネルギー、大気汚染、土地利用、水、廃棄物に関連している。社会的貢献の大きさと比べると同社の環境への影響はごくわずかだが、事業の性質を考えれば驚くべきことではない。エネルギー企業を同じように分析したら、全く異なる結果が得られるだろう。

しかし、この分析では、ノバルティスとその株主が、創出された社会的便益からどれほどの金銭的利益を得ているかは明らかにしていない。社会的貢献が投資家に対してどの程度の財務リターンをもたらしているのだろうか。この点が、ノバルティスが社会的便益をどの程度事業化できるか、また、そのための投資をどの規模で実行するかを決定する要因となる。

製薬企業が、個人、社会、公共部門にもたらす正の外部性を内部化する方法はいくつかある。まず、世界各国の政府や地方自治体と連携して、公衆衛生を改善し、公的な医療支出を削減することが考えられる。次に、他の企業と連携し、従業員の生産性を向上させる方法もある。また、世界中の医師、医療機関、医療従事者に対して、信頼できる情報、知識、アドバイスを提供し、公的機関、民間企業、専門機関からのビジネス機会を広げ、顧客を増やすこともできるだろう。

したがって、ノバルティスのように、私的利益と公益を結びつけるビジネスモデルを構築する方法は数多くある。しかし、インパクト評価分析は、企業が投資家に対して提供する財務リターンとしての利益を測定するためのものではない。この点を理解することは重要だ。企業は、負の外部性を軽減・除去するための追加コストを負担することで、それを内部化することはできるが、正の外部性を内部化して利益に結びつけるには、正の外部性を収益に変えるビジネスモデルの構築が不可欠だ。

企業は一般的に、問題解決に伴う正の外部性をすべて利益に変換することはできない。そして、どれだけ変換できるかは、環境や社会の機会をどれだけ製品やサービスに取り込めたかにかかっている。社会的インパクトの測定は、投資評価やシナリオプランニング、リソース配分において重要な要素になるが、企業が問題解決の過程で負担する実際のコストや収益を扱う「会計」とは異なるものであり、混同してはならない。

本章のまとめ

ここまでの話を以下にまとめた。

・道徳律――

問題を解決し利益を得ることは道徳的だ。
他者に問題を引き起こして利益を得るのは非道徳的だ。

・法の支配——

合法とされていることが、道徳的であるとは限らない。
道徳律は企業のパーパスや会社法に組み込まれるべきだ。

・所有——

所有者は、問題解決によって生じる利益を得る権利を持つ。
所有者には、他者に問題を引き起こして利益を得ることを避ける責任がある。

・リーダーシップ——

リーダーは、問題解決策を生み出すよう組織を導くべきだ。

リーダーはマネジャーに対して、問題を引き起こさずに解決策を生み出せるよう権限を与えるべきだ。

・価値観——

私たちは、人間、社会、自然のウェルビーイングを維持し、持続させるべきだ。
その実現にかかるコストを差し引いたうえで、収益や利益を測定すべきだ。

・**利益**――

問題を引き起こすのではなく解決するためにかかる真のコストを測定すべきだ。正しい利益は、真のコストを差し引いて測定されるべきだ。

次のパート5では、これまでの主張をどのようにしてビジネス上の優位性や社会的な発展につなげていけるか、という課題に取り組む。これを達成するために、投資家、政府、顧客、教育者がそれぞれ重要な役割を果たす。まずは第9章で、投資家から見ていこう。

パート

5

THE COMMITMENT

コミットメント

金融は、問題解決というパーパスへの投資において中心的役割を果たし、リスクを引き受けるエクイティ・キャピタルがその鍵となる。エクイティ・キャピタルは、貧しい国の低所得者層（BOP＝ボトム・オブ・ピラミッド）を対象とする起業家、取り残された地域の中小企業（SMEs）、そして問題解決型のテック系スタートアップ、大学のスピンアウト企業や、スケールアップ企業への投資を促進する。

これを実現するには、資本市場の機関投資家が、ＢＯＰビジネスや取り残された地域の中小企業、ビジネス経験に乏しい学術機関と結びつく必要があり、それこそが金融および金融セクターのパーパスだが、その結びつきは十分な規模には遠く及んでいない。

金融機関が現在、最も重視しているのは、投資家の財務リスクとリターンだ。金融機関は、利益を伴う形で他者の抱える問題を解決する責任があるとは考えていない。それは企業や政府が果たすべき役割で、投資家の役割ではないと見なしている。そのため、金融機関と企業との間の取引は、「独立当事者間」取引として行われる。

本章で取り上げる事例は、正反対の事実を示している。金融機関や多国籍企業が、ＢＯＰ起業家への資金供給やトレーニングに積極的に関わり、取り残された地域の中小企業に対して短期の銀行融資ではなく長期的な関係を構築している。また、エンジェル投資家やベンチャーキャピタリスト、プロのアドバイザーが、大学発のスタートアップやスピンアウト企業、スケールアップ企業をメンターとして支援し、ネットワーキングや成長を手助けしている。

本来、機関投資家は投資に際して、投資先企業のパーパス実現への取り組みに資金を供給し、その実行を監督すべきだが、グローバルなポートフォリオの分散や、機関投資家自身の専門知識不足、少数株主保護規制がそれを妨げてきた。企業は自社の株式所有構造を管理し、パーパス実現に深く関与する株主を持つべきだ。

問題解決というパーパスは、人類や社会全体の繁栄を促進する原動力である。しかし、企業は大きな問題を単独で解決することはできない。他の組織、特に政府との協力関係が欠かせない。利益を伴う問題解決の実現という企業のパーパスは、企業の私的利益と政府が実現を目指す公益を自然に一致させる。

この点に関して、英国には失敗と将来の可能性を示す顕著な例がある。英国は、機能不全に陥った金融、規制、企業の株式所有構造、中央集権的な政府により、きわめて低い生産性と非常に大きな地域間格差を抱えている。

失敗した国と地域を立て直すためには啓発的な公共政策が必要だ。その公共政策には、中央政府から各地域に権限を移譲し自律的に政策を実行できるようにすること、地方にも金融機関や投資機関を置き金融センターと地域を結びつけること、公的機関や企業、慈善団体が地域で共通のパーパスを持つこと、パーパス志向の地元企業や金融機関の支援、失敗例と成功例から迅速に教訓を得ること、などが考えられる。

共通のパーパスを策定し共有することは、地方だけでなく、いくつかの業界でも必要であり、特に公益事業で重要だ。企業のパーパスを、その業界で社会的操業許可を得るための条件と一致させるべきであり、規制当局は単にルールを定めそれを執行するだけではなく、企業が共通のパーパスに基づき顧客や地域社会に関与するよう促すべきだ。

加えて、企業と教育機関は、より強力なパートナーシップを構築すべきだ。リーダーシップやスキルトレーニングの設計と提供に関して、また、大学における新規事業の創出やイノベーションに対するメンタリング、ネットワーキング、資金供給において、企業と教育機関のパートナーシップが求められている。

第9章

リスクキャピタルの供給

エクイティへの信頼

序論

金融はしばしば多くの問題の根源と見なされる。企業は問題を解決し、有意義で挑戦的なパーパスに取り組みたいと考えている。しかし、それは、短期的で利益志向、高配当を求める金融機関によって阻まれている。金融機関は市場全体の動向や他の投資家の行動の影響を受けやすく、楽観と悲観の間を揺れ動いている。金融機関は世界各地に分散し、企業に対して積極的な関与を行わず、受動的だ。問題のある株式は手放し、株式取引や企業買収で多額のキャピタルゲインが期待できるときだけ関与する。言い換えれば、金融機関はまるでヒルのように企業から資金を吸い上げ、短期的な金銭的利益以外のものを追求する企業に致命的なダメージを与えている。

実際のところ、金融は問題の原因ではなく、解決策である。金融は企業の生命線であり、そこが他者の問題解決を目指しているが資金不足に陥っている組織とは違う点だ。さらに、近年の金融市場におけるイノベーションは、問題解決志向型企業が成長資金を調達する潜在能力を格段に高めている。(注1)

なぜ金融に対する一般的な見方が、金融本来の重要性と大きくずれているのだろうか。その答えは、金融が本来の役割を見失っているからだ。金融は、問題解決志向型企業に資金を供給するために存在し、解決すべき問題や解決方法を決めるために存在しているのではない。金融の役割は、企業が解決しようとしている問題や、問題解決能力の有無、またその取り組みがどれだけ利益を生むかを評価することにある。その評価に基づいて、投資家は投資を実行するか否か、どのような条件で投資するかを決定する。

ほとんどの投資家は企業の所有者ではない。彼らは解決すべき問題を認識し、問題解決に責任を負っておらず、問題の解決方法を編み出すために存在しているわけでもない。それは、所有者（第5章で定義している）や取締役会の役割だ。投資家は、問題解決のための資金を供給する。そして、投資家は株主として、取締役の選任・解任権や株主提案権を持っている。また債権者としては、融資先企業のデフォルト（債務不履行）に備えてコベナンツ（特約条項）

や強制執行権を有する。

言い換えれば、投資家は取締役の選任や株主提案、契約違反に対する法的手段の行使を通じて、投資リターンを改善し保護することができる。ただしそれは、企業が解決すべき問題や回避すべき問題の背景を投資家が理解したうえでのことだ。

企業のパーパスが、問題を生み出して利益を得るのではなく、利益を上げながら問題を解決することであるならば、投資家の役割は、企業がそのパーパスを実現する可能性、パーパスが実現した場合に予想される財務リターン、成功の可能性を高める方法、問題を引き起こし利益を得るリスクを最小化する方法などを評価することにある。したがって、投資家のパフォーマンス評価は、単に利益の大きさだけでなく、利益が問題解決から得られたものであり、問題を引き起こして得られたものではないという「真正性」も対象となる。

この文脈では、投資家は、重要な資金供給者としてだけでなく、企業によるパーパス実現や、効率的かつ利益を伴う形での実現、企業が得られる財務リターンの妥当性を保証する役割も果たしている。投資家は、企業が他者を犠牲にして利益を得ることがないよう、企業の責任や持続可能性を確保するとともに、可能な限り効果的に収益を上げる形で問題を解決するよう影響力を行使すべきだ。投資家は、問題解決志向型企業のパーパスに反するどころか、企業がそのパーパスを実現するためになくてはならない存在だ。

企業の掲げるパーパスにおける問題解決の要素は、企業のリーダーや投資家がパーパス実現を手助けする際に、一貫性のある形で補完し合うための基盤となる。それにより、投資家と企業の利益は乖離するどころか、両者の間には強力な補完関係が成立する。もし、このような基盤が存在しなければ、両者は対立を繰り返すことになり、利益が問題解決によって得られたのか、それとも問題を生み出すことによって得られたのか、明確に判断できなくなる。

企業の問題を引き起こす側面ではなく問題解決に取り組む側面が認識されれば、地域レベル、国レベル、国際レベルの問題を解決し、企業のリスクを低減し、投資家により多くのリターンをもたらす手段を、金融が提供する能力を高めることができる。投資家が投資先企業の現在の事業活動を評価し、新規投資のための資金供給を行う際のエンゲージメントは、投資先企業が問題を引き起こすことなく利益を上げる形で問題解決に取り組んでいるか否かに焦点が当てられる。

このようにして、すべての資金供給や既存の投資に対する管理全般において、問題の解決策を見つけ、それを可能な限り利益を生む形で実現することに力が注がれる。それは、リスクキャピタルの供給を通じて、企業が現在進めている問題解決に伴う金融リスクを投資家が分担し、そして、利益をもたらす新しい問題解決策に資金を供給することを意味する。

それこそが、金融の果たすべき役割だ。金融は、投資によって影響を受ける人々のウェルビーイングの向上に関わるべきだ。金融においてリスクの共有は自然な役割であり、エクイティ・ファイナンスはそれに適した資金供給方法だ。顧客、従業員、サプライヤー、地域社会の利益と投資家の利益を一致させることで、リスクキャピタルの供給を通じたリスクの共有が、ステークホルダーと企業との間の生産的な関係の基盤となる。

本章では、次の問題を取り上げる。①世界で最も貧しい人々への雇用の場の提供、②国内で最も衰退した地域において、中小・零細企業の成長を支援するための資金供給、③商品生産や技術の分野における重要課題を解決するための大企業とのパートナーシップの構築、④企業のパーパス実現と株式所有構造の一致、の四つだ。

貧困地域におけるエクイティ・ファイナンス

ナイロビのスラム街キベラは、ケニアの経済ピラミッドの最下層にいる自営業者にエクイティ・ファイナンスによる投資の実験をする場所としては、一見不向きに思えるかもしれない。しかし、まさにここでその実験が行われている。

数年間にわたり、米大手食品企業マースはナイロビにある子会社リグレーを通じて、「マウア」というプログラムを実施している。このプログラムは、人間、社会、自然資本に加え、金融資本と物的資本への投資を促進するためのアプローチを採用しており、マースはこれを「互恵の経済学」と呼んでいる。このアプローチは、企業とステークホルダーの双方に利益をもたらすことを目的にしている。

「マウア」は、いわゆる「ルート・トゥ・マーケット［製品と市場・消費者をつなぐ、という意味」」プログラムと呼ばれるもので、個人営業の販売業者を活用して、リグレーの製品を在庫している小規模な卸売市場から、キベラに住む顧客に届ける仕組みだ。

販売業者の多くは、高温の中、商品を詰めた重いバッグを担いで長距離を歩く。自転車を利用できれば、彼らの生活と仕事の生産性は格段に改善するが、自転車は1台100ドル前後と高額なので、購入には何らかの形で資金を工面する必要がある。

発展途上国の最も貧しい人々でも利用可能な金融としては、通常、マイクロファイナンスと呼ばれる金融機関からの少額融資がある。だが、金利が高く、借り手にとって大きな負担やリスクとなる。こうした融資に伴うリスクから、マイクロファイナンスは一般的に、生産活動への投資のためではなく、主に生活必需品の購入のために利用される。

私は研究員数名とともに、マウアプログラムのランダム化比較試験（RCT）に関わった。この試験は、医学の臨床試験のように、対象者を無作為にグループに分け、各グループにそれぞれ異なる方法の資金供給が行われた。(注2) 私たちが注目したのは、借入契約ではなく投資契約でよく見られるような、金融の提供者と利用者の間でリスクを共有する代替的な資金調達方法を実現できるかどうかだった。この実験が可能となったのは、マースが販売業者の売り上げや利益率に関する信頼できるデータを収集し、それをもとに、自転車購入の資金を手当てするために提供された金融手段に関して適正な返済額を試算できたからだ。

私たちは、自転車購入のための資金調達に関して、さまざまな返済スケジュールを検討した。標準的な借入契約から、販売業者の実績に連動したエクイティ・ファイナンス、それらの中間のハイブリッド型などがあった。結果は驚くべきものだった。まず、リスクを共有するエクイティ・ファイナンスを利用した場合に、販売業者が自転車の購入をためらうどころか、彼らがリグレー製品を他社の商品より積極的に販売することを促した。たとえ商品の売り上げにより得られた利益の一定割合を分配する必要があっても、リグレー製品の販売に力を入れるようになった。

次に、リスク共有型の資金調達方法を利用した販売業者が得た利益は、借入契約を利用した販売業者よりも大きかった。その理由は、リグレー製品の販売割合が増加したことに加え、自転車を使って拡販に努力したことや、リスク共有型の資金調達によってリスクをとる意欲が高まったためだ。さらに、より多くの利益を得たことで、販売業者のウェルビーイングが、特に消費や健康面で向上した。

ここからいくつかのポイントが浮かび上がる。第一に、低所得国において、従来のマイクロファイナンスと比較して、リスク共有型のエクイティ・ファイナンスに利点があること、第二に、生活必需品など即時の消費ではなく、事業活動への投資を促すために金融が果たす役割が重要であること、第三に、企業がリスク共有型の資金調達方法を利用している人々の収入に関する信頼性の高い情報を収集し、それを提供することが重要であることだ。技術の進化により、今後、金融サービスの利用者の収入に関する信頼性の高い情報の収集がより容易になるにつれて、固定型の借入契約に変わって、リスク共有型の資金調達方法が急速に広まる可能性がある。

ただし、そうなっていくには、企業が利益を上げながら、金融を利用する低所得者層の抱える問題に取り組む必要がある。もし、企業が、販売業者に関する情報を彼らに不利益な形で利用するならば、彼らは新しい金融サービスを受け入れず、固定型の借入契約以外は利用しないだろう。これこそが、低所得国の多くの人々が直面している問題であり、彼らは力を持つ大企業が自分たちの依存や弱みにつけ込んで、自社の利益を優先して行動するのではないかと懸念している。そのため、低所得者層のニーズに合わない資金調達手段しか提供されず、実際に求められているものとの差は大きい。

しかし、こうした点は、発展途上国や小規模の個人事業者に限った問題ではない。先進国の貧困に苦しむ地域や、新しいスタートアップや中小企業でも見られる問題だ。エクイティ・ファイナンスだけがリスクキャピタルを供給する唯一の手段ではなく、正しい形態のデット・ファイナンスも同様に手段となる。

┃取り残された地域への銀行融資

キベラほど深刻な貧困状況ではないが、先進国にも非常に貧しい地域がある。(注3) そうした地域は、経済や政治の変動、大企業がより低コストの地域あるいは成長の著しい地域に移転したことなどが原因で衰退することが多い。驚くべきは、経済的に衰退した地域では、従来の経済安定化要素である、低賃金での雇用、低い地価、空きビルなどが、その地域の再生にはほとんど役立っていない点だ。それどころか、失敗がさらなる失敗を呼び、優秀な人材が去り、貧しい人が置き去りにされる。つまり、最も移動しやすい人が去り、もっとも就職困難な人々が残り、ビジネスの新陳代謝も起こらない。

この問題を解決する鍵となるのが金融だ。中小企業の設立と成長にとって最も重要な資金源は銀行融資だ。企業と銀行との関係は、銀行が企業に成長と発展のための資金供給を行う能力にとってきわめて重要だ。すでに紹介したスウェーデンのハンデルス銀行は、分権型の組織構造を通じて支店長を信頼し大きな権限を与えることで成功した金融機関の例だ。同行の支店長たちは、顧客、特に法人顧客と密接な信頼関係を構築することができる。

ハンデルス銀行の例が示すように、リレーションシップ型の融資にとって成功の鍵となるのは、銀行が融資担当者にどれだけ信頼を置き、意思決定を支店にどの程度委ねられるかだ。融資担当者との関係が途切れた企業は、必要なときに融資条件の再交渉ができなくなり、再交渉できたとしても条件が悪くなる可能性が高く、最終的には他の資金調達手段を探さざるを得なくなる。(注4)

リレーションシップ・バンキングとトランザクション・バンキングとの違いは、前者では、銀行が顧客企業との取引を通じてビジネスを成長させることで利益を得るのに対し、後者では、金融商品の販売や取引から得られる手数料で利益を上げる点だ。リレーションシップ・バンキングでは、銀行と顧客の利益が一致し、顧客を犠牲にして銀行が手数料で稼ぐといった後者で発生しやすい利害対立を回避することができる。

リレーションシップ・バンキングでは、銀行は企業の抱える問題を解決することで利益を上げ、企業の長期的な繁栄を支援しながら、業績変動に伴うリスクも共有する。銀行は、企業との直接的なやり取り、つまり、単に経営データをチェックするだけでなく、経営者との対面などを通じて、事業の現状や信頼性を総合的に評価することができる。

こうした知見は「ソフトな知識」または「暗黙知」と呼ばれ、単にデータから得られる「形式知」「一般的な知識」と対比される。暗黙知には、企業の活動内容や経営者・従業員についての評価だけでなく、その企業が活動している地域の状況や背景などの理解も含まれる。米国中西部にある企業のニーズと機会は、東海岸や西海岸の同じ業種の企業とは全く異なる。銀行は、営業エリアに拠点を構え、その地域の歴史、要望や課題を深く理解し、把握している必要がある。

19世紀には、銀行は各地域に広く分散しており、地元の実業家や慈善家、銀行が、英国本土、欧州大陸、オセアニア、北米の各地で、近代都市の建設に主要な役割を果たした。(注5) しかし、20世紀を通じて、特に最後の40年の間に、地域に分散していた銀行は大規模な銀行に統合されていき、リレーションシップ・バンキングは徐々に衰退していった。(注6)

多くの銀行が「フィンテック」と呼ばれる一種の金融工学を活用し、大規模なデータセットと強力なコンピューター・アルゴリズムを融資の判断に用いるようになった。これにより、形式化されたハード情報の収集や処理の効率性は向上したが、その代償として暗黙のソフト情報が失われていった。ハード情報が一般に入手可能になると、銀行はロンドンやイングランド南東部など、金融機関が多い地区に集中する一方で、他の地域、特に人口の少ない地域では金融機関が撤退し、金融へのアクセスが難しくなった。(注7)

小規模な企業と大規模な銀行との間に物理的な距離があると、銀行が借り手の信用力を評価する際に、利用可能な「ソフト情報」が限られるため、必要な場合であっても融資が実行される可能性が低くなる。(注8) このことは、特に中小企業(ＳＭＥｓ)にとって深刻な影響があり、中でも遠隔地にある中小企業には大きな打撃となった。(注9) 遠隔地では銀行の支店閉鎖により地元の小規模事業者への融資が減少し、特に景気後退期には、取り残された地域の衰退がさらに進行した。(注10)

ドイツは、リレーションシップ・バンキングが機能している経済の好例としてよく取り上げられる。シュパーカッセは法律上、特定の地方自治体や郡にサービスを提供することを目的にした中小規模の貯蓄銀行だ。地域ごとに独立して運営されているシュパーカッセは、地域経済の発展を支援することに重点を置き、貸付先の地元企業との密接な関係を通じてその役割を果たしている。ドイツ企業の約99パーセントは中小企業であり、通常、資本市場へのアクセスを持っていない。(注11) シュパーカッセは、それぞれの自治体における「ハウスバンク」として中小企業の資金調達のニーズに応えている。それにより、中小企業にとっては資金調達の制約が軽減される。また、シュパーカッセは、経営状態の苦しい中小企業に対する融資の判断に際してきわめて重要な役割を果たしており、その際には中小企業の「ソフト情報」が特に重要となる。(注12)

２００8年の金融危機後の金融規制強化や見直しによって、英国とドイツの両国では銀行システムの集中度が高まったが、その結末は両国で大きく異なった。英国ではロンドンだけがメリットを受ける形で組織的および空間的な集中度が高まったが、ドイツではそこまで顕著ではなかった。(注13) 英国では、地方で製造業を営む中小企業への融資が、銀行との物理的な距離が広がったことで減少した。(注14) それとは対照的に、ドイツでは、中小企業向け融資の40パーセントが、地元や地域の貯蓄銀行や協同組合銀行によって実行されている。(注15)

英国の銀行よりも地域に密着し地元企業と密接な関係を築いているのはドイツの銀行だけではなく、米国の銀行も同様だ。米国では、銀行が国レベルと州レベルで規制されている。そして、約５０００のコミュニティーバンクがあり、これらの銀行は地元の中小企業や家族経営のビジネスに特化してサービスを展開しており、企業向け少額融資の約40パーセントを占めている。(注16) 連邦預金保険公社（ＦＤＩＣ）は、米国のコミュニティーバンクや地域密着型の銀行に対する支援で重要な役割を果たしており、保険、規制、破産の際の財産管理サービスを提供している。その結果、コミュニティーバンクの活動が地域の発展に貢献し、特に小規模企業の雇用増加に大きく寄与した。さらに、2007~2009年の金融危機および不況時においては、雇用と新規事業の減少から地域が復興する原動力となった。(注17)

アントレプレナーシップとエクイティ・ファイナンス

銀行融資が中小企業にとって重要なのは確かだが、それだけでは不十分だ。中小企業には借り入れだけでなくエクイティ・ファイナンスも必要である。多くの場合、創業資金は、創業者自身やその家族、友人から調達されるが、リスクの高いアントレプレナービジネスの場合、エクイティ・ファイナンスを活用した外部からの資金調達が欠かせない。このような資金は、しばしばエンジェル投資家(ビジネスエンジェル)から提供される。

エンジェル投資家は、スタートアップに資金を提供するだけでなく、メンタリングやスタートアップと支援者を結びつける重要な役割を果たす。エンジェル投資家は最初に投資先候補を精査・評価し、その後は成長を見守りながら経営の助言をするという、非常に実践的な役割を担っている。リレーションシップ・バンキングの場合と同じく、企業との距離の近さが重要であり、エンジェル投資家は投資先企業のすぐ近くにいることが多い。

この点で、取り残された地域はしばしば不利な立場に追いやられる。地域の衰退が進むとスタートアップを支援できる人々が流出してしまうからだ。英国はその典型例だ。エンジェル投資家の50〜60パーセントがロンドンとイングランド南東部に集中している。つまり、他の多くの地域にはエンジェル投資家のコミュニティーがないわけだ。その結果、ロンドンとイングランド南東部以外で起業を目指す場合は、資金調達手段としてエクイティ・ファイナンスを活用できず、成長に必要なメンタリングやネットワーク形成といった支援も受けられない。

しかし、問題はそれにとどまらない。資金調達の最初のラウンドが終わると、次の段階では、ベンチャーキャピタル（VC）やプライベート・エクイティ・ファンドといった、より正式な機関の参加が必要になってくる。これらの機関は、ロンドン・シティなどの資本市場における機関投資家と、地方でビジネスを成長させようとしている起業家をつなぐ重要な役割を担う。エクイティ・ファイナンスの供給には、積極的に関与し、知識のある投資家が必要であり、こうした投資家が国際金融センターにいる大規模で多様な投資先を持つ機関投資家と、国内各地で成長している中小企業を仲介する役割を果たす。

エンジェル投資家と同様にVCも、事業に必要な資金を供給するだけでなく、成長に役立つ助言や情報を提供する重要な存在だ。しかし、英国ではVCも約3分の2がロンドンとイングランド南東部に拠点を置いており、他の多くの地域では、ビジネスを拡大するための成長資本が不足している。さらに、英国におけるプライベート・エクイティの大部分（70〜80パーセント）は、新規および成長企業に対するVCを通じた資金供給ではなく、既存企業の事業再構築、特にマネジメント・バイアウト（ＭＢＯ）に焦点を当てている。そのため、ロンドン・シティ以外の地域で起業を目指し、事業を拡大しようとしている起業家にとって、エクイティ・ファイナンスを活用できる見込みはきわめて低い。

英国は世界有数の国際金融市場を持ちながら、多くの地域で長期的な銀行融資やスタートアップやスケールアップ企業のためのエクイティ・ファイナンスがほとんど提供されていない。その理由として、国内に資金需要が存在しないからだとしばしば指摘される。資金供給に値する実現可能な提案やビジネスプランを持った企業がほとんどない。問題は資金供給のあり方ではなく需要にあり、ロンドン・シティは本来、国内企業の成長と投資を支援すべきだが、実際には英国の大部分を無視し、他の国や地域での金融取引に重点を置いているという主張だ。

この主張には全く説得力がない。英国は、世界有数の優れた金融市場を持つだけでなく、世界トップクラスにランク付けされる大学が人口１人当たりでもっとも多い国の一つであり、これらの大学が各地域に点在しているからだ。これらの大学の多くは、学術研究の優位性を生かして事業化を進め、新たなスタートアップを輩出しようと懸命に努力している。いずれにせよ、この主張は誤った古い議論であり、金融が企業の成長と繁栄を左右する独立した要因なのか、それとも、単に企業のニーズに応じてビジネスを支える「補助的な存在」にすぎないのか、という論争をしているだけだ。（注18）

企業は問題解決のために存在するという視点で考えると、この古い議論が誤っていることは明らかだ。企業に資金供給を行う必要性は、英国各地に存在する課題やビジネス機会から生じている。これらの課題を解決するには、資金やアイデアだけでなく、アイデアの事業化に関する知識や理解も必要だ。リレーションシップ・バンキング、エンジェル投資家、VCが提供するのは資金だけではない。それらが持つ専門知識や経験は、企業にとって重要な情報と学びの源泉だ。

資金供給に値する有望な投資先がなかなか見つからない理由は、見込みのある企業が資金調達を計画する際に、説得力のあるビジネスプランの作成を助言できる人材が不足しているからだ。つまり、ロンドン・シティにいる裕福な投資家と、ビジネスの構築方法や資金調達につながるビジネスプラン作成法などを学びたいと切望する起業家との間に、リレーションシップバンク・マネジャー、エンジェル投資家、ベンチャーキャピタリストが存在していないためだ。ロンドン・シティから見ると、英国の多くの地域はビジネスが育たない不毛の地のように映り、他の地域から見るとロンドン・シティはまるで別の国のように非常に遠く感じられる。この二つの見方のどちらも正しい。両者は対話しておらず、両者をつなげようとする人があまりにも少ない。

世界有数の金融市場の一つでありながら、金融セクターが本来果たすべき役割のせいぜい半分しか果たしていない。金融システムは、銀行の預金者や、資産運用会社、ミューチュアルファンド、生命保険会社の投資家に対してはよく機能しており、預金者や投資家を倒産リスクから守るための規制や仕組みが整っている。さらに資産運用会社は、国際的なポートフォリオを活用して分散投資を行い、ほとんどコストをかけずに投資に伴うリスクを除去している。

他方で、金融危機後の金融セクターは、英国国内の企業部門に対してはほとんど有用な役割を果たしておらず、少なくともロンドンとイングランド南東部以外にある起業家や中小企業に対してまったく役に立っていない。銀行は、預金者がいつでもお金を引き出せるように、短期で回収可能な運転資金の融資にばかり注力するようになり、エクイティ・キャピタルも英国の地方ではなく、大半は海外に向かうようになった。

英国の金融セクターは、投資家、起業家、仲介者の3者間の合意が欠如している点が問題の要因であるとの認識に欠けている。仲介者とは、起業家に寄り添い一緒に働きながら、地域特有の事情や学術用語を金融用語に「翻訳」して国際的な投資家に説明することができるリレーションシップ・ローン・オフィサーやエンジェル投資家、ベンチャーキャピタリストたちのことだ。この「翻訳」の役割こそ、国内の金融セクターが利益を上げる形で解決しなければならない問題だ。しかし、英国の金融セクターは、シリコンバレーや米国のVC業界と比べると、残念ながらその役割を果たせていない。

その結果、投資家からは「英国の地方には支援する価値のある案件が存在しない」と見え、起業家には「スタートアップやスケールアップ企業が利用できる資金が存在しない」と映る。どちらの見方も正しい。本来なら、どちらも誤りであるべきだが、残念ながらそうなっていない。なぜなら、金融セクターが自ら解決すべき問題を認識していないからだ。しかし、この問題に直面しているのは、発展途上国の零細事業者や、先進国の起業家や中小企業だけでなく、世界で最大規模の企業も同様だ。

機関投資家によるスチュワードシップ

株式市場は、上場企業による資金調達にはあまり活用されていない。これは1986年に私が『コーポレート・ファイナンスにおける新たな課題[注19]』と題する論文で初めて明らかにした世界の株式市場に共通する特徴であり、その後も同じ状況が続いている。株式市場は、新株引き受けによる資金供給よりも、自社株買いや企業買収を通じて企業から多くの資金を吸い上げている。それにもかかわらず、株式市場は上場企業に対して圧倒的な影響力を持ち続けている。

その理由は、株式には株主総会で行使できる議決権と、利益配当や自社株買いなどのキャッシュフローに対する権利が付与されているからだ。株主は、議決権行使を通じて取締役の選任や解任を行い、場合によっては取締役の報酬についても決定できる。さらに、株主総会に上程された議案について投票し、国によっては企業買収や大規模プロジェクトへの投資など、一定規模以上の取引に対する承認権が与えられる。

一般的に企業は、新株発行による資金調達の際に既存株主に依存していないが、企業買収や新型コロナウイルスのパンデミック時のように、深刻なキャッシュフローの問題を抱えた時期には、既存株主による新株引き受けが必要になる場合もある。また、既存株主による新株引き受けに頼る必要がない場合であっても、取締役会構成員の選任に際して既存株主の議決権行使に依存する場合もある。

したがって株主の声は重要だが、その声はしばしば届かない。もちろん、多くの証券アナリストが企業の報告書を詳細に分析し、事業や戦略について企業に質問し、将来収益を予想し、株式売買について推奨を行っている。

アセットマネジャーや証券アナリストを動かしているのは、投資家が関心を寄せていることと、つまり投資に伴う財務リスクとリターンである。株式がグローバルなポートフォリオに投資するインデックスファンドの形で保有されるようになるにつれ、株主の個別企業の業績に対する関心は薄れ、ポートフォリオ全体に影響を与える環境、社会、政治、規制といったグローバルなリスクに関心を持つようになっている。

それ受けて、証券アナリストは、二酸化炭素排出や環境汚染、洪水、水不足、鉱物資源の枯渇などに対する企業の脆弱性、取締役会のジェンダーバランス、従業員の人種多様性、サプライチェーンの扱い、企業内の賃金格差など、次にソーシャルメディアや世界の政府、規制当局が関心を寄せそうなトピックに注目するようになっている。それが結果的に、企業の取締役会に対して、ＥＳＧ要素に関心を持つよう促している。これは第8章で指摘した通りだ。

しかし、企業の存在理由には、全く関心が向けられていない。企業によるパーパスの表明は、自社を良く見せるためのマーケティングやプロモーションの手段と見なされている。機関投資家は、企業のパーパスが事業の中核をなし、財務成果を左右する要因とは捉えていない。残念ながら、実際そうなっておらず、機関投資家の捉え方はもっともだ。多くの場合、表明されたパーパスは、企業が解決すべき問題や、問題解決によって得られる収益とはほとんど、または全く関係がない。

発展途上国のマイクロファイナンスや、先進国のトランザクション・バンキング、スタートアップや中小企業に対するエクイティ・ファイナンスと同様に、金融システムや金融機関の共通の関心は、投資先企業やその企業から影響を受ける人々ではなく、投資家に向けられている。株式市場が上場企業の資金調達の場にならず、むしろ上場企業から資金を吸い上げる状況にあるのは驚くべきことではない。実際、株式市場はレントの獲得装置となっている。

金融セクターは、わずかな例外をのぞき、自らが影響を及ぼす世界の利益に対して無関心だ。投資家の利益となる場合を除けば、貧困から人々を救済し、取り残された地域を再生し、地球環境問題に取り組み、自然を保護し、より平等で公正な社会の構築を支援することが、自らの役割であるとは考えていない。これらの問題は政府が解決すべきであり、投資家が自らのウェルビーイングの促進を超えて、企業に対して支援や資金供給を行うべきであるとの考えは、危険で誤った社会主義的思考と見なされている。

もし、投資先企業による問題解決が、投資家が金銭的利益を得るための必要条件でも十分条件でもないならば、投資家が投資先企業による問題解決を気にする理由はなくなる。また、問題を引き起こして利益が得られるならば、問題解決は投資家にとって利益を得るための必要条件でなくなる。さらに、問題解決を実現しても利益が伴わないならば、問題解決は投資家にとって利益を得るための十分条件でなくなる。したがって、問題解決は投資家にとって無関係となる。この場合、たとえどれだけ抗議し、規制を設けたとしても、投資家は他者の犠牲によって利益を上げる企業を容認し続けるだろう。

ESG、非財務報告、サステナブルファイナンスは、利益の源泉が問題を引き起こすことではなく問題解決に変わらない限り、常に脇役のままだ。問題を引き起こすことでは利益が得られず、問題解決により利益が得られるようになって初めて、投資家は企業が問題解決に取り組んでいるか、問題を引き起こさずにいるか関心を持つようになるだろう。

この点こそ、法と規制システムが機関投資家に期待すべきことだ。機関投資家は、単に投資先企業の株式を保有するだけでなく、議決権行使を通じて投資先企業の取締役を選任する「投資先企業の所有者」でもある。したがって、機関投資家は、投資先企業が問題解決によって利益を得るようにし、問題を引き起こして利益を得ないようにする信認義務を負うべきだ。投資先企業が「問題解決によって利益を上げる」というパーパスを実現できるよう、機関投資家がスチュワードシップを担うというのは自然な流れだ。

スチュワードシップは、企業が問題解決というパーパスを実現し、それにより財務的価値を生み出し、問題を起こすことで利益を得ないことを確保することに関連する。機関投資家は、投資先企業が問題解決を通じた価値の創造を実現するために必要な、リスク共有型のエクイティ・ファイナンスを実施するとともに、問題が発生した場合には、それを是正できるよう十分な資金供給を行う役割も担う。

この点は特にテック業界において重要だ。テック企業は、通常時は利益と損失のバランスが取れているが、時として社会や投資家に莫大な利益をもたらすことがある一方で、大惨事を引き起こし、その是正に巨額の資金を要する場合もある。機関投資家は、リスク共有型のエクイティ・ファイナンスや金融支援を通じて、こうした投資先企業が野心的かつ慎重であるよう促すべきだ。それにより、社会や投資家への莫大な利益創出を促進し、大惨事の発生を回避すべきだ。

しかし、現状ではそれが実現していない。自分より上の階層の意向に従うだけのビジネスと金融システムをつくり上げてしまった。従業員は中間管理職を、中間管理職は経営陣を、経営陣は取締役会を、取締役会はアセットマネジャーを、アセットマネジャーはアセットオーナーを、アセットオーナーは投資家を伺う形で、投資家の利益が尊重されるようになっている。下を向いて関心を払う者はいない。つまり、投資家はアセットマネジャー、アセットマネジャーは投資先企業の取締役会、投資先企業の取締役会は中間管理職、中間管理職は現場の従業員、現場の従業員は顧客や地域社会に目を向けようとはしない。

私たちは、仲介が双方向のプロセスであることを忘れてしまっている。仲介者の役割は、自分より上の層と下の層の両方に目を向け、下の層の利益を優先的に扱うことで上の層の利益を促すことだ。インベストメント・チェーン全体において、企業の利益は問題を引き起こすことではなく問題解決によってのみもたらされると法律で定めた場合に初めて、株主はそれが確実に実現されることに関心を持ち、金融仲介者にその役割を果たすよう求めるだろう。

株式所有構造の管理

以上の結果、金融には、その能力を生かして世界を変革しようという野心が失われてしまった。金融は受動的であり、時に、他者に利益と損害を与えながら過去に蓄積した富に満足している。この問題は「短期主義」と「リスク回避」が原因であり、企業が設備投資や研究開発の資金を調達する際に、長期的で忍耐強い資本を金融機関が供給できていないことや、資金供給の過程で損失を被るリスクを回避している点が問題視されている。

しかし、このような問題の捉え方は誤っている。確かに投資家は、短期的な株価の変動や、継続保有の必要がなくなった株式を素早く売り抜けることを重視し、他者の損失のうえに利益を得ることができる。だからこそ、彼らは金融仲介機関を通じて投資を行っている。しかし、投資家に期待すべきことは、投資先企業がパーパスを確実に実現するようにすることだ。

金融仲介機関の役割は、よく言われるように、個人投資家による短期的でリスク回避的な流動性の高い株式投資を、企業への長期的でリスクの高い流動性の低い投資に変換することだけではない。野心を成果に変えることもその役割だ。つまり、キベラのスラム街に暮らす貧しい人々、国の荒廃した地域にある不安定な家族企業、経験に乏しい大学の起業家、先進的な多国籍企業がそれぞれ抱く願望を実現させることだ。金融仲介機関の役割は、世界が直面する最重要課題の解決によって、これらの人々が繁栄できるよう支援することにある。

すべての投資家が、問題を引き起こすことなく利益を生む解決策の実現に向けて投資先企業のスチュワードシップに関与すべきだが、これに最も強いインセンティブを持つのは、投資先企業のリスクに最もさらされるとともに支配権を行使できる大株主だ。彼らこそが、第5章で述べた「問題解決志向型企業」の所有者であり、パーパスの実現方法を評価し、理解すべきだ。

現在、英米の上場企業のほとんどは、株式市場での売買によって形成された株式所有構造をそのまま受け入れている。これらの企業の株式所有は広く分散し、大量の株式を保有するブロック株主が存在しないため、他の企業による買収や他の株主による「アクティビスト・

キャンペーン」の対象となった場合、株式所有構造が大きく変動するリスクにさらされている。こうした株式所有構造が突如として大幅に変動するリスクにより、企業が問題解決というパーパスの実現に継続的に一貫して取り組むことが困難になる。

第5章で述べたように、英国と米国以外の上場企業はこの問題を回避するために、株式の一部を創業家一族や財団が保有しつつ、残りの株式は市場で積極的に取引される仕組みを活用している。この二重の（あるいは併存的な）株式所有システム（支配株主による安定的な株式所有と、流動性が高く頻繁に取引される広く分散した株式所有の併存）により、企業が問題解決に取り組む際の一貫性と安定性が確保されると同時に、世界中の流動性の高い株式市場に存在する金融資本にアクセスすることができる。

英国や米国のような分散した株式所有も、欧州や東アジアの多くの地域で見られる創業家一族による支配も存在しない国が一つある。それは日本であり、企業間で株式を相互保有し、ある企業が他の企業の株式をブロック保有することで、安定した株式所有が維持されている。こうした法人投資家は、戦略的投資として他の企業の株式のブロック取得し、両企業の利益となるよう管理している。

こうした方法を通じて、安定的な株式のブロック保有を創出する点で興味深いのは、そのプロセスを経営陣が管理していることだ。彼らは市場で取引されている株式や大株主が保有する株式を自社株買いで買い戻し、適切な売却先が見つかるまで金庫株として保有し、その後、相対取引でブロック株を売却する。この仕組みは、企業の経営陣によって管理されたブロック取引を通じて支配権が移転するという意味で、「内部支配権市場」と呼ぶことができる。

日本の事例によると、ブロック株の購入者が売却先に戦略的投資をする企業の場合、株式市場はこれらの取引に対しておおむね好意的な反応を示すことが明らかになっている。(注20) つまり、これらの取引は経営陣が外部の株式市場からの圧力を遮断する手段としてだけでなく、他の企業を巻き込み、自社のパーパスや戦略の実現に協力してもらう手段として利用されている。企業とその外部株主は、戦略的な法人投資家による安定した株式所有と投資先企業への関与から利益を得ている。

このように、日本は、企業が流動的な株式市場や短期的な株式取引に翻弄されずに、問題解決というパーパスを実現するために必要なブロックの安定保有を創出し、管理する方法について興味深い教訓を与えてくれる。確かに、内部的な株式相互保有システムを創出することによって、日本企業の経営陣がその裁量を日本全体に最善の効果をもたらすよう行使してきたかについては、疑問の余地がある。デンマークの企業財団のような外部の支配株主による啓発的な株式所有を採用したほうが、より効果的に機能したかもしれない。ただそれでも、日本の内部的な株式相互保有システムは、企業自身が安定的で支援的な問題解決志向型の株式所有構造を創出できることを示している。

本章のまとめ

ナイロビのスラム街からドイツのリレーションシップ・バンキング、英国の衰退した地域における エンジェル投資家やベンチャーキャピタリストの不足、そして日本における株式持ち合いによる株式所有構造の管理に至るまで、本章では、金融セクターやリスクキャピタルの供給が問題解決志向型企業の促進に重要な役割を果たしていることを見てきた。

このテーマに対する政策的な提案の一つは、企業がエクイティ・ファイナンスよりもデッド・ファイナンスを優先して利用するよう促している現在の税制上の措置を廃止すべきであるという点だ。このインセンティブは、世界のほとんどの法人税制において、支払利息が税額計算時に控除対象となる一方で、新株発行に伴うコストは控除されないことから生じている。法人税制は資金調達方法の違いによって異なる扱いをすべきでない。税制は中立的であるべきだが、もし異なる扱いを行うなら、リスクの低いデッド・ファイナンスではなく、リスク共有型のエクイティ・ファイナンスの利用を促すようにすべきだ。

私たちは、ケニアの貧困問題の解決や、英国の衰退した地域におけるスタートアップや成長企業への投資、世界規模の上場企業の問題解決に対する支援、流動性の高い株式所有の変動から企業を隔離する役割について、機関投資家の認識が全く足りないことを指摘した。また、この問題は、金融仲介機関が投資家の利益を偏重し過ぎ、企業への投資との間に深刻な不均衡が生じている点に反映されていると主張した。

本章が明らかにしたのは、企業を問題解決の視点で捉えることで、金融システムの欠陥と、金融システムが投資家の財務リターンを超えた公益を保護し損なっている点がより明確に認識できる点だ。つまり、金融システムは、これまで投資家に焦点を当てるあまり、企業が市民全体のウェルビーイングを促進させる可能性を持つ点を無視している。しかし、投資家だけでなく他者のニーズにも応えるために金融を活用すれば、資本市場はすべての人に便益をもたらしながら利益を伴う解決策を生み出すだろう。次章では、企業や金融からさらに話を進めて、公共部門と民間部門における問題解決志向型の機関や組織が、かつて世界有数の経済力を誇ったものの近年低迷している英国経済をどのように立て直すことができるか明らかにする。

第10章

人類共通のパーパス

イングランドは金持ちや
上流階級には心地よい。
だが、私のように貧しい者に
とっては残酷な場所だ。（中略）
年老いて、これから
どうなるのかもわからない。
慰めが一つある。それは、
今があまりにつらいので、
あの世ではこれ以上ひどくなる
ことはないだろうということだ。

チャールズ・キングズリー
（「最後の海賊」より。
『アンドロメダその他の詩』（1858年）に初出。
英国の思想家）

企業と機関投資家が手を組めば強力だが、それだけでは世界の難題を解決するには不十分だ。政府なくしてはそれをなし遂げることはできず、政府も、企業と機関投資家なくして問題を解決できない。このよく耳にする命題は、実際に何を意味するのだろうか。

前述の通り、企業の境界は単に所有権や契約で取り決められた範囲を超えて、その企業が発生させた負の外部性まで拡張されることを道徳律は示唆している。しかし、企業の境界は、利益を上げながら問題を解決できる範囲に限られる。法と規制は、問題を引き起こして利益を得ることを防止できるが、企業に対し正の外部性を発生させるよう強制することはできない。正の外部性を発生させても利益が伴わない解決策を、利益を伴うものにするには、公共政策が必要だ。

企業が事業として採算が合う限界を超えて活動するには、公共部門による支援が欠かせない。政府は課税権を行使して利益が伴わない問題解決を財政的に支援し、国債発行や信用創造の権限を用いて民間部門と共同で資金を投入する必要がある。公共部門が実行できる最も価値ある投資の一つは、企業部門への投資だ。

「アジアの虎［20世紀後半に急速な経済成長を遂げた韓国、台湾、香港、シンガポールを指す］」の経済的な奇跡が、その力を示している。これらの国・地域は、政府と企業の協力と共同投資の力を活用し、驚異的な経済成長を実現してきた。(注1) それに対して、アフリカ諸国が同様の経済成果を示していないのは、国内の企業部門が成長・発展していないからだ。

企業・政府間のパートナーシップが成立しにくい理由は、企業と政府のパーパスが一致する場合にしかそれが実現しないからだ。企業のパーパスが単に金儲けであったり、政府が腐敗し分裂していたりする場合、パーパスが一致することはないだろう。しかし、企業が問題を引き起こしてではなく解決することで利益を得ることをパーパスに掲げ、政府も社会全体の繁栄という共通のパーパスの確立を目指すとき、両者のパーパスが一致し、協力関係が成立する。

これにより、対立は協力へと変わり、企業と政府のパーパスが社会全体のパーパスと一致することになる。その過程で、機会の不平等と所得格差を是正するために必要な人的能力や物的設備への投資がなされ、マクロ経済上の緊縮財政に伴う失敗が是正される。

分裂した英国

英国のマクロ経済上のパフォーマンスに基づいて、右の点について説明しよう。(注2) 英国経済のパフォーマンスを例として取り上げるのは、私が英国経済に精通しているからだけではなく、私が強調したいと考えている政策上の含意を最も明確に示しているからだ。その理由は、英国は近代民主主義の長い歴史を持ち、いち早く産業革命が起こり、世界有数の金融システムや最も称賛されている法制度や投資家保護制度、評価の高い優れた大学を持っている国だからだ。また、民営化を最初に推進した国でもあり、注意深く設計された規制システムを備えている。さらに、独立の金融政策委員会を持ち、多数の独立機関がミクロおよびマクロ経済政策を評価している。

同時に、英国は、過去15年で主要経済国の中で最低レベルの経済パフォーマンスを記録している。２００８年の金融危機の震源地の一つであり、大きな被害を受けた国でもある。新型コロナウイルスのパンデミックでは、１７０９年以来最悪の国内総生産（ＧＤＰ）の減少を経験し、２０２２年の第４四半期までに、パンデミック前のＧＤＰ水準を回復できなかった唯一のＧ７の国となった。(注3) どうしてそうなってしまったのだろうか。

生産性の謎

2008年の金融危機以後、英国の労働生産性は著しく悪化しており、1760年以来で最も大きな生産性と生産性上昇率の低下が続き、長期的なトレンドを大きく下回っている。特に、フランス、ドイツ、日本、米国などの主要経済国と比べても、生産性上昇率の低下は顕著だ。

英国でもごく一握りの企業は生産性の大幅な上昇に成功しているが、それ以外の企業は大きな後れをとっており、英国企業の下位90パーセントが金融危機以降、生産性が全く上昇していない。生産性が高い企業は、大規模で、社歴が古く、外資系が多い。他方で、生産性の低い企業は、小規模で社歴が浅く、国内資本系が多い。

生産性の高い業界と低い業界は、これまでほとんど変わっていない。最も生産性が高いのは資本集約型の製造業であり、最も生産性が低いのは労働集約型のサービス業だ。この点を頭に入れておくことは、資本支出や投資に関する英国のパフォーマンスを論じる際に重要だ。

英国において生産性が高い企業と低い企業の差が長い間変わらないのは、生産性上昇が波及していないからだ。つまり、先進企業から後発企業へ、大企業から中小企業へ、老舗企業から新興企業へ、外国企業から国内企業へ、高生産性部門から低生産性部門へと広がらず、両者の差が縮まっていない。その結果、英国経済の大部分は、低生産性と低生産性成長の状態から抜け出せないでいる。

これは、生産性の高い企業の知識やノウハウが経済の他の部分に浸透してこなかったようなものだ。そして、英国経済がこのような状況に陥っている大きな理由の一つは、生産性の「企業間の波及」だけでなく「地域間の波及」が不十分であることだ。英国では地域間格差がさらに顕著となり固定化している。

地域間格差

地域ごとの生産性のデータを見ると、ロンドンはEU内のどの地域と比べても、非常に高い生産性を誇っている。しかし、それとは対照的に、イングランド南東部以外の地域の生産性は最低水準にある。その結果、英国は、世界の主要工業国のなかで、労働生産性の地域間格差が最も大きい国となっている。(注4)

この格差は過去50年で生じた。20世紀前半には国内の生産性格差が小さくなり、1950〜1970年はさらに縮小した。しかし、その後、急速に大きな格差が生じ、20世紀の終わりには、20世紀初頭に近い水準に戻った。

ロンドンは高い労働生産性のおかげで、1世帯当たりの実質家計可処分所得が欧州の都市の中でもトップクラスにある。しかし、英国の他の地域は、1人当たりの収入が低いにもかかわらず、ロンドンとの1世帯当たりの実質可処分所得の差はそれほど顕著ではない。例えば、イングランド南西部やスコットランドなど英国の他の地域でも、フィンランド、イタリア、オランダといった国の平均的な1世帯当たりの実質可処分所得よりも高水準にある。

その理由は、ロンドンと英国の他の地域とでは収入の差も大きいが、生活費の差も大きいからだ。ロンドンでの生活費は、特に住居費が非常に高いため、他の地域よりもはるかに高額だ。住居費分を差し引いて計算すると、英国内の都市別に見た1人当たりの家計所得ランキングで、ロンドンの順位はトップに近い位置から、平均レベルにまで落ちる。しかし、住居費が高騰していることにより、単に収入の違いではなく、英国で大きな不平等を生む原因となっている「富の格差」が浮き彫りになる。

ロンドンおよびイングランド南東部とそれ以外の地域との間には、家計資産に大きな格差があり、これは主に不動産価格の違いによるものだ。このような不動産価格の差は、英国の問題を引き起こしている2大要因に大きな影響を与えている。

一つ目は、労働力の移動性の低さだ。不動産価格が低い地域に住む人々は、住居費の高い地域に移動することができない。二つ目は、ロンドンとイングランド南東部以外の地域は不動産価格が低いため、企業が銀行から融資を受ける際に不動産を担保にしても評価額が低いため資金調達額が限られる点だ。この低い労働力の移動性と企業の低い借入能力の二つが要因となって、英国の分断が引き起こされている。(注5)

この生産性のデータが示しているのは、企業間や業種間、地域間で生産性に大きな差があり、生産性上昇が波及しなかった点だ。その原因としてまず挙げられるのは、投資の停滞、つまり「固定資本形成」がきわめて低調であることだ。

固定資本形成

２００５〜２０１７年まで、英国で投資がＧＤＰに占める割合は常に他のＧ７諸国よりも低かった。さらに驚くべきことに、１９９７〜２０１７年の20年間、英国で投資がＧＤＰに占める割合は、経済協力開発機構（ＯＥＣＤ）に加盟する他の国よりもはるかに低く、英国の次に低い国とは15パーセント以上の差があった。

資本支出が低い理由の一部は、他のＧ７諸国と比べて英国政府による資本形成に対する支出が少ないためだが、政府支出は欧州で最低水準にあるわけではなく、それが主因とはいえない。より重要な要因は、民間部門、特に企業による資本形成への支出が、Ｇ７諸国のなかで最も低い点だ。

この点に関して、英国が資本集約型の製造業に重点を置かず、サービス業やハイテク産業、研究開発といった新しい産業を中心に投資する「ポスト工業国」を目指している、との見方が示されることがある。この説明は一見もっともらしいが、説得力に欠ける。その一つ目の理由は、金融危機以降、情報通信技術や知的財産などの「新分野」への投資が相対的に低いことだ。

二つ目の理由はさらに重要で、英国のGDPに占める研究開発投資は、民間部門ではEUの平均程度であり、公共部門では平均を大きく下回っている。加えて、英国企業による研究開発投資の約半分は、国内資本の企業ではなく、英国で事業を展開する外資系企業によるものだ。

つまり、実際には、研究開発投資が英国経済をけん引しているわけではない。研究開発投資に関して際立っているのは、ロンドンおよびイングランド南東部とその他の地域との間にある地域間格差と、前2地域への地理的集中であり、その他の地域の研究開発投資は非常に低水準だ。

要するに、英国は民間部門による資本投資がきわめて少なく、民間部門の研究開発投資もロンドンとイングランド南東部に集中しているだけで、欧州の平均レベルだ。低水準の投資が、英国の低い生産性と大きな地域間格差の根本要因だ。ではなぜ、英国の資本支出がこれほど低調であり、研究開発投資が平均レベルにとどまっているのだろうか。原因の一つとして考えられるのは「金融」であり、これはすべての国が理解しておくべき重要なポイントだ。

金融

金融セクターは、英国のサクセスストーリーの一つだ。1980年代に金融セクターの規制緩和（ビッグバンとして知られる）がなされた後、ロンドンは世界中の金融機関が集まるグローバルな金融センターとして急成長した。シティ・オブ・ロンドンは拡大し、高層ビルが建ち並んで繁栄をきわめた。しかし、2008年に金融危機が起き、その勢いは突如として止まった。金融危機により、シティの繁栄は、金融工学に基づいた脆弱な構造の上に築かれていることが明らかになり、その崩壊とともに重大な欠陥やスキャンダルが露呈した。

さらに深刻で根深い問題があった。それはビッグバン以来だけでなく、ほぼ1世紀にわたって続いてきたものであり、英国の金融システムが失敗した核心といえるものだ。その問題とは、第9章で取り上げたロンドンとイングランド南東部への金融の集中である。これは、金融機関が1カ所に集中していることよりも、むしろそれ以外の地域に非常に少なく、特に地方の中小企業とのつながりが欠けていることが、より大きな問題だ。

前章で述べたように、エンジェル投資家、プライベート・エクイティ、VC、株式取引はすべてロンドンとイングランド南東部に集中しており、VCによる投資の3分の2がこれらの地域で行われている。しかし、問題は企業の資金調達にとどまらず、英国企業の株式所有構造やガバナンス全体にも及ぶ。

株式所有構造とガバナンス

第5章で述べたように、英国は大規模上場企業の株式所有構造において、世界的に見ても例外的な存在だ。英国上場企業の株式所有構造は、しばしば「アングロ・アメリカ型」と呼ばれ、特に欧州大陸や東アジア諸国の上場企業の株式所有構造と対比される。アングロ・アメリカ型のシステムは、主に機関投資家によって株式が広く分散所有されている上場企業から構成される大規模な株式市場を特徴としている。世界的には、上場企業の約半数は創業家一族によって所有されており、ほとんどの国の大規模上場企業にとって最も重要な株式所有形態だ。しかし、創業家一族による株式所有の割合が非常に低い国として際立っているのが英国だ。

英国上場企業の所有と支配の分離の度合いは異常に高く、米国よりも顕著だ。その理由はいくつかあり、特に規制が関係している。一つ目の理由は、英国は米国を含む他の国よりも少数株主保護に重点を置いている点だ。つい最近まで、ロンドン証券取引所のプレミアム市場に上場する企業に対して、デュアルクラス株式の発行を禁止するルールがあった。デュアルクラス株式は、米国など多くの国で、大口ブロック株主が支配権を維持するために日常的に用いられている手法だ。(注6)

また、英国には、義務的公開買い付けルールがあり、これは米国には存在しない。このルールのために、買収者は応募株式すべてを買い付けなければ対象会社のブロック株を取得することができない。また、ブロック株主は特別な情報を知る立場にあるならば「インサイダー」に分類され、株式取引を禁止されるリスクを負う。さらに、他の株主と一体となってエンゲージメントに従事する場合は「共同協調行為」と見なされるリスクがあり、企業との取引で「独立当事者間取引」の条件（いわゆるアームズ・レングス・ルール）を満たさない場合には、関連当事者取引規制に違反するリスクもある。このように英国では、小規模で脆弱な株主を保護するための規制が非常に強力だ。

二つ目の理由として、さらに重要なのは、英国企業の取締役会は、米国企業の場合に比べて敵対的買収の脅威からの保護が少ない点だ。例えば、米国では、敵対的買収者から企業を防衛するためポイズンピルが用いられるが、英国では、対象企業による「買収防衛行為」が規制され、ポイズンピルの使用が禁止される。また、米国企業ではかつて（現在ではないが）「期差任期制取締役会」が広く採用されていた。この方式を使えば、各年度に解任できる取締役の割合を制限できるため、取締役会のメンバーが一度に全員解任されるのを防止することができた。それに対して英国では、株主が取締役を解任する権限が米国より強く、取締役の任期が1年に制限されている。

英国のこれらの規制は、株主が支配権を伴うブロック株を取得し、投資先企業に積極的に関与し、長期的観点から価値創造を支援することを、米国よりもはるかに難しくしている。さらに、英国企業は、世界のほとんどの国よりも、敵対的買収や短期主義のアクティビスト投資家などの企業支配権市場の圧力から自社を防衛する手段が限られている。その結果、英国上場企業は株価の最大化という圧力に異常なほど強くさらされており、状況はさらに悪化している。

創業家一族による所有の消滅は、20世紀初頭の株式市場が急速に成長し始めた時期に始まった。しかし、当初、この変化が英国企業に与えた影響は限定的だった。なぜなら、株式所有はより分散したものの、依然として地元の個人株主が株式を多く所有し、彼らは国内の各都市に開設された株式市場を通じて企業に投資していたからだ。証券取引所の開設場所と開設年は以下の通りだ。[注7] オールダム（1875年）、ダンディー（1879年）、コーク（1886年）、ベルファスト（1897年）、カーディフ（1892年）、ハリファックス（1896年）、グリーノック（1888年）、ハダースフィールド（1899年）、ブラッドフォード（1899年）、スウォンジー（1903年）、ノッティンガム（1909年）、ニューポート（1916年）。

株主が地元に拠点を置いていたことにより、たとえ投資家保護規制が存在しなくても、地元投資家が地元企業の繁栄を促進し、投資先企業の取締役は地元投資家を保護するという、相互の利益が促進された。しかし、第2次世界大戦後、地元の個人投資家たちは、主にロンドンに拠点を置く生命保険会社や年金基金などの機関投資家に取って代わられ、個人による株式所有は急速に減少した。地方の証券取引所は合併や閉鎖が相次ぎ、最終的にロンドン証券取引所に統合され、投資家と地元企業とのつながりは断たれてしまった。

これは、19世紀に銀行業で起きた資金調達の根本的な変化を反映していた。産業革命期には、国内各地にあった多くの地方銀行によって、地元企業に資金が供給されていた。地方銀行は地元企業と強固な関係を築いていた半面、地元経済への依存度が高く、地元経済が破綻すると地方銀行も苦境や破綻に陥った。

その結果、銀行破綻が繰り返され、イングランド銀行は、地方銀行の合併や地方からロンドンへの本社移転を推進した。20世紀初頭までに、地方銀行は消滅し、ロンドンに本社を置く五つの主要銀行に取って代わられた。このようにして、150年の間に、英国の金融システムは、地方に根ざしたリレーションシップ・バンキングや地方市場を中心とする経済から、ロンドンを本拠地とする主要銀行と機関投資家による高度に集中化したシステムへと完全に移行した。

その結果、どうなったのか。変化は二つある。一つ目は、規制が比較的緩かった長期的な関係構築型の金融が、厳格に規制される短期的な取引型の金融に変わった。二つ目は、英国の企業金融と株式所有が、国全体に分散した状態からロンドンに一極集中するようになった。

しかし、事態はさらに悪化した。当初、企業の新しい株主は、年金基金や生命保険会社など比較的長期的な視点で運用する国内機関投資家が中心で、1980年代にはそれらが英国企業の株式の半数を保有していた。ところが、1990年代からその保有率は低下し、現在では、年金基金と生保会社を合わせてもわずか6パーセントにすぎない。その代わりに、ミューチュアルファンドや資産運用会社を通じて投資するグローバルな株主が現れた。つまり、国内投資家による株式保有が減少しただけでなく、長期志向の機関投資家に代わって短期志向の資産運用会社が主要な株主になった。

分散し匿名性のある国際的な株式所有と企業支配権市場が拡大した結果、生じた帰結の一つが、上場企業数の大幅な減少だ。１９６０年代の約４０００社から２０００年代初頭には２０００社に半減し、さらに現在はその半分の１０００社になっている。これは、株式市場への新規上場を選択する企業の減少を反映しており、２０１５年には、新規上場企業数が上場廃止企業数とほぼ同じ水準にまで落ち込んだ。英国企業は上場よりも非公開化や合併を選択することで、国際的な株式所有と企業支配権市場に反対の意を表明してきた。

実質的に、英国は「不在所有者」、つまり、投資先企業の近くに存在し、身体と感情を持つ投資家が不在の金融システムによって、いわばまひ状態にある。英国には、米国や欧州大陸、デンマークのような創業者とその一族、財団といった投資家が存在しない。ドイツのような地域密着型の銀行システムもなく、米国のようにエンジェル投資家やベンチャーキャピタリストが各地に存在するわけでもない。イングランド南東部以外の地域には、起業や成長、世界進出を後押しするために助言し、資金を供給する金融システムが存在しない。

しかし、個々の企業の業績に与える影響よりも、英国の実体経済全体に与えるマクロ経済上の影響のほうがより深刻だ。では、次にその影響の分析に移ろう。企業間や業界間、地域間の生産性の格差を広げ、不平等を悪化させている要因に目を向けてみよう。

生産性と不平等に対する影響

企業の株式所有構造とガバナンスに関する議論は、主に実体経済とは切り離された形で行われてきた。それらは、企業の財務成果や投資家へのリターンに関連するものと捉えられ、生産性や経済成長、不平等の問題とはあまり結びつけられてこなかった。株式所有とガバナンスを実体経済から切り離すこの考え方は、過去60年間にわたって主流となってきた「企業の唯一の目的は株主に財務リターンをもたらすことだ」という考えに反映されている。

この考えによれば、企業が経済的・社会的な重要課題に取り組む役割を担うべきではないとされる。企業にはそうした課題に取り組む根拠も権限もなく、もっぱら利益の追求に専念すべきであるという立場だ。この考えは明確でシンプルだが、実際には「誤った目的」に焦点が当たることになってしまったという認識が広まりつつある。

企業のパーパスは、単に株主の利益を促進するだけではなく、顧客や従業員、企業が活動する社会や自然界に便益をもたらすことで、株主の利益を実現することだ。問題は、株主を従業員や他のステークホルダーよりも優先するという単なる分配の問題ではなく、企業のパーパスにある。英国会社法は、株主の利益のために会社の成功を促進させることをパーパスの中心に据えることで、企業のパーパスを共同で共通のものではなく、単一のものとしてきた。

企業は、私たちが個人、社会、自然界として直面する問題に対して解決策を生み出し、事業として実行可能で、財務的に持続可能で、利益を生む形で問題解決に取り組むのではなく、株主利益を実現することに焦点を当てている。企業のパーパスの焦点を「利益」から「利益を伴う問題解決」へと修正することで、企業と株主を、顧客、地域社会、環境と結びつけることができる。この修正により、競争による利益だけでなく、共通の利益が強調されるようになる。また、問題を引き起こして利益を得るのではなく、問題解決のための「トップを目指す」市場と競争が促進される。

第1章で述べたように、利益を中心とし株主第一主義に基づいて想定されている経済効率性は、競争市場と規制の有効性に関する一連の命題の上に成り立っているが、現実世界では単純にそれらの命題は成り立たない。したがって、企業と公共部門・マクロ経済上のパフォーマンスは完全に切り離すことができ、切り離すべきだとする考え方はナイーブであり、経済的成功と社会的ウェルビーイングの双方をより一般的に追求するうえで有害だ。

英国は、規制ルールに「株主第一主義」の概念を他のどの国よりも積極的に取り入れてきた。その結果、英国の金融システムは、分散し匿名性のある投資家によって特徴付けられている。これらの投資家は、特定の企業の業績にはほとんど関心がなく、自らの投資行動が及ぼす影響に責任を負うこともない。

前章で述べたように、グローバルに分散投資を行う投資家がもっとも気にするのは、社会、政治、規制などの混乱に端を発する世界的なシステミックリスクだ。彼らは、個人、地域社会、自然界などにはほとんど関心を持たず、これらが自らの投資リターンに影響し、規制や政治上の反応、評判への悪影響が生じる場合にのみ関心を持つ。

これは、特定企業の株式をブロック保有する支配株主には当てはまらない。支配株主はインデックスファンドの投資家のように、匿名性の陰に隠れることはできない。第5章で述べたように、長期的に投資先企業にコミットし、所有者として行動する特定株主の存在は、企業が短期的な財務リターンを超えた長期的な利益を追求する方針を採用し、それに対する説明責任を果たすうえで重要な影響を与える。こうしたことから、英国の金融システムは、株主へのリターンを資本投資や人材育成よりも優先する、ゆがんだ「レント獲得システム」に成り果ててしまっている。この現実は、英国の設備投資がきわめて低水準であることだけでなく、かつて世界をリードしていた家電製品、電子機器、化学製品などの製造業が、この60年でほぼ消滅したことと深く関わっている。(注8)

それは、企業が公共部門と民間部門の他の組織とパートナーシップを形成できていないことにも表れている。財務リターンだけに執着するあまり、公共部門と民間部門の利益、公益企業と規制当局、営利組織と非営利組織の間で根本的な対立が生じている。公的機関は公共の福祉を、民間企業は金銭的利益の追求を重視するため、公的機関と民間企業のパートナーシップやＰＦＩ（民間資金を活用した社会資本整備）は期待に応えるほどの成果を上げていない。(注9)

その結果、民営化された公益企業の多くは当初約束した成果を上げることができず、民営化企業の低調なパフォーマンスを巡って、規制当局と民営化企業との間で繰り返し衝突が起きている。(注10)

企業の株式所有と支配だけが、企業間や地域間で生産性の低迷や格差拡大を引き起こしている原因ではない。金融もその原因だ。金融危機は、しばしば指摘されるような世界的現象ではなかった。実際には、主に英国と米国で生じた危機であり、その影響を受けたのは一部の欧州諸国にすぎない。特に、英国は金融セクターに大きく依存していたため、その結果、ロンドン・シティと他の地域との経済格差がさらに拡大するなどの重大な影響を受けた。

金融危機によって被害を受けた当事者の一つは商業銀行部門であり、それにより、地方の中小企業が商業銀行部門から受けていたわずかな金融支援はさらに先細ることとなった。その結果、英国の中小企業は徐々に株式市場からの資金調達に依存するようになった。しかし、この方法による資金供給もロンドンとイングランド南東部に過度に集中している。

ロンドンへの金融機関の集中が、本章で示したような著しい地域間の生産性格差拡大の原因となっている。また、生産性低迷やそれが地域経済に及ぼしている悪影響は、企業部門の株式所有や支配、金融に関する英国特有のシステムに起因している。

英国の経験のまとめ

2008年の金融危機以降、英国は歴史的にも国際的にもきわめて低い生産性に苦しんできた。しかも、企業の規模、社歴、業界により、生産性のレベルに著しい差が見られる。また、英国全体において生産性に大きい地域間格差があり、特にイングランド南東部と他の地域との格差が顕著である。それにより、地域間の所得や富の格差が大きく拡大している。さらに、生産性の低迷に加えて、英国は企業による設備投資（固定資本形成）が著しく低水準にとどまり、研究開発投資でも地域間で大きなばらつきがある。

それには二つの要因があった。一つ目の要因は、金融システムと中小企業の資金調達だ。産業革命期の資金需要は地方銀行によって支えられていたが、現在では銀行業界は高度に集中化し、主として短期の運転資金を供給するようになった。その結果、中小企業は成長や事業拡大の資金をエクイティ・ファイナンスに頼らざるを得ない状況になっている。しかし、その資金の大半はイングランド南東部の企業に向けられており、ロンドンに集まった投資資金は地方にうまく分配されず、地域間で資金の偏在が生じている。

二つ目の要因は、企業の株式所有構造とガバナンスだ。英国では、上場企業の株式所有は他に例を見ないほど非常に広く分散していて、大口のブロック株主が存在しない。また、かつては地域に根ざした個人株主が企業を所有していたが、今では国内の比較的長期の投資スタンスを持つ機関投資家から、短期的な利益を追求するグローバルな資産運用会社へと、株式所有が徐々に移り変わっている。その結果、長期的視点で投資を行う、国内の地域に所在する株主が消滅していった。

その結果、地元企業と密接な関係を構築していた地方銀行と地元株主が消滅した。それに代わり、金融、株式所有、ガバナンスは高度に集中化し、企業と切り離された。現在の英国は、投資先企業の近くに所在せず、身体と感情を持たない投資家からなる、不在所有者の国になってしまった。

その結果、金融とガバナンスの地域間格差が拡大し、投資家と企業の長期的な関係は、短期的な取引によるエンゲージメントに変わってしまった。このエンゲージメントは他の当事者の利益を犠牲にした株主へのリターンに焦点を当てており、それが全体的な生産性の上昇や、企業間あるいは地域間における生産力上昇の広がりを妨げている。

では、これらの問題の解決策は何か。どうすれば、民間部門と公共部門による資本投資、研究開発、人材育成、地域への投資を回復させることができるだろうか。

┃地域の繁栄

1960年代以降、英国では地域経済を活性化させる試みが繰り返されてきたが、ことごとく失敗に終わった。現在も、取り残された町や地域再生のための政策が進行中だが、解決すべき問題の根本的な性格を理解しない限り、同じく失敗に終わるだろう。

私はこの2年間、深刻な経済ショックに見舞われながらも、さらに成功する形で発展の道を再び歩み始めた5カ国の七つの都市の分析に携わってきた。具体的には、ドイツのドルトムント、デュースブルクとライプツィヒ、スペイン・バスク自治州のビルバオ、オーストラリア・ニューサウスウェールズ州のニューカッスル、カナダ・オンタリオ州のウィンザー、米国ペンシルベニア州のピッツバーグである。(注11)

復興に成功したこれらの都市には、共通する三つの特徴がある。一つ目の特徴は、中央政府から地方自治体への権限移譲だ。中央政府は、国の特定の地域が直面している問題の細かな状況を把握しておらず、対処法を考え出すこともできない。その地域の住民こそが、その地域の歴史や将来への希望・ニーズなど、発展の可能性を考えるために不可欠な特定の知識と理解を備えている。(注12)

二つ目の特徴は、国内外の金融センターに存在する資金を、地域の金融機関や大手国内銀行の地域支店と結びつけていることだ。金融市場の投資家は、地方で事業を構築するために何が必要か知識や理解を持ち合わせておらず、企業にアドバイスやメンタリングを行うこともできない。これらの問題は、地域の金融機関と地元企業が協力して対応すべきだ。

三つ目の特徴は、地域住民、公的機関、民間組織の間で共通のパーパスを定めている点だ。停滞している都市や地域では、過去の失敗について互いに非難し合い、責任を押しつけ合って前に進めない状況に陥りがちだ。前進するためには、地域が今後どのような形で発展し、そこにどんな成長のチャンスが待っているのかについて説得力のある見通しを示し、それをもとに一つの共同体として団結する必要がある。

そのためには、特に自治体の首長などの公的なリーダーや、企業や地元組織、団体のリーダーによる、刺激的で人々を奮い立たせるようなリーダーシップが求められる。共通のパーパスを策定するために、公共部門と民間部門の双方で地方自治体や地方組織への権限移譲が非常に重要になってくる。それは、地域特有の知識が重要なだけでなく、地域の人々が実際に集まって「感情的」にも団結し、共通のパーパスに同意することが不可欠だからだ。

地域の企業と金融は、その共通のパーパスを実現するうえできわめて重要な役割を果たす。地域の復興には、イノベーション、投資、実験、失敗、学習、調整が必要であり、最終的にはこれらをパーパス実現の成功に結びつける必要がある。それは多くの苦しみを伴う長くて険しい道のりだが、起業家や中小企業にとっては、成功する前に倒産や失敗に陥ると予想される場合は決して珍しくない。エンジェル投資家やベンチャーキャピタリストは、投資先のほとんどが失敗に終わったとしても、幾つかは存続し、そして一つの企業が大成功することを期待している。この大成功は、他の多くの投資先の失敗を正当化するために必要だ。

しかし、さらに重要なのは、地域の企業と金融が、信頼できる形で共通のパーパス実現に貢献するために、問題を生み出すのではなく問題解決によって利益を得るというパーパスに動機づけられなければならない点だ。共通のパーパスには、地域の公的機関と民間企業によるパートナーシップの構築や、両者による地域経済復興に向けた投資へのコミットメントなどが関係する。

地域の抱える問題を解決することで利益を得るというアプローチにより、パートナーシップの構築にあたり、私的利益を追求する企業と公益実現をパーパスとする地域の公的機関の利害対立からしばしば生じる困難を回避することができる。このアプローチであれば、企業による利益追求によって利害対立が生じることはなく、両者の利益は一致する。

さらに、共通のパーパスは、民間部門だけでなく公共部門による投資の理由付けにもなる。政府系開発銀行（例えば、欧州投資銀行など）は、インフラ整備の資金供給にきわめて重要な役割を果たしているほか、国内の各地域においても地元企業への資金供給で貢献している。前章では、ドイツのシュパーカッセを取り上げた。シュパーカッセは、準公的企業であり、ドイツ法の規定に従い運営されている貯蓄銀行だ。支店の活動は営業許可を受けた地域内に限定され、その地域内の企業、家計、組織や団体に対し優先的に融資することが求められている。

英国にはブリティッシュ・ビジネス・バンク（BBB）という政府系開発銀行があり、英国の産業界にさまざまな形で資金を供給している。BBBは企業への資金供給に加えて、今後は、地方の金融セクターやエンジェル投資家、VCのコミュニティーの育成を促すために、特にそれらが存在しない地域で、民間の金融機関と共同投資を行うなど、さらに大きな役割を果たす必要がある。BBBは、英国政府とロンドン・シティから地方企業へと資金をつなぐ重要な役割を担い、19世紀の産業革命期に非常に重要だった地域密着型の金融機関の復活に貢献する可能性がある。

スコットランドの例

英国のなかでも、民間部門と公共部門の共通のパーパスを策定するために、野心的な改革プログラムを実行している地域がある。スコットランドは、世界で初めて「ビジネス・パーパス委員会」を創設し、私はその共同委員長を務める幸運に恵まれた。この取り組みの注目すべき点は、企業のパーパスが、単にスコットランド企業の利益を促進するだけでなく、こちらがより重要であるが、スコットランド全体と各地域にも繁栄をもたらす可能性を秘めていると、スコットランド政府が認識していた点だ。つまり、企業は単に投資家に財務リターンをもたらすだけでなく、国家の繁栄を促進する強力な原動力となり得ることを理解していたのだ。

その鍵となったのが、企業のパーパスとは利益を上げながら問題を解決することであり、問題を生み出して利益を上げることではないという点を認識することだった。しかし、同じく重要だったのは、利益を上げながら問題を解決することをパーパスとする企業と政府がパートナーシップを構築し、それを通じて地域や国全体の繁栄を促進するという、より広範な公共政策の文脈で企業のパーパスを捉える必要があるという認識だった。

このような企業のパーパスはなぜ強力な概念なのだろうか。その答えは、地域経済や国家経済のために何を目標とするかを決定する際に、公益と私的利益の間で共通のパーパスを定めることができるからだ。スコットランドで官民共通のパーパスを定める動きが出てきているのに対し、英国の他の地域ではこうした動きが見られないのは、スコットランドが移譲された権限を持っているからだ。スコットランド政府は、他の自治体にはない行政権と課税権を持つ。それらの権限があるからこそ、スコットランドでは共通のパーパスを定め、他の地域では不可能なやり方でパーパス実現に向け企業と協働することができる。

地域の発展を促進するうえで、なぜ権限移譲がこれほど重要なのだろうか。その理由は、資本市場との関係で述べたのと同じであり、中央集権的な管理では成長や発展を促すことができないからだ。大都市に一極集中した資本市場と同様に、中央政府は国を一括して管理しているため、各地域が抱える具体的なニーズや目標を十分に把握できていない。そのため、特定の地域において、十分な情報に基づいた政策の立案や実施もできない。それを実現するためには、中央からの権限移譲が必須だ。

中央政府は、予算や財源に関する権限を地方に移譲することに強い抵抗を示している。地方自治体には、大規模な予算を管理・執行するための知識や経験、政治的連携に欠けているのではないかとの懸念がある。そのため、英国全体で地方自治体の権限は依然として大きく制約されている。こうしたなか、スコットランドの事例は特に注目に値する。

スコットランド・ビジネス・パーパス委員会は、問題を引き起こすのではなく利益を上げながら問題を解決するというパーパスを企業が採用するための具体的事例を示すために、スコットランド企業と緊密に連携した。このプロジェクトの実施に際し、スコットランド企業と地域住民から幅広い支持を得た。

ほとんどのスコットランド企業は、利益の最大化よりも利益を伴う形での問題解決のほうが企業のパーパスの定義としてより適切であると考え、地域住民の3分の2も、スコットランド企業はこのようなパーパスを採用すべきであると考えた。このパーパスは、消費者がどの企業から財やサービスを購入するか、またどの企業で働くかを判断する際に特に重要であるとされ、したがって、顧客や従業員の処遇はスコットランド企業にとって特に重要であると考えられた。

スコットランド企業は、利益を上げながら問題を解決するためには、エクイティ・ファイナンスによる資金調達が重要だと考えた。英国の他の地域と比較してスコットランドの際立った特徴は、スコットランド政府が持つ中央から移譲された権限に加えて、エディンバラに重要な金融センターが存在する点だ。エディンバラはロンドンのシティに次ぐ英国で2番目に大きい金融センターだ。つまり、スコットランドでは、パーパス主導型の経済を発展させるうえで鍵となる要素である、権限移譲を受けた政府と民間企業、金融制度が、英国の他の地域よりも整っているといえる。

しかし、ここでもっとも重要な教訓は、世界のどの国でも、ビジネス・パーパス委員会を立ち上げて、問題解決志向型企業が利益を上げられることを実証するとともに、共有される繁栄を実現するために、公共、民間、非営利の各部門の間で共通のパーパスを策定することができる点にある。このような取り組みは、国レベルだけでなく地域や都市レベルで実行することも可能であり、各地域で共通のパーパスと繁栄を促進することができる。また、業界ごとにこのような取り組みを行うことも可能であり、そこには経済においてもっとも重要なエッセンシャルサービスを提供する業界も含まれる。

公益企業

本章の冒頭部分で、法と規制は企業に対し正の外部性を発生させるよう強制することはできず、利益を伴わない限り、正の外部性を内部化するところまで企業の境界を拡張することはできないと述べた。しかし、規制の設計次第では、企業が正の外部性を内部化する能力に大きな影響を与えることができる。

英国では、エネルギー、通信、交通、水道といった公益企業が１９８０年代から90年代にかけて民営化された。その一環として、民営化された独占企業が顧客に課す料金を規制するシステムが導入された。このシステムは、企業が顧客にサービスを提供する際のコストを削減した場合に報酬を与え、効率性を高めるよう設計されていた。

公共サービスを提供する公益企業は当初、人員整理により運営コストを削減し、その後、設備投資を減らしてコスト削減を図った。しかし、その結果、サービスの質が低下し、顧客や地域社会から多大な苦情が寄せられた。さらに、サービスの質悪化に対し規制当局から批判され、罰金を科されたにもかかわらず、株主には高額配当を行い、経営陣には高額報酬を支払っていたため、民営化への失望感は一層深まった。

英国の30年にわたる民営化の経験は決して成功とはいえない。企業が顧客に課す料金に規制当局が上限を設け、民間の独占企業にエッセンシャルサービスの提供を依存するシステムには根本的な矛盾があることが明らかとなった。つまり、このシステムには、私的利益を追求する公益企業と、顧客や地域社会の公益を追求する規制当局との間に、利害対立が存在している点だ。

規制当局はルールを定め、公益企業はそれに対し再交渉やアピールを行い、あるいは規制を回避する手段を探す。公益企業側は、顧客に課す料金に上限を設定するこのシステムが、何世代にもわたる長期的な投資を実行するために必要な安定性を欠いていると主張する。

このシステムでは利害対立を避けることができず、最終的には、英国競争審判所などの紛争解決機関に訴えが提起され、終結することが多い。私は8年間、英国競争審判所の審判官として、利害対立が生じている複雑な数多くの事例の審理に携わってきた。公益企業に対する規制は現在の形で行わなければならない必然性はなく、むしろ行われてはならない。現在の規制は、費用がかさみ、非効率で、損害をもたらす。しかも、比較的簡単な方法で問題を是正することができる。

この問題の核心には二つの要素がある。一つは、企業が問題解決よりも利益を優先する傾向があること、もう一つは、公益企業が顧客に課す料金を短期間で定期的に調整することに重点を置く規制システムだ。このどちらも、顧客、地域社会、環境の長期的なウェルビーイングを何世代にもわたって促進させるシステムには適していない。そのため、民営化以降、公益企業の業績が悪いのは全く驚くべきことではない。

もし、公益企業のパーパスが、顧客や地域社会の抱える問題に対して、利益を上げる形で解決策を提供することに変われば、公益企業と規制当局の対立は協力関係へと変わるだろう。この変化によって、公益企業と規制当局は自らのパーパスを再定義し、両者がパーパスに適した形で事業や規制を設計するようになるだろう。さらに、公益企業が得る利益は、顧客や地域社会、環境にもたらす正の外部性からもたらされ、これらに損害を与えて得られたものではないという、利益の適切な位置づけがなされる。

公益企業の利益は、顧客や地域社会、環境の抱える問題を深く理解し、それらを悪化させるのではなく解決することによりもたらされる。そして、パーパス志向の規制は、単にルールを定めそれを執行するだけでなく、公益企業のパーパスを、顧客、社会、環境による期待と結びつける役割も担う。これにより、企業のパーパスと社会的操業許可の一致が図られる。また、市民集会などを通じて、公益企業が顧客や地域社会と共通のパーパスを策定するために協議し、対話する場を設けることも重要であり、そのような機会が確保される。

規制のプロセスは、数年先だけでなく、世代を超えた長期的なパーパスの実現を促すものでなければならない。規制当局は、世代を超えて環境や社会に便益をもたらす戦略に関して公益企業の活動を審査することで長期的なパーパスの実現を促す。また、事前に投資資金を供給するのではなく、実際に環境や社会に正の外部性がもたらされたときに報酬を与えるべきだ。一方、パーパス志向の企業は、ステークホルダーにもたらす正の外部性から長期的な価値を創出するために、世代を超えたパーパスに基づいた戦略を策定し、それを実現するために必要な長期的な投資を行うべきだ。

これは、共通のパーパスを定めそれを実現するためのパートナーシップだ。このパートナーシップは従来の価格上限規制とは異なるものであり、両者の違いは、第8章でハンデルスバンケン銀行との関係で論じたような地域密着型の長期的なリレーションシップ・バンキングと、企業と距離を置いた短期利益優先のトランザクション・バンキングの違いに似ている。このパートナーシップは規制の虜［規制機関が被規制側の勢力に実質的に支配されてしまうような状況］ではなく、企業がパーパス実現に向けて順調に事業活動を行えるよう監視と是正を行うための積極的かつ継続的なエンゲージメントだ。それでは、公益企業がパーパスをどの程度実現したか測定し、計算することはできるのだろうか。答えはイエスだ。その手法の開発が進んでおり、測定も説明も可能になってきている。

例えば、包摂性、アクセス、アフォーダビリティ（手ごろな価格）について考えてみよう。ソーシャルメディアと人工知能により、公益企業が顧客や地域社会に及ぼす影響に関する膨大なデータを入手し分析する手法が生み出された。これにより、公益企業の取締役会は、自社がパーパスを偽りなく実現していると組織内や地域社会の人々が信じているかどうか評価できるようになった。また、人々が企業に対して置く信頼と、企業が従業員や顧客、地域社会の利益を擁護しているとの信頼に関する情報が入手できるようになった。さらに、ステークホルダーのウェルビーイングとウェルフェアに関する情報や、サービスの質や価格に関して、ステークホルダーがどの程度満足し、または不満や苦痛を感じているかの情報も得られるようになった。ソーシャルメディアと人工知能を用いることで、長期的な環境政策や世代を超えた社会政策への投資を求めている企業と、現在のサービスの手ごろさや料金に懸念を持つ規制当局との間で対立するポイントはどこにあるか明確にすることができる。

規制当局は、これらの目標をどのように調整し、企業がパーパスを煙幕として利用して過剰なコストや利益を隠していないと確信できるだろうか。そのためには、企業と協力して、次の六つの点を確認する必要がある。第一に、企業のパーパスが関連するステークホルダーとの厳格な協議と対話のプロセスを経て決定されているか。第二に、そのパーパスにコミットし組織内に定着させるために、適切な株式所有構造とガバナンスが備わっているか。第三に、企業のパーパス、価値観、組織文化が一致しているか。第四に、企業のリソースとパフォーマンスを測定する適切な方法が整っているか。第五に、企業の活動がパーパス実現に向けて軌道に乗っているか。第六に、その軌道から外れたときにそれを修正するためのメカニズムが備わっているか。企業のパーパス実現を監視する一方で、規制当局は、企業が長期的に十分な投資収益率を確保できるよう、顧客に対して適切な料金を課すことを認める。

このプロセスは、法システムによって企業が問題を引き起こすのではなく問題を解決するというパーパスを遵守しているかどうかを評価し、機関投資家が投資先企業の社会、環境への影響と財務成果を評価する際に果たすべきスチュワードシップ活動と大きく異なるものではない。成功への鍵は、すべての関係者が、自分たちの役割と活動に対する共通の理解を持つことだ。そのためには、業界ごとにビジネス・パーパス委員会を設立し、共通のパーパスや共有される繁栄、社会的操業許可を明確に定義することが、効果的な手段となるだろう。

この点において、スコットランドは英国の他の地域とは異なるアプローチをとっており興味深い。例えば、公営の水道企業スコティッシュ・ウォーターを民営化せず、引き続きスコットランド政府が所有し、英国の他の地域とは異なる規制当局が存在する。そのため、スコットランドの規制当局は、前述のアプローチに類似した方法を採用することが可能となる。

スコットランドで求められている企業、所有者、規制当局の関係は、パーパスに基づいた協力的かつ長期的なものだ。スコティッシュ・ウォーターは、自らのパーパス、それに基づいた戦略、価値観と文化、経営資源の確保と調達コスト、パーパス実現の測定手法やその手法に基づいた成果について、ステークホルダー、規制当局、スコットランド政府と積極的に話し合い、協力して取り組むことが求められている。それにより、各当事者間で信頼関係が構築され、スコティッシュ・ウォーターが共通のパーパスを実現するうえで信頼できる存在であることが確認され、パーパス実現により長期的な価値が創造される。

スコットランドで水道サービスを提供する企業が公営企業であるスコティッシュ・ウォーターのただ1社だけであることが、イングランドやウェールズなど英国の他の地域との違いを生む要因ではおそらくない。問題を引き起こしてではなく、顧客や地域社会の抱える問題を解決し利益を得ることをパーパスとする企業は、公的機関と対立するのではなく同じ方向を向いている。実際、そうした企業には利点があり、公益の促進に加え、公的機関に比べて効率的かつ革新的にパーパスを実現する私的利益がある。さらに、多くの場合、同じ業種に複数の企業が存在するため、各企業の経験や業績を比較することで新たな情報や知見を得ることができ、企業や規制当局がそれらを効果的に活用できる利点がある。

同じことが、他の公益企業にも当てはまる。例えば、エネルギー企業の主なパーパスは、エネルギーの供給だけではなく、エネルギーを環境に悪影響を与えないものに転換することだ。一定の期限を設定して、ネットゼロへのコミットメントを宣言する企業が急増している。しかし、さらに重要なのは、こうしたネットゼロ宣言が、問題を引き起こさずその解決によって利益を得ることだけでなく、エネルギーへのアクセスの困難さや高価格といった社会的排除の問題に対処しているかどうかだ。

エネルギー転換の過程で、国や世界の一部の人々を排除したり、エネルギー価格が人々の手に届かないほど高額になったりするようでは、エネルギー転換は実現されないだろう。また、再生可能エネルギー、インフラ整備、従業員のリスキリングへの莫大な投資は、民間部門と公共部門の双方からの資金供給を促すために、十分なリターンを生み出すものでなければならない。つまり、エネルギー企業が、問題を引き起こすのではなくエネルギー問題を解決し利益を得ることが自らのパーパスであるとはっきり認識し、その取り組みを投資家や規制当局が支援し、確実に遂行させることが、これまで以上に重要であり急務になっている。

地方、国、国際レベルの企業、投資家、公的機関、規制当局と並んで、共通のパーパスを定め資本主義システムを変革するうえで重要な役割を果たすべき機関がもう一つ存在する。しかし、その機関は意外にも、常に変革をリードしているわけではない。

―教育と思想

14世紀のルネッサンス期イタリアで人文主義（ヒューマニズム運動）を切り開いたのはフラ

ンチェスコ・ペトラルカ（本名はペトラッコ）だった。彼は、アリストテレスの「思慮」「節制」「勇気」といった徳は、人間の生まれつきの本性だけでなく、教育によっても身につくものだと主張した。ギリシャの哲学者が説いたように、徳こそがリーダーシップを導く力であり、(注13)ペトラルカは教育によって「徳の平等主義」が実現できると考えた。つまり、リーダーシップの資質は支配階級だけのものではなく、知識の源泉に関心を持ち、アクセスできるすべての人々に開かれていることを示した。

最近のさまざまな出来事からわかるのは、先見の明のあるリーダーシップは非常にはかないものであり、どんなに慎重に設計された民主的システムであっても、そのようなリーダーシップを常に確保できるわけではないということだ。はかないリーダーシップに代わり、本書では個人ではなく制度に焦点を当てている。それには、私が幸運にも人生の大半を過ごした組織から影響を受けている。その組織とはオックスフォード大学である。

オックスフォード大学とケンブリッジ大学はどちらも法人であり、両大学とも複数の法人から構成されている。両大学とも王室勅許によって設立された法人で、オックスフォード大学の36のカレッジとケンブリッジ大学の31のカレッジもそれぞれ法人格を持っている。これらのカレッジは、本書のテーマである「システム内のシステム」という概念をよく体現しており、カレッジ間の激しい競争が教育の成功に大きく貢献してきた。

成功を示す指標の一つは、長い歴史だ。両校ともその歴史は古く［オックスフォード大の設立は1096年、ケンブリッジ大は1209年」、ペスト、飢饉、内戦、世界大戦、啓蒙的あるいは抑圧的な君主に直面しながらも存続してきた。さらに驚くべきことに、こうした困難を乗り越えつつ、両校は常に世界最高ランクの研究・教育大学としての地位を保ってきた。もちろん、存続期間の長さがすべてではないが、そこには大きな価値と成功の証しがある。

1993年に私がオックスフォード大学に戻り、最初の教授としてビジネススクールの設立に携わったとき、大学はビジネスという分野に対して決して前向きではなく、多くの大学関係者は敵対的な態度を示していた。オックスフォード大学では、世界の主要大学のなかでもビジネススクールの設立がかなり遅かった。その遅れは、ビジネス分野が他の学問分野より研究の対象として価値が低く、オックスフォードという著名な大学にはふさわしくないと考えられていたためだ。ようやくビジネススクールの設置を決めた後も、「ビジネス」という語を使うことに抵抗があり、もっと知的で尊敬に値する印象を与えようと当初は「経営学研究大学院」と命名された。

オックスフォード大学の研究者がビジネス活動に携わるという話を聞いて、学界の多くの人々は学問の本質に反すると不快に思っていた。そのため、研究者が企業を立ち上げ、大学が研究成果を事業化して利益を得ることに関与するのは嘲笑の的になると考えられていた。

私がこの話を持ち出したのは、当時のオックスフォード大学を批判するためではない。ビジネスが不適切と見なされる風潮が社会の多くの部分にあることを強調するためであり、人々の態度や考え方は変わることを示すためだ。というのも、現在のオックスフォード大学は世界トップクラスのビジネススクールを持っているだけでなく、欧州の大学のなかでもスピンアウトや事業化に関して高い実績を誇っているからだ。25年間でのこの著しい変化は、ビジネススクールの設立が少なからず貢献したからだと思う。

オックスフォード大学の研究者が、企業の「負の側面」に懸念を抱いたことに根拠がないわけではない。確かにビジネスにはそのような一面がある。しかし、そうした懸念は、企業だけでなく、政治、政府、法律など、社会のほとんどあらゆる部分にも当てはまる。本書の中心的な提案は、企業は社会的ウェルビーイングを促進するための主要な機関になるべきであり、社会が抱える問題の解決と利益の創出が対立しない限り、それは可能だ。そして、社会問題の解決からもたらされる利益は、他のどの活動にも劣らず称賛に値するものだ。

ビジネススクールは、現在と将来のビジネスリーダーたちの教育に非常に大きな影響力を持っており、ビジネスリーダーがベストプラクティスとして採用する知識や考え方を伝えている。さらに、ビジネススクールは、他の機関にはなかなか達成できないほど、企業の行動に対する影響力を持っている。したがって、ビジネススクールには、既存の知識をただ伝えるだけではなく、新たな視点やアイデアを提示する先駆者となって、常識に挑戦する役割と責務がある。(注14)

この役割と責務を果たすために、ビジネススクールは、企業のパーパスを「利益を生み出す問題解決」として位置づける必要がある。学生には、リーダーシップを発揮し、問題解決志向型の企業や金融機関の創業者、リーダー、オーナーになるための教育を施すべきだ。さらに、地域、国家、国際レベルで公共、民間、慈善部門の間で共通のパーパスを定め、そのパーパス実現のためのパートナーシップを構築することの重要性を強調すべきだ。

加えて、ビジネススクールのカリキュラムでは、会計学に人文科学を、経済学に倫理を、人的資源管理理論に人間性を、マーケティング論に道徳を、経営戦略論に科学を、バリュエーションに価値観を、それぞれ組み入れるべきだ。そして、これらを選択科目ではなく、カリキュラム全体の中核となる必修科目とすべきだ。これらの科目は、ビジネススクールだけではなく、公共政策、法学、医科の各大学院にも関連している。つまり、大学のすべての学問分野はビジネススクールの教育において中核をなし、問題解決の概念はすべての専門大学院に関係しているのだ。

大学がビジネスの発展に貢献する方法は、ビジネス教育やスキルトレーニングだけではない。大学は、特に物理学、生命科学、医学の分野で新しいアイデアを生み出し、それをもとにスタートアップやスピンアウト企業を育成することで、地域社会におけるビジネスの成長を促進する重要な役割を果たしている。公的資金の減少による財務上の制約を補うため、大学はますますこの方向に進むことを余儀なくされている。オックスフォード大学の動向は、ビジネスの持つメリットを実現するだけでなく、より日常的な財務上の理由に基づくものでもある。

ビジネススクールよりも重要なのは、大学教育、専門教育、初等・中等教育を通じて、幅広い層にビジネスに関する知識を与え理解を促すことだ。企業と公共部門だけでなく、企業による地域レベルでの大学、専門教育機関、中学・高校などとのパートナーシップの構築が、多くの人々が人生を通じて新しいスキルを学びトレーニングを受け、能力を継続的に向上させるために、ますます重要になってきている。

企業は研究に資金を供給し、卒業生に職を提供するだけでなく、大学や専門教育機関から生まれる新しいスタートアップのメンターとなり、ネットワーク構築を手助けする役割も果たす。これにより、企業と教育機関との間に共生関係が生まれる。教育機関は新しいアイデアを生み出し、それが民間金融機関からの資金を呼び込み、成長企業に投資される。一方、企業は、教育機関から生まれたビジネスの設計・開発に関して助言する役割を担う。

しかし、教育がもたらす最も大きな影響は、研究や事業活動にあるのではなく、学生にある。パーパスの重要性を強調する教育は、学びへの意欲とともに、収入を得るための意欲を育む。また、自己と他者のウェルビーイングに意味を見いだし達成感や充実感を得ることを促す。そして、学生が卒業後に単に報酬を得ることを目的とするのではなく、生涯を通じて地域社会や国、あるいは国際的な場での貢献に自ら踏み出していくような価値観を育てる。

本章のまとめ

本章では英国を例に、経済学、企業、金融に関する従来の見解が根本的に誤っており、その誤りが経済や国、社会、産業、企業、そして投資家のパフォーマンスにどれほど悪影響を及ぼしているかを説明した。英国は、貨幣政策や財政政策の策定、企業および金融セクターの株式所有構造やガバナンスにおいて、ミクロとマクロの両面で優れた経済運営を行っていると評価されてきた。しかし実際には、多くの面で経済パフォーマンスは低迷している。

その原因については、これまでにもいくつかの理由が提示されてきたが、本書で指摘した理由の核心は、企業と金融の本質に対する誤解だ。英国企業と金融セクターの株式所有構造とガバナンスには重大な欠陥がある。そこには、「ボトムライン（つまり最終利益）だけが重要であり、最底辺に生きる人々（つまり貧困層）は全く重要ではない」という価値観が反映されている。このような問題を是正するために必要な投資を促進するどころか、英国の企業・金融システムはそれを怠り、先進国のなかでは最低レベルの実績に甘んじている。

このことが示しているのは、国と地域レベルの公共政策、公益企業によるエッセンシャルサービスの提供、ビジネスリーダーや従業員への教育と訓練に関する新たな考え方だ。この新しいアプローチは、本書の中心的な考えに基づいている。つまり、企業と金融はともに地球や社会という大きなシステムのなかにあるシステムであり、利益を上げながら人々や地球が抱える問題を解決することが、最終的には共有される繁栄という共通のパーパスにつながっていくのだ。

終章

結局、何のために？
少人数の利益のためか、
それともすべての人の
利益のためか。

世界が終わる前日、株式市場では何が起きているだろうか

奇妙な質問に思えるかもしれない。もちろん、市場も崩壊しているだろう。明日に価値あるものがすべて消えるのだから、それ以外にどうなるというのか。

しかし、待ってほしい。未来に対して確実だと言えることは何一つない。世界は来週、あるいは1年後に終わるかもしれないし、永遠に終わらないかもしれない。終わりを避ける方法が見つかるかもしれないからだ。人間は無限の想像力を持っている。これまで世界が終わったことはないし、その力を生かして今回もテクノロジーによって危機から脱出する方法を

きっと見いだすだろう。

シェルターをつくり、食糧を備蓄し、悪影響が及ばない孤島に移住する人もいるだろうから、一部の企業は今まで以上に忙しくなる。残りの企業はどうかというと、それもまた素晴らしい投資先だ。なぜなら、彼らはすべての内部留保を現金で投資家に払い戻すからだ。世界が終わる前日の株式市場は、大いに盛り上がるかもしれない。

私がこの問いを投げかけたのは、本書を執筆している今、一部の人たちにとってこうした事態が起きているからだ。人類は現在、水不足、洪水、火災、戦争、エネルギー不足、食糧不足、パンデミックの時代に生きている。もし私が宗教界の人間であれば、この災害の連鎖を「聖書に出てくる規模」と表現したかもしれない。しかし、経済学者である私は、単に偶然生じたランダム事象と見ようとする。ある人々はこれらの災害を同時に経験している。世界で最も困窮している人々は、明日にも世界は終わると思うかもしれない。

では、株式市場はどう反応しているか。この原稿を書いている２０２２年8月時点で、株式市場は好調だ。少なくとも昨日まではそうだった。だが今日は昨日ほど順調ではない。市場は米国の金融緩和を予想していたが、米連邦準備理事会（ＦＲＢ）のパウエル議長が、金融引き締め政策を維持する意向を示したからだ（注1）。現在、株式市場と株主の利益に影響を与えているのは、次に金利がどう変動するかという短期的な予想だけのようだ。現在直面している危機は、どのような影響を及ぼすのだろうか。水不足や洪水、火災、紛争、エネルギー不足、食糧不足、パンデミックによって、業績が好調な企業も少なくない。実際、産業や経済全体で見れば、多くの分野が喜ぶべき状況にあるのかもしれない。

大げさな言い方をしているものの、言っていることの本質はおおむね事実だ。金融と株式市場の世界は、現実世界から完全に切り離されているように見える。昔からそうだったかもしれないが、今は特にそう感じる。もしかすると、それは良いことかもしれない。大きな不安定の時期に少なくとも何かが安定しているからだ。経済や社会の他の部分で大きな苦しみがある時期に、投資家や年金受給者が健全なリターンを得られることは、むしろプラスの面があるかもしれない。

しかし、他者の苦しみから利益を得ている人がいるというのは、気分のいいものではない。その現実は確かにあり、何らかの理由があって仕方のないことだと言われても、強い違和感が残る。なぜなら、それは正しい行いではなく、完全に間違っているからだ。なぜそれが間違っているのか、何が間違っているのか、どうすれば早急に是正できるかが、まさに本書のテーマだ。

なぜ間違っているのか

それは非道徳的だからだ。それが非道徳的なのは、経済行動の指針となる基本原則の一つに「他者を犠牲にして利益を得てはならない」という道徳律があるからだ。では、なぜそこまで確信を持ってその主張が正しいと言えるのか。結局のところ、モーセが神から授かった十戒にそのことは書かれていないのではないのか。それとも書かれていたのか。

十戒の一つ（7番目または8番目）に「汝、盗むなかれ」とある。他者を犠牲にして利益を得るというのは、盗みと変わらない。つまり、他人から何かを奪い、自分の利益にするということだ。問題を生み出すことは、他者に困難を引き起こし、それを解決するための費用負担や不便を強いる状況をつくり出す。問題を生み出して利益を得るというのは、その困難を軽減したり被害を補償したりするコストを負担せずに、他者の苦しみから利益を得ることだ。「それがビジネスというものだ」とあなたは言いたくなるかもしれない。ビジネスは常に利益と不利益の両方をもたらし、全体として利益のほうが多ければ、それは良いことだ。法が認める範囲内の行為の場合、何が不利益で何が問題かを誰が判断するのか。もし法に違反する行為であれば、罰則や救済措置について決定するのは法システムである。

他者に及ぼすすべての問題を特定し、それを是正し解決することを企業に期待するのは、全く現実的ではないという批判もある。特に大企業においては、日々数千人、場合によっては数十万人の人々とグローバルに関わっているため対応は非常に難しい。もしそれを実行しようとしたら、企業は莫大なコストを負担することになるうえ、補償金目当ての不平分子や日和見主義的な人々によるロビー活動、交渉、妨害、訴訟、さらには刑事訴追にさらされることになるだろう。

そもそもビジネスとは他者との競争であり、他者を打ち負かし、その報酬として利益を得ることを目指すのが目的であり、競争の本質だと考える人もいるだろう。企業が競争相手に対して、自社が効率的で革新的であることによって、相手が被った損失を補償する必要などない。経済的に成り立たない工場を閉鎖し、事業を他の場所に移すとき、従業員に補償する義務もない、と。

道徳律は、企業の本質やその複雑さを全く理解せず、象牙の塔から発せられた説教のように聞こえる。ビジネスというのは、ゲームのルールを守りながら自由で公正な競争を行い、企業の成功を目指すというシンプルで実用的なものなのに、そのビジネス概念を道徳律は不自由で非現実的なものに変えようとしている。そのような考えは不必要な混乱をもたらすだけであり、今すぐ捨て去るべきだ、と思う人がいるかもしれない。企業は自然や環境、人間の健康に与える損害を完全に回復させたり補償したりすることは不可能だ。ビジネスパーソンにはそのような判断や決定を下す権限も能力もなく、それは民主的に選ばれた政府や政治家が行うべきだ、という主張もある。しかし、道徳律は、以上とは全く正反対の立場を提唱することもできる。実際、企業は常にこれらの問題について当然に考慮し懸念を示すことができる。したがって、企業が問題解決に積極的に関わっていくことなどできるはずがないと考えるのは少し単純すぎる。

本書は道徳律に対するこれらの批判や懸念が根拠のないものであることを示そうとしてき

たが、批判が出てくること自体は妥当なことだ。その背景にある懸念や問いに向き合うことが重要であり、現在はあまり考慮されていないポイントだ。というのも、企業が活動のなかで他者に損害を与える場合、それは「法律や政府、規制当局、哲学者、聖職者が解決すべき問題であり、企業自体の責任ではない」と片づけられてしまうからだ。企業は人生の複雑さや、環境・社会の問題に気を配ることなく、自社のビジネスだけに集中すべきだとされている。なぜなら、それが企業に課せられた役割であり、法や規制の範囲内で行われているからだ。

本書は、道徳律を導入することでそれらの主張を断固として退け、他者に問題を引き起こすのではなく問題を解決して利益を得ることを企業の中核に据えるべきだと訴えてきた。そして、企業内において、環境・社会課題や道徳上の問題に対して責任を持ち、それらの解決に専念する役職が必要だと主張した。それに責任を持つのは、倫理責任者やサステナビリティ担当者、法務担当役員では不十分だ。企業の形成と存在にはるかに重要な役割を担う者、つまりオーナーや取締役会であるべきだ。企業を所有し経営することは、まさにそれらの問題に対し責任を負い、その解決を導くことだからだ。

― 何が間違っているのか

この問いの答えは、システムだ。まず、私たちはそれを認識しておらず、さらにそれを誤解し、間違った方向で設計している。もちろん、企業がシステムとして機能するという概念は十分に理解されている。しかし、全く理解されていないのは、それらがさらに大きなシステムの一部を構成するものと捉えられるべき点だ。

従来の考え方は、企業は社会、環境、政治に関する問題にほとんど関与せず、独自の成功を追求する独立した存在であり、正当な権限を持っていない政治的問題には取り組むべきでなく、顧客、従業員、投資家を満足させるため本業に専念すべきだとされてきた。

本書が提唱するのは、これとは全く異なる見方だ。

企業の存在理由は、その企業が属しているより大きいシステムに貢献することであり、自身をシステムの中の一つのシステムとして認識することだ。企業は全体的なシステムの一部であり、特定の機能を果たす役割を担っている。もちろん、企業と経済の接点は経済モデルの中心的要素であり、本書の冒頭で述べたビリヤードのボールの例え話はそれを示すものだった。企業と経済（または他の企業）との関係は市場の力や競争原理に基づいて成り立っているが、市場と競争メカニズムがうまく機能しない場合には、規制当局や政府が介入して企業の行動を制御することが求められる。そして、この例え話では、ビリヤードのボール（企業）は他のボール（経済や他の企業）との関係を自分でコントロールすることができず、市場や競争、あるいは規制によってその関係が決まることを示している。

市場と競争に依存するこうした仕組みは、企業から自主性を奪い、自らの成功を追求すること以外に、社会や環境との関わり方や役割を自分で決められないようにしている。本書は、このような還元論的なアプローチを否定し、企業はより大きな経済、社会、環境システムのなかで、それらのシステムとの関係と自らの役割を自分自身で決めることができる存在として認識されるべきだと提唱している。

企業をシステムの一部として位置づけるアプローチが適切だと、なぜ言えるのだろうか。それは、市場が不完全で、欠陥だらけで、誤った情報が流れ、政府や規制当局が市場と同じくらい問題を抱えているからではない。本当の理由は、システムアプローチによって豊かさがもたらされるからだ。このアプローチでは、関係者のなかでも特に企業が、自らの役割をより広い枠組みのなかで認識し、そこに対して貢献する意欲を持てば、企業自身だけでなく、すべての関係者に利益をもたらし、豊かになる。企業の周りにいるすべての人に良い影響を与えて彼らのウェルビーイングを向上させることができれば、最終的には企業自身も繁栄する。

しかし、システムアプローチが常にうまくいくわけではない。社会主義体制は、このアプローチを何十年にもわたって実行しようと試みたが、人々はその結果に長年苦しめられた。失敗の理由は、市場と競争が持つシステムを効果的に構築する力を無視し、代わりに中央集権的な統制構造に依存し、指導者が上からシステムを管理するという本来あり得ない方法をとったことにあった。

どのような解決策であっても、市場と競争の機能を低下させるのではなく強化し、それを構成する企業に対して、より多くの自由と自己決定権を与えるべきだ。必要なのは、システムの中にさらにシステムがあり、各構成要素がシステムへの貢献を自身で決定し、実行する仕組みである。本書が従来の市場アプローチと異なるのは、各構成要素が単に自己の利益をがむしゃらに追求するのではなく、他者の利益を促進することによって最良の結果が得られると提案している点だ。本書は、企業に対して自己中心的な視点ではなく、他者に配慮する視点を持つべきだと主張している。

どうしてそれが、既存の自己中心的なシステムより優れていると言えるのか。答えは単純で、すべての関係者が他者への支援を重要な役割だと考えるようになれば、それが全員に豊かさをもたらすからだ。前章では、この考え方が、官民の生産的な関係がミクロとマクロの両レベルで経済的利益をもたらしている例について説明した。しかし、現在は、両者の利害対立によってその関係が損なわれていることがほとんどだ。官民の協力がうまくいけば、公共部門による民間部門への投資を促進し、民間部門によって地方、地域、国レベルで社会や環境に便益をもたらす投資が促される。

しかし、本書の冒頭で述べた重要な注意点が一つある。それは、他者への共感や関心だけでなく企業自身に利益をもたらすものでなければ、この仕組みは機能しないことだ。利他主義だけでは十分でない。私たちは、個人や組織の善意に頼って他者のウェルビーイングを促進することはできない。ステークホルダー資本主義や責任ある資本主義の考え方にある重大な問題は、まさにこの点にある。これらの考え方は、たとえステークホルダーと株主の利益が対立する場合でも、企業がステークホルダーの利益向上のために行動すると期待している。

ステークホルダー理論の支持者たちは、「ステークホルダーにとって良いことは企業や投資家にとっても良いことであり、両者の利害はしばしば一致する」と主張するのを好む。しかし、残念ながら、常に一致するとは限らないし、明らかに一致しないケースもある。例えば、企業のなかには自社の利益のために、自社の廃棄物や汚染を他者に押しつける、依存性の高い製品を販売する、従業員を劣悪な環境に置く、課税を回避する、といった例がある。トレードオフや対立がある場合にこそ、最も難しい問題が生じるのだ。

企業が環境や社会全体の便益を促進するには、それが企業にとって利益になる必要がある。つまり、利益にならなければ何も実現しないという現実を認識しなければならない。だからこそ、本書の中心部分は、その実現方法について述べている。

どのように修正するか

本書が提唱する企業のパーパスは、問題を生み出して利益を得るのではなく、利益を伴う形で問題を解決することだ。このパーパス概念には二つの役割がある。第一に、利益とは何かを定義する役割だ。利益は問題を引き起こしてではなく解決することで得られるものである。第二に、自己の利益と他者の利益を一致させる役割だ。具体的には、両者の一致は、問題解決策が利益を生むものでなければならないという要件を設けることで実現する。

言い換えれば、他者に問題を引き起こして得られる利益や、利益を伴わない解決策の両方とも無効となる。これにより、企業が他者に損害を与えて利益を得ることも、利益を上げずに他者を手助けすることも防止できる。つまり、無責任なビジネスや利益を伴わないビジネスを排除し、事業活動に責任を持たせ、責任ある事業活動には利益を伴うよう求めることになる。政治的に右派寄りの人は「無責任なビジネスの排除（他者に害を与えることで得られる利益を無効にする）」を嫌い、「事業活動に責任を持たせること」を好むのに対し、左派寄りの人はその逆を好むだろう。したがって、すべての人に歓迎される部分もあれば批判される部分もあるが、両者の懸念に対処できる可能性もある。

本書の提案は、自由と解放の概念を強化するものだ。他者を犠牲にして利益を得るという無責任な行動を抑えることができれば、厳格な規制を設ける必要がなくなり、企業は自分たちで自由に意思決定を下せるようになり、その結果、自由市場や競争が効果的に機能する。

この提案では、取締役会は株主に対してのみ説明責任を負うため、ステークホルダー理論で要求される複雑で何重にもわたる監視や説明責任は必要ない。なぜなら、利益が問題解決のために必要かつ十分な指標となるからだ。つまり、利益が得られるところで問題が解決され、問題が解決すれば利益が得られる。これにより、株主と社会の利益は一致することになる。

利益が必要かつ十分な指標になるということは、取締役は「株主の利益のために企業の成功を促進すること」という会社法上の義務に専念すればよいことを意味する。当然、企業は直面する問題やそれに対する最適な解決策を考える際に、ステークホルダーと対話し、意見を求めることもあるだろうが、法律上の説明責任や取締役の選任・解任の権限は、現状のまま引き続き株主にのみ与えられる。

だからこそ、株式所有のあり方は非常に重要だ。株主にとって、自分たちの企業が問題を解決し、そこから利益を得ていることを確実にすることが自身の利益となる。もし企業が他者に犠牲を強いることで利益を得ている場合は、問題の是正や補償にかかるコストを負担するリスクにさらされることになり、企業が利益を伴う形で問題を解決していない場合、株主は本来得られたはずのリターンを得ていないことになる。

現在、株式の大部分がグローバルなインデックスファンドによって保有されている。インデックスファンドの投資家は、環境、政治、規制、社会に関するグローバルなシステミックリスクにさらされているが、個々の企業に関するリスクにはさらされていない。株主が投資先企業を監視し、関与する義務を果たすための十分なインセンティブを持つには、特定の企業の株式を十分に所有し、その企業の成功や失敗に直接利害関係を持つ株主が必要だ。

世界中の最大規模の上場企業を見ると、資産運用会社による分散した株式所有と、創業家一族や財団、公的機関などのブロック株主による集中した株式所有が併存している。分散株主は、投資先企業がグローバルなシステミックリスクにさらされ、またそのリスクをどのように管理しているかを懸念し、ブロック株主は、企業が利益を伴う形で問題を解決し、問題を引き起こさないことに関心を持つ。

二つのタイプの株主グループは、投資に際してそれぞれ異なる種類の情報を必要としている。グローバルな分散株主はESGに関するデータの提供を、ブロック株主は企業が問題解決に成功しているかを評価するための具体的な指標を求める。これら2種類のデータが合わさることで、企業が問題を解決し、自社が与えた悪影響を是正するために負担すべきコストを計算することができる。

これらのデータは、問題を引き起こして利益を得ることを避けるために負担すべき「真のコスト」と、問題解決から得られる「正しい利益」を反映する企業会計制度を構築する基礎となる。また、従業員と株主の利益を一致させ、企業と株主の利益を周囲の地域社会や環境の利益と調和させる。さらに、世界で最も貧しい地域にある零細企業から先進国の巨大な多国籍企業に至るまで、すべての企業が掲げるパーパスや問題解決を実行するために必要な財源、特にエクイティ・ファイナンスを確保する際に役立つ。

このような企業概念の再定義は、企業の力を生かして資金を調達するだけでなく、現場の従業員や今後ますます協力関係を深めることになるパートナーシップの相手方に対しても大きな利益をもたらすことになるだろう。問題解決には、企業内で権限を委譲し、組織内のすべての人が、企業のパーパスに対する自分の役割と貢献を認識できるようにすることが欠かせない。

権限委譲により、大規模な多国籍企業であっても、世界中で直面する複雑な問題や外部組織との関係を効果的かつ実践的に管理できるようになる。取締役から現場の従業員に至るまで、すべての人が企業のパーパスの一端を担う責任者であり、そのパーパスを実現するために必要な資金援助を受ける。言い換えれば、企業のあらゆる部門が、問題解決というパーパス実現に対する責任を担い、それに必要なエクイティ・ファイナンスを受けるシステムとなっている。

企業が権限委譲を通じて組織内の全員に力を与え、各自が役割を果たせるようにリソースも提供することで、従業員は自分が評価されていると実感してモチベーションや発想力が高まり、企業のパーパス実現に向けて積極的に貢献するようになる。このアプローチは、企業が他の団体や組織と連携して共通のパーパスを策定し、地域、国、地球規模の問題を解決するための基盤となる。さらに、企業が政府の当然のパートナーとなり、政府が投資家とともに企業に投資することを促進する役割も果たす。これにより、企業は単にステークホルダーや投資家の利益を追求するだけでなく、社会全体や経済、国、さらには環境にも貢献する主要な存在として捉えられるようになる。

官民の協力

第2次世界大戦後のマクロ経済は、財政・金融政策の拡張と縮小の繰り返しの歴史だった。従来の説明では、戦争直後からケインズ主義による政府支出の拡大と金融緩和政策がとられ、1970年代末にインフレと失業率の上昇とともにその政策が終わったとされている。80年代から90年代半ばにかけては財政、金融とも緊縮政策がとられ、その後、徐々に緩和された。

2008年の金融危機によって緊縮財政は中断されたが、2010年代には緊縮財政と金融拡大という異例の組み合わせが採用され、2020年の新型コロナウイルスのパンデミックによって一時的に財政・金融の拡張政策が復活した。現在、各国はインフレに対処して景気後退を避けようとしており、財政・金融の緊縮政策が再び実施されている。ブラジル、チリ、コロンビア、英国などで行われた「無謀な」財政拡大の試みは、国際資本市場が「財政規律」を求めたことにより、すぐに撤回された。

しかし、戦後の歴史は、地域や国、国際的な問題を解決するために、時には公共部門（政府）の力を使い、時には民間部門（企業）の力を使うという試みが繰り返されてきたとみることができる。このように「官」と「民」の間で振り子のように揺れ動いてきたと捉えるほうが、示唆に富んでいる。第2次世界大戦直後は、ケインズ主義によって公共部門が重視され、その後、マーガレット・サッチャーやロナルド・レーガンの影響で民間部門の活力に力点が置かれた。2000年初頭には両者のバランスがとれた組み合わせが見られ、2010年代には国の役割が後退し、民間部門への依存が高まった。2020年代初頭は新型コロナウイルスのパンデミックの中で、国の重要性が再認識された。その後、インフレ圧力と財政制約が相まって民間部門と公共部門の両方において自由度が制約されているように見える。

民間部門と公共部門の失敗は、両者を補完関係ではなく代替関係と見なす誤った認識に原因がある。本来、民間部門は、公共部門が行うことのできない新しいアイデアの実験や変化への柔軟な対応など、問題に対する革新的な解決策を提供する存在として、公共部門は、民間部門では提供できない制度や規制などの枠組みや資金を供給する存在として、それぞれ認識されるべきだ。必要なのは、緊縮財政でも「無謀な」財政拡大でもなく、官民の投資による支援を受けながら、単独では達成できない規模と期間でグローバルな問題に取り組むという共通のパーパスを持つための枠組みだ。

現在、官民とも、予算を確保してからその範囲で問題解決を考えることが多いが、それは原因と結果を混同している。本来は、問題解決にどのくらい資金が必要であるかが、財務面での判断を決定する要因になるべきだ。まず、解決すべき問題を定義し、次に問題解決に必要な資金を公共部門と民間部門の協力でどのように調達するかを考えるべきであり、民間部門と公共部門がそれぞれ独立して財務目標を決め、それをもとに自らの問題を解決しようとするのは誤りだ。そして、こうした官民の協力を地方、国、地域、世界レベルでも行う必要がある。

もしこれが実現すれば、本書で議論されている危機は自然と解決されるだろう。これまで私たちは、解決すべき問題の正しい定義すらしてこなかった。新型コロナウイルスの問題に対しては、ワクチンの特性を決定し、その供給方法を確立することが重視された。エネルギー問題は当初、環境や二酸化炭素排出が主な関心事だったが、その後、ロシア・ウクライナ戦争の勃発とともに、エネルギー不足や安定供給、エネルギー価格へ問題の焦点が移った。アルコール、ファストフード、砂糖の摂取やギャンブルに関しては、それらの依存性や、身体や精神の健康に及ぼす影響が問題視されている。

解決すべき本当の問題は、ワクチンを世界の最貧国から富裕国まで平等に供給・配分すること、再生可能エネルギーを誰もが手に入れやすく、かつ手ごろな価格で生産・供給・分配すること、人々に喜びやリラクゼーション、社会的交流をもたらす製品を個人や社会、環境に害を与えず手軽に利用できる形で提供することだ。単に症状だけでなく、根本的な問題を理解し、それを解決するために誰と協力し、または競争する必要があるかを見定めるべきだ。

▍二つの世界

二つの資本主義の世界が存在する。一つは、現在、危機に直面している資本主義の世界で、そこでは利己的な個人が、他者に損害を与えて利益を最大化する企業に投資する。そして企業は他者の利益を図るとともに、他者の犠牲の下に利益を得る。もう一つは、同じく利己的な個人が、他者に問題を引き起こしてではなく他者の抱える問題を解決して利益を得る問題解決志向型資本主義の世界だ。

第一の世界では、政府が法により「ゲームのルール」を定め、それに従う形で企業が利益最大化を目指すことが認められている。第二の世界では、企業が社会に悪影響を与えないように、私法と公法によって企業の行動が監視され、他者に害を与えない形で利益を上げることが推進される。

第一の世界には、世界中に幅広くポートフォリオの形で投資している多数の分散株主によって主に所有される企業があり、第二の世界には、特定の企業の株式を大量に保有する少数のブロック株主が存在し、ブロック株主は投資先企業が問題解決というパーパスにコミットするよう責任を負っている。

第一の世界に存在する株主利益最大化を目指す企業は、トップダウンで経営される。一方、第二の世界に存在する問題解決志向型の企業は、分散型で権限が委譲され、現場の従業員が企業のパーパス実現の一端を担い、それを実行する権限が与えられている。前者は株主に対してのみ説明責任を負い、後者は株主に対して説明責任を負いつつ、それに加えて企業が影響を与え支援する者たちにも責任を負っている。

第一の世界の企業は、投入資源（インプット）と結果（アウトプット）を測定するが、第二の世界の企業は、結果だけでなくその影響についても測定する。前者は、他者を犠牲にして得たものでも利益として計上するが、後者はそれをしない。後者は自ら引き起こした問題の是正や被害の回復や補償にかかる真のコストと、製品の製造コストを計上する。前者は借金をし、破産し、他者にコストを押し付けるが、後者は主にエクイティ・ファイナンスを利用し、将来に十分な備えをし、他者の自己資本に対しても投資を行う。後者は、地域、国、国際レベルで公共部門と共通のパーパスを定め、各レベルの公的機関から投資を受ける。

前者は、政府や規制当局から求められた場合にのみ、負の外部性を内部化する。一方、後者は、自ら率先して負の外部性を内部化し、さらに政府からインセンティブが与えられた場合には正の外部性を創出する。

第二の世界は本当に存在し得るのだろうか。本書で何度も示したように、その多くの要素を満たす世界はすでに存在している。特に、1人当たりGDPが非常に高く、所得格差が非常に小さく、労使関係が良好で、人間の幸福度が高い国に存在している。その国には、問題解決志向型資本主義に必要な株式所有構造とガバナンスがあり、授権的な法と規制による支援や、期待される成果を実現するために官民両部門が密接に協力するパートナーシップによって支えられている。その国とはデンマークであり、同国の企業財団法、株式所有構造、ガバナンスは、デンマークの経済的成功や、国民の幸福、社会の発展に大きく貢献している。

では、二つの世界は共存できるのだろうか。第一の世界の企業が存在する状況で、第二の世界の企業は生き残ることができるのか。答えは、共存は可能であり、実際に共存している。デンマークの注目すべき特徴の一つは、小規模な開放経済の国であり、第一の世界の国や企業と競争しなければならないにもかかわらず、繁栄を実現している点だ。

一方、第一の世界の失敗を体現する代表例が、英国だ。過去20年間、おそらくこの1世紀の大部分にわたって英国は、投資や生産性、成長率が先進国で最低レベルにあり、地域間格差は最大となっている。世界最大級の金融市場を持ち、株式所有が最も分散しており、少数株主保護が最も手厚く、最も活発な企業支配権市場が存在する国だ。優れた資本主義システムに期待されるすべての要素を備えているにもかかわらず、失敗や問題が噴出している。

したがって、第二の世界の資本主義（問題解決志向型資本主義）を採用する国々の成功や利益は、自国民に恩恵をもたらすだけでなく、他の国や世界全体にもプラスの影響を与えるのは明らかだ。他方で、私たちは他者に問題を引き起こす企業を「他者を犠牲にして生き延び、繁栄する寄生的な存在」として認識すべきだ。そこにためらいや遠慮は不要だ。不正な手段で利益を得て他者を犠牲にする者には、規制や罰則によって制裁を科すべきだ。公正さを欠いた競争は自由に行わせるべきではなく、実際、自由にはさせないだろう。すべての国と企業は、グローバルなシステムの繁栄と成功の促進に貢献する義務を認識すべきだ。

重要ポイントの再確認

本書は、次のことを主張してきた。

- 黄金律を「自分がしてほしいと望むことを他者にする」から「他者がしてほしいと望むことを他者にする」に再定義する。
- 再定義された黄金律は、人々や地球の問題に対して利益を生む解決策を提供するという企業のパーパスに反映されるべきであり、問題を引き起こして利益を得てはならない。
- 企業は、他者に損害を与えて利益を得ないことを条件に、自らのパーパスを定める。
- そうすれば、取締役は複数のステークホルダーではなく、株主に対してのみ義務を果たすよう専念できる。

そのためには、次の点が要求される。

- 企業のパーパスを、世界各国の会社法の中心に据えるべきだ。
- 一部の法域では、企業のパーパスを重視するための法的基盤がすでにあり、裁判所が現行法を適切に解釈することでそれを実現できるかもしれない。

・他の法域では、新たな立法が必要だ。
・支配株主は、投資先企業が解決すべき問題に対して責任を負い、問題を引き起こすことなく利益を生み出す解決策の創出を後押しすべきだ。
・リーダーは、その組織のパーパス、価値観、文化を明確にし、コミットすべきだ。また、それらを実現する責任者に権限を委譲しリソースを与えるべきだ。

測定とファイナンスはきわめて重要だ。

・企業の利益や国民所得の計算に際しては、形式的な法的境界の内外にいる自然環境を含めたすべての人々のウェルビーイングを維持するためのコストを計算すべきだ。
・組織は、自らが引き起こした問題の是正と改善のコストを負担し、それを管理会計や財務報告に反映させるべきだ。
・企業のパーパスに関して、会計原則や財務報告の国際基準が策定されるべきだ。会計士や監査人は、それらの遵守を確保すべきだ。
・機関投資家は、問題解決というパーパスを実現するために十分なリスクキャピタルを主としてエクイティ・ファイナンスの形で供給し、パーパスが利益を生む形で実現できるよう関与すべきだ。

公共部門と民間部門は手を取り合うべきだ。

- 公共部門と民間部門のリーダーは、取り残された人々、地域、国を包摂する共通の繁栄を築くために共通のパーパスを策定すべきだ。
- 中央政府、金融機関、組織は、共通の繁栄を実現するために最適な立場にある部門や人材に権限を委譲し、資金を与えるべきだ。
- 規制当局は、支配的企業やエッセンシャルサービスを提供する企業が掲げるパーパスを、顧客や地域、社会、環境の利益と一致させるよう、役割を果たすべきだ。
- 大学やその他の教育機関は、リーダーや従業員に対し、パーパス主導型組織を支援するために必要な知識とスキルを提供すべきだ。

■始まり

2022年12月13日火曜日、私が本書の執筆を終えようとしていたころ、英国では凍えるような寒さのなか、多くの人々が自分の家を暖めるために必要な燃料の代金を払えるかどうか心配していた。その日に、世界の歴史に新たな時代の到来を告げるニュースが流れた。米エネルギー省が「核融合点火」に成功したと発表したのだ。核融合点火とは、核融合によって、それを生み出すために使ったレーザーエネルギーよりも多くのエネルギーが生成されるエネルギーの損益分岐点である。(注2) エネルギーが潤沢にある時代が始まったのかもしれない。

人類が生物(l)を創造し操作する能力、人工知能(i)を生み出す能力に加えて、豊富なエネルギー(e)は、私たちの住む世界を一変させる力を持っている。しかし、これらの新技術の組み合わせが致命的な誤りではなく、より良い生活を創り出すことを確実にするには、それらの間に新たな形の人間の感情(f)が必要だ[これでlifeとなる]。科学からこれまでにない株式市場のブームが生まれるかもしれないが、たとえこれらのテクノロジーが期待通りの成果を達成したとしても、そのブームは科学の結果でなければならず、科学がブームを引き起こす手段(原因)として利用されることがあってはならない。そうでなければ、科学が私たちの破滅の原因になることは避けられない。

もし、利益、システム、問題解決を中心とする資本主義の再構築が、これほど多くのものを提供するのであれば、なぜ19世紀に法人設立の自由が最初に認められたときに、そのように設計しなかったのだろうか。その答えは、当時、競争市場が社会全体に利益をもたらす力があるという新しい考え方への信頼が高まっていたからだ。つまり、実用主義や多元主義よりも、競争や自由を信仰する特定のイデオロギーや理論が優先されたわけだ。

これには重要な教訓がある。企業が小規模な家族経営で、地域に密着していたころ、そうしたイデオロギーや理論はビジネスにとって適切な枠組みだったかもしれないが、20世紀以降、企業はより大規模になり、機関投資家によって所有され、国際的になるにつれて、問題はますます深刻化した。

その結果、政府は反トラスト機関や規制当局、税務当局として、さまざまな分野で企業と対立せざるを得なくなった。これにより、政府は、これまで以上に貪欲で強大で裕福な企業を抑制するという重荷を背負った。最近では、分断や対立が激化し、政治と経済のシステムに大きな負担がかかっている。

企業、投資家、公益を調整するという課題の背後にある一つの目的は、このような分断を修復し、地域、国、社会全体で共通のパーパスを確立するための基盤を提供することだ。これは、個人主義や新自由主義の「私」でも、共同体主義や社会主義の「私たち」でもなく、人間主義と人道主義の「彼ら」に関するものだ。それは、アリストテレス倫理学の人間性やヒューマニズム教育に依存するのではなく、私たちと関わる企業の本質に焦点を当てるものだ。

この考え方は、私たちの制度、組織、企業、政府の構造と行動に関するものであり、黄金律の再定義がこれらの創設と存続の基盤となる法の支配を決定する道徳律を確立し、その道徳律が企業や政府などに収益や歳入をもたらし、これらは資源や動機付けになる。また、この考え方は、資本主義の基盤が創設されたときに何が意図されたのかを理解し、アダム・スミスの『道徳感情論』が説く人間性と知恵、そして『国富論』における富の源泉と成功を再評価することの重要性を訴えている。

しかし、注意点もある。一時的には、企業、経済、政治システムにとって良いアイデア、モデル、アプローチに見えるものが、別の時代には全く適さなくなるかもしれない。本書で述べたことは、現在の資本主義システムで観察される多くの深刻な欠陥を是正する方法を提供するものだ。最も重要なのは、世界が自己崩壊するのを避けるにはどうしたら良いか、その方法を見いだす可能性を提供することだ。

だが、それにも限界がある。T・S・エリオットが「私たちは探求をやめることはないだろう。そして、探求の終わりに、私たちは出発点に到達し、その場所を初めて知ることになる」(注3)と述べたように、新しい問題が発生すると別の対応策が必要となるため、現在の対応策はそこで力を失うことになる。

ノーベル経済学賞を受賞したミルトン・フリードマンはこう述べている。「実際の、または認識された危機だけが、実際の変化をもたらす。その危機が起きたとき、どんな行動がとられるかは周囲にあるアイデアによる。既存の政策の代替案を開発し、政治的に不可能なことが政治的必然になるまで、それらを生かし続け、利用可能にしておくこと。これが私たち経済学者の基本的な役割だと思う」(注4)。私たちが望んでいる資本主義の再興が政治的に認められ具体的に実現するまで、あと何回の危機に耐えなければならないのだろうか。

答えはこうだ。フリードマンのもう一つの有名な言葉、「企業の唯一の社会的責任は、ゲームのルールの範囲内、つまり欺まんや詐欺のない開かれた自由競争の下で、利益を増やす活動に資源を用い、従事することだ[注5]」に「他者に問題を引き起こして利益を得てはならない」との一文を加えない限り、私たちは生きている限り危機に耐え続けなければならない。

既存の政策の代替案を探し、それらを生かし続け、利用可能にするための旅に同行していただいた皆さんに感謝申し上げる。言うべきことは言いつくした。もうこれ以上、お騒がせすることはありません。

謝辞

これまでに刊行された書籍と同様、本書もまた多くの研究・調査プログラムの成果に依拠している。そうした成果は、『ファーム・コミットメント』と『株式会社規範のコペルニクス的転回』でも言及したが、本書の執筆においても重要な役割を果たしてくれた。特に、英国学士院での「企業の未来」プログラム、オックスフォード大学サイード・ビジネススクールでのオーナーシップ・プロジェクト、同ビジネススクールでのパフォーマンス再考プログラム、マースとサイード・ビジネススクール共同の企業における互恵性（互恵の経済学）プログラム、サイード・ビジネススクールでのパーパス策定イニシアティブ、オックスフォード大学ブラバトニック公共政策大学院での取り残された地域の復興と価値観および価値の基礎に関するプログラム、ロンドンでのパーパス志向型企業プログラム、スコットランド政府主催のビジネス・パーパス委員会での研究成果に多くを負っている。私はこれらすべてのプログラムにおいて、8年以上にわたり拠点リーダーまたは共同リーダーを務めてきた。

本書の執筆では、次に掲げる私のこれまでの経験にも依拠している。すなわち、英国競争審判所の審判官としての活動、オーロラエナジーリサーチとオクセラの創設メンバーとしての活動（この2社がその専門分野で最も大規模で重要な企業に成長している）、インド証券取引委員会の国際諮問委員会委員としての活動、英国自然資本委員会委員としての活動、オックスフォード・プレイハウスの運営委員会メンバーとしての活動、オックスフォード大学サイード・ビジネススクールの最初の教授およびその後の研究科長としての活動、欧州コーポレート・ガバナンス協会の創設メンバー、フェロー、ボードメンバーとしての活動、世界コーポレート・ガバナンス会議での活動、ロンドンの経済政策研究センターにおける金融経済プログラムのフェローおよびディレクターとしての活動、オックスフォード大学ワダムカレッジにおけるプロフェッショナルフェローおよび副学長としての活動である。

アマール・ビデ、アンドリュー・ブリッグス、ルース・チャン、ポール・コリアー、ルイス・コレイア、ロバート・エクレス、ファアト・エセル、ジョージ・エリス、マルクス・ガブリエル、キャメロン・ヘプバーン、ジョン・ヒックリン、ウィル・ハットン、マーティン・リプトン、アネッテ・メイヤー、ハンナ・メイヤー、アネット・マイクス、アンドリュー・マウンドフィールド、トーマス・ヘルマン、デニス・スノーアー、レオ・ストライン、デビッド・タケット、ピーター・トゥファノ、イラ・ウーネル、デヴィッド・ヴァインズ、ルパート・ヤンガー、2名の匿名の査読者は、本書の草稿に対し非常に有益なコメントを寄せてくれた。また、オックスフォード大学出版局でビジネスと経済学のコミッショニングエディターであるアダム・スワローはシリーズ3冊目である本書の出版に当たり継続的に支援してくれた。同出版局で社会・行動科学のプロジェクトエディターであるフィービー・アルドリッジは本書の出版まで手続きを進めてくれた。さらに、オックスフォード大学ブラバトニック公共政策大学院は本書の執筆中に私を客員教授として迎え入れてくれた。ここに記して感謝申し上げたい。

本書の基となっている研究に対し多数の研究助成を受けた。その中でも特に、英国学士院の株式会社の将来プログラムに対する支援、オックスフォード大学サイード・ビジネススクールのパーパス策定イニシアティブに対する支援、国立経済社会研究所のマクロ経済学の再構築、地方分権プログラムに対する支援、欧州連合のHorizon 2020におけるマリー・スタウォドスカ・キュリー・アクションによる支援、オックスフォード大学サイード・ビジネススクールにおけるオーナーシップ・プログラムに対するフォード財団による支援、同ビジネススクールのビジネスにおける互恵性プログラムに対するマースの互恵の経済学財団による支援、オックスフォード大学ブラバトニック公共政策大学院の倫理と価値に関するプログラムに対するハンブルクのニューインスティテュートによる支援、同大学院の取り残された地域の再興プログラムに対するオックスフォード大学マーティン校による支援、オックスフォード大学サイード・ビジネススクールのパフォーマンス再考イニシアティブのコンソーシアム会員からの支援をここに記しておきたい。さらに、英国学士院の株式会社の将来プログラム、オックスフォード大学のパーパス策定イニシアティブプログラム、オーナーシップ・プログラムの助言・運営委員会による助言に感謝申し上げたい。

私は長年にわたってともに研究を続けてきた友人や同僚から計り知れない恩恵を受けてきた。ここでは、先に述べた人物に加え、ジョン・アーマー、リチャード・バーカー、リリアン・バラット、イアン・ベイトマン、マルコ・ベヒト、イザベラ・バン、クレア・チャプマン、ジェニファー・コルベット、ポール・デイビス、アレックス・エドマンズ、ジェレミー・エドワーズ、ルカ・エンリケス、テッポ・フェリン、ジョン・フェダーセン、ジュリアン・フランクス、レオ・ゴールドシュミット、ジェフ・ゴードン、トム・ゴズリング、ディーター・ヘルム、セシリア・ヘイズ、ジョン・フッド、ジェイ・ヤクブ、ティム・ジェンキンソン、ジョン・ケイ、ヴァレリー・ケラー、ブリジット・クスティン、メアリー・ジョンストン・ルイス、ジョージナ・メイス、フィリップ・マッキャン、宮島英昭、スディール・ラマ・マーシー、デニス・ノーブル、小川亮、ポール・ポルマン、アンドレア・ポロ、ヘンリー・リチャーズ、ブルーノ・ロシェ、ケイト・ロール、ピーター・ロス、ヤコブ・シューマッハー、トム・シンプソン、ジュディス・ストローレ、スティーン・トムセン、ガレス・ウィリアムス、キャシー・ウィリス、アミル・アメル・ザデーの名前を挙げたい。また、本書のアイデアを披露し、議論し、テストするために、世界各国から何百ものサミット、カンファレンス、レクチャー、セミナー、ワークショップ、ウェビナーに招待してくださった主催者の方々にも感謝申し上げたい。

書物の執筆の間、一番負担をかけたのは明らかに私の家族である。本書の執筆にあたって、私の家族、特に妻のアンネッテに対してその絶え間ない支援に深く感謝したい。私たちは、生きるために働くが、単に働くために生きているのではない。本書はこのテーマに関する最後の本であり、これが最後の言葉となるだろう。

解説

宮島英昭（早稲田大学商学学術院教授）

第2次世界大戦直前の文字通りの危機の時代を幸運にも生き延びることのできた少女の逸話から始まる本書（原題はCapitalism and Crises）は、オックスフォード大学コリン・メイヤー教授の資本主義システムに関する3部作の最終作に当たる。２０１４年の第1作目『ファーム・コミットメント』（原題はFirm Commitment）は、現在の資本主義の何が問題なのかを問い、コミットメントと信頼の欠如を強調した。２０１８年の第2作目『株式会社規範のコペルニクス的転回』（原題はThe Prosperity）では、その解決を社会的課題の解決と利益の両立を追求するパーパス経営の実現に求めた。(注1) 最終作である本書は、このパーパス経営の実現を中心とする新しい資本主義を再構築するための基本原則と具体策の提示を主題としている。

通読すればわかるように、危機を繰り返し引き起こす現在の資本主義システムの再構築の核となるのは、資本主義の原動力である利潤概念の再構成であり、その基礎が再解釈された黄金律だった。「自分がしてほしいと望むことを他者にしなさい」（新約聖書にある「山上《さんじょう》の垂《すい》訓《くん》」の一節）という従来の黄金律を、「他者がしてほしいと望むことを、他者にしなさい」という新たな黄金律に転換することが出発点となる。この再解釈された黄金律を基礎として利潤概念を再構成し、企業の目的（パーパス）を「問題を引き起こすことではなく、問題を解決することによって利益を上げること」という形で定式化した。

こう定義することによって、第一に、正当な利益の獲得が求められ、他者を犠牲にして利益を上げることが不当な利益として否定される。この正当性の強調は、公正な競争と市場を維持するうえで鍵となる。第二に、利益を上げずに他者を助けることが否定され、他者の問題を解決する、つまり、「正の外部性」を持つ企業活動に正当な利益を認めるべきであるという中核的な主張が導き出される。

この利益概念の再定義は、直接には、前著『株式会社規範のコペルニクス的転回』に対して向けられた、いかにして地球的問題の解決と利益追求のトレードオフを解決するのかという疑問に対する解答だった。

より広く言えば、著者、メイヤー教授の3作を貫くモチーフ、つまり、ビジネス・企業に対する現在の観念や評価の転換を実現するための根本的な原理を示したものと言える。著者の最大の関心事は、自らの研究対象であり、また、その設立と発展に心血を注いだ経営大学院の題材でもあるビジネスの目的が、もっぱら利潤追求、株主価値の最大化に求められ、法に反しない限り、企業は利潤追求の方法や影響を何ら考慮しないという現状にあった。その結果、社会は、ビジネスに対して十分な尊敬や評価を与えない。第10章で紹介されているように、経営大学院の設立の試みに対してオックスフォード大学のコミュニティーが示した執拗な懐疑の背後にもこれと同じ理解があった。

さらに、この利潤概念の再構成は、企業の目的が複数になると合意（ユニークな解釈）が得られない、あるいは、取締役会の説明責任が複雑になるといった主流派によるステークホルダー論批判――しばしば前著書はその代表的文献ともみなされた――への対応の側面もあった。(注2) 企業の目的は再定義された意味での利潤の追求であり、説明責任は株主に対してのみ負えばよいというのが著者の立場であり、これによって自らの主張が既存のステークホルダー論と一線を画することを明示した。

もっとも、本書の軸となる「不当な利益の獲得を禁じ、正当な利益を求める」という考え方は、著者の独創によるものではない。『国富論』（1776年）で、利己的な個人の利潤追求活動が「神の見えざる手」によって資源の最適な配分を実現することを説いたアダム・スミスは、それに先立って、『道徳感情論』（1759年）で、利己的行動の制約条件として「正義を犯すべからず」という原則を示し、「利己的な個人を社会的に統合する原理」として他者への共感を強調した。(注3)

日本語版序文にもある通り、「日本の資本主義の父」と呼ばれる渋沢栄一（1840～1931年）の『論語と算盤』（1916年）に代表される主張も同様の趣旨だ。渋沢は、封建制を脱却して間もなく、賤商道徳の強い明治維新後の社会環境の中で、経済活動の重要性・正当性を強調する一方、「富は正しい道理でなければ永続できぬ」として不当な利益の獲得を否定し、「大義」のあるビジネスの実現を主張した。また、それにとどまらず世界の各国でも、資本主義の創成期には利益の追求の正当性を基礎づける一方、利益（私益）と社会的課題（公益）の実現の調和を求める主張が見られた。(注4)

こうした利己的経済活動の道徳的側面は、著者によれば、ビジネスが小規模な事業体によって担われていた資本主義の創世期には、市場競争が社会全体の利益をもたらすという考え方への信頼が強かったために定着しなかった。しかし、その後2世紀を経て、資本主義は寡占企業よって支配され、他者への影響を顧みない利潤追求の結果、環境問題、食料危機、社会的分断、格差の拡大といった危機が繰り返されている。こうした問題意識から著書は、改めて「負の外部性」を抑制し、「正の外部性」を実現する経済道徳の復活を提唱した。その意味で本書は、ある推薦の辞が指摘しているように、アダム・スミスのレガシーを現代に再興する試みと言うこともできる。(注5)

問題解決志向型資本主義の設計

では、この再定義された利潤概念を基礎とする問題解決志向型の資本主義はいかにして実現することができるのか。本書のパート3から5では、現在の状況からこの目的地にどのように進んでいけばよいのかが、法律、株式所有、ガバナンス、測定、成果、金融、投資の順で展開される。これらの各章は、利潤の新たな定義に対応した企業、株式所有、ガバナンス概念の再検討を含み、自然資本の測定や事業の成果の評価の手続きが詳細に展開される。そうした主張のうち、ここでは次の3点に特に注意を喚起しておきたい。

第一に、所有の概念のユニークな内容だ。「問題を所有する」という印象的な表題を持つ第5章で展開されるのは、占有権と処分権を中心とする伝統的な定義に代わる、所有概念の再構成である。そこで、所有とは、対象物を認識し、判断し、解決する義務を負うことと定義された。こう定義することによって、所有者は、問題解決というパーパスに当事者意識を持つ主体ということになり、現実の企業の株主は、「資金供給を担う所有者」と「問題解決に取り組む所有者」に区分される。例えば、国際的な分散投資を進めるポートフォリオ投資家は、伝統的な意味で株式を一時的に所有したとしても前者の「資金供給者を担う株主」にすぎず、後者の「当事者意識をもって問題解決に取り組む主体」ではない。そうした当事者意識を持つ主体としては、創業者一族や財団、インパクト投資家などのブロック株主が想定され、特にデンマークの産業財団の存在が高く評価されている。(注6)

第二に、前著から強調されているが、新しい資本主義システムの構築には、測定が鍵となる点だ。(注7)その理由は、自然資本の測定が困難であることだけではなく（第7章で詳細に議論が展開されている）、現在の会計制度が、責任ある目的志向型のビジネスを促進するために必要な情報を提供していないからである。

現行の会計基準は、企業が他者に損害を与えている場合に利益を過大評価し、逆に他者の利益のために投資している場合に利益を過小評価する。その結果、問題を引き起こす活動が促進される一方で、問題解決のための投資が不十分になる。この難問を解決するためには、利益計上の際に、問題を引き起こして利益を得ることを阻止する必要があり、「真のコスト」を収入から控除することが不可欠の手続きとなる。また、問題解決から得られる「正しい利益」を反映した企業会計制度の設計が今後の重要な課題となる。つまり、新しい資本主義の設計に当たっては、これまで注目されることの少なかった財務報告や管理会計の重要性が高まる。

第三に、新しい資本主義の実現には、企業に対して「正の外部性」をいかに動機づけられるかがポイントになる。法と規制によって「負の外部性」を抑制することはできるが、「正の外部性」を生み出すように強制することはできない。そのため、企業が地球的な問題解決から利益を引き出すように動機づけ、またその取り組みを支える仕組みの構築が重要な課題となる。その役割を担うべき主体の第1の候補は、投資先企業のパーパス実現への取り組みに資金を提供する機関投資家だ。(注8) もっとも、資金供給者の動機づけについては限界がある。そこで、もう一人の主要な候補として政府の積極的な関与が重要になる。政府は税制や補助金を通じて利益が伴わない問題解決を支援することができるからだ。国債発行や信用創造の権限を用いて民間部門と共同でプロジェクトに資金を投入して「正の外部性」を後押しする政策の必要が本書では提唱されている。

日本の資本主義システム再設計へのインプリケーション

現在、日本は「失われた30年」とも呼ばれる停滞に直面し、そこから脱却を可能とする新しい資本主義のかたちが論議の的となっている。では、こうした課題に対して、本書からは何が答えとして読み取れるのだろうか。

まず、取り急ぎ強調しておく必要があるのは、現在の日本経済が、二重の課題、つまり、低ＲＯＥ（自己資本利益率）や、ＰＢＲ（株価純資産倍率）の1倍割れに示される狭い意味の資本効率の改善が実現しないままに、環境問題などの社会的課題への対処に直面していることである。こうした二重の課題に直面する日本で、地球的問題の解決、「正の外部性」の重要性が一面的に強調されると、利益を上げること自体の価値が見失われたり、利益を生み出さない場合にその弁解に使われたりする懸念がある。したがって、本書の主張からわが国の直面する問題に教訓を引き出そうとする場合、本書が、利益を伴わないビジネスを厳しく批判し、利益を徹底的に追求しないために生じている問題、つまり、資本効率の低さの改善こそ資本主義システムの設計の前提であるという見方に立つ点の理解が重要だ。

では、二重の課題に直面する日本企業の今後の改革という点から見て、本書の何が注目されるのか。次の諸点を指摘しておこう。

第一に、本書は、今後の日本企業の最適な所有構造を設計する際に重要な参照軸となる。

世界の上場企業の株式所有構造は、最近の実証研究が示すように機関投資家の比重の高い米国・英国から、支配株主の比重の高い大陸欧州まで著しく多様である。(注9)問題解決志向型の資本主義システムの創出に当たっては、国際分散投資を進める海外機関投資家や、アクティビストファンドなどによる経営の規律づけと並んで、社会的問題の解決に長期に取り組む「当事者意識を持った」主体の存在が不可欠だ。

著者の整理によれば、この役割は、株式保有が高度に分散し、機関投資家が保有の中心である米国・英国では、インパクト・ファンドやユニバーサル投資家が担いつつある。他方、株式所有の集中した大陸欧州や新興国では、創業家一族や財団などの支配株主が安定基盤としての役割を担っている。それに対して日本は、株式所有構造が分散している半面、事業法人の株式保有の比重が高く、この事業法人のブロック保有がその役割を担う可能性がある（本書第9章を参照）。(注10)現在、上場子会社の合理性や政策保有株の是非を中心に、事業法人の株式保有に関する活発な議論が続いている。所有構造に関する本書の分析は、こうした事業法人所有の可能性と限界について検討するうえで、重要な手がかりとなろう。

第二に、今後の日本の新しい形を設計するうえで、本書が強調する「エクイティ」あるいは「リスク資本」の重要性に注目する必要がある。著者は、エクイティの供給が、リスクを担い、投資家の経営への関与を促進するという意味で、負債に優越することを強調し、株式の新規発行よりも借り入れによる資金調達を会社に促す現在の税制上のインセンティブ（支払利息の損金算入）は撤廃されるべきだと主張する。

また、当事者意識を促進するというエクイティの持つ機能を強調する本書の主張は、ストックオプションなど株式対価の報酬の比重の低い日本の現状に対して、経営者への譲渡制限株式の交付や従業員持ち株制度の採用をさらに進める方向の改革を示唆する。(注11) もっとも、報酬決定を、経営者や従業員の問題解決に対する組織内の役割、貢献と的確に結びつけることを求める本書の趣旨からすれば、この株式対価報酬の拡大には、そうした貢献度の評価の仕組みの整備が重要な要件となる。

さらに、英国の経済的低迷の主要因に関する本書の分析も、ほぼ共通の問題に直面するわが国の制度設計を考えるうえで参考となる。著者は、英国の低迷の要因を、民間の固定資本形成と研究開発投資の低さに求める一方、その低迷の主因を資金需要（投資機会）の不足に求める通説的理解を批判している（本書「第9章」313ページ）。著者によれば、資金供給に値する投資案件が見つからないのは、説得力のあるビジネスプランの作成を助言する仲介者や人材が不足しているからだ。つまり、起業家や経営者に寄り添い、地方に固有の事情や科学の専門用語を金融用語に翻訳し、地域と金融セクターを結びつける仲介者（リレーションシップバンク・マネジャー、エンジェル投資家、ベンチャーキャピタリストなど）が欠けている点が致命的な問題だと主張する。投資の低迷、特に地方の経済活動の停滞はわが国も共通に直面する問題であり、本書の第9章で述べられている問題認識とその処方せんは、日本における地方創生の方向性を考える際にも十分に傾聴に値する。

第三に、地球的問題の解決と利益の追求の両立には、経営者の強いリーダーシップと並んで、中間管理職への権限委譲が鍵であるという著者の主張が注目に値する。権限委譲が重要なのは、①階層的組織の持つ官僚制的弊害から脱却できることだけでなく、②問題の解決には現場の知識が常に不可欠であり、また、③権限と裁量を与えられることによって、従業員が企業のパーパスに対する自分の役割と貢献について深く理解するようになり、パーパス実現に当事者意識が生まれるからだ。

現在の日本企業は、監督と執行を分離したにもかかわらず、CxOや現場への権限委譲が進んでいない。急速な海外展開の結果、組織が複雑化し、機能の重複しているケースも多い。カンパニー制や持ち株会社制などの分権化を進めれば全体最適へのコミットが低下し、逆に集権化を進めれば、従業員のコミットが低下するなどの組織設計上の多くの問題に直面しており、改革が急務である。その設計に当たって、権限委譲による当事者意識の醸成が鍵であることを主張する本書の提言は傾聴に値する。また、本書の第6章で紹介されているスウェーデンのスベンスカ・ハンデルス銀行などの権限委譲の興味深い事例は、今後の日本企業の組織設計に当たって十分参照されるべきだろう。

最後に、政府と民間の協力に関する本書の主張も、今後、日本政府が自らの適切な役割を設計するうえで参考となるはずだ。地球的課題や社会的問題の解決には、公的部門から民間部門への投資が不可欠となる。かつて日本は、成長という共通の目的の下に、規模の生産性や所得弾力性基準を産業選択の基準として戦略的に産業を育成した。そうした産業政策の実践は、本書でも紹介されている「アジアの虎（四小龍と呼ばれることもある）」の先駆でもあった。この産業のターゲットの基準は、新たな環境下で転換していく必要があるのは明らかだが、民間と企業の密接な関係やパートナーシップの伝統は、新たな産業政策を設計するうえで好ましい前提条件となる。

著者の展望によれば、企業が問題解決による利益の獲得という新たなパーパスを明確に掲げ、政府も社会全体の繁栄という共通のパーパスの確立を目指せば、両者のパーパスが一致し、協力関係が成り立つ。現在、日本政府内では、経済産業省が中心になって「ミッション志向の産業政策」として、民間だけでは投資の進みにくい中長期の社会課題領域を中心に国内投資を促進する取り組みの検討を始めたという。[注12] こうした新たな産業政策を構想するうえでも、本書10章の分析と提言は、重要な示唆を与えてくれる。

｜コリン・メイヤー教授の経歴と活動

本書の著者コリン・メイヤー教授は、オックスフォード大学で経済学博士を取得後、ロンドン・シティ大学、ワーリック大学に勤務後、1994年にオックスフォード大学のサイード経営大学院の最初の教授（ピーター・ムーア経営学教授）に就任し、その後2006年から11

年にかけて同学院長を務めて、同大学院の創設・拡大に尽力した。およそサイード経営大学院の関係者であれば、職員、在学生、卒業生を問わず、メイヤー教授の名を知らないものはいないといわれる。現在は同学院の名誉教授である。また、この間、オックスフォード大学ワダムカレッジなどのフェローを務め、現在それらの名誉フェローでもある。

メイヤー教授は、これまで多くの金融論分野のトップジャーナルの編集委員を務める一方、ヨーロッパ経済政策研究センター（CEPR）、ヨーロッパ・コーポレートガバナンス研究所（ECGI）などの研究者のネットワークの形成にも貢献してきた。他にも、ハーバード大学ハークネスフェロー、イングランド銀行ホーブロン・ノーマンフェロー、ブリュッセル大学ソルベイ経営大学院客員教授などを歴任し、現在もブリティッシュ・アカデミー（英国学士院）フェローを務める欧州でも最も著名な金融経済学の研究者の一人だ。

実業界との関係では、メイヤー教授は英国のリサーチ・コンサルティング分野で最も重要な企業に成長しているオーロラエナジーリサーチとオクセラの創設メンバーとして活動し、その後も多くの民間企業の社外取締役のほか、オックスフォード・プレイハウスなどの公益組織の運営委員を務めている。政府関係の公職としては、英国競争審判所の審判官や、インド証券取引所国際諮問委員会の委員などを歴任している。こうした功績によって、２０１７年には大英帝国勲章司令官（Commander of the Order of the British Empire）の称号が与えられた。

メイヤー教授は、前著の刊行と前後して、英国学士院の「企業の未来」リサーチプログラムをプロジェクトリーダーとして指導した。著者によれば、この活動の中で、実業界の関心が、パーパスをいかに設定し、経営の実践に活かすかにあり、それに対して実務的に主流であった経済、環境、社会の三側面から企業活動を評価するトリプルボトムラインという手法が、財務リターンと社会・環境問題の解決のトレードオフを曖昧にするという点で大きな問題を含んでいるという認識を深めたという。この経験が、利潤概念の再構成とそれに基づく新たな資本主義システムの設計という本書の着想につながった。

並行して著者は、サイード経営大学院でパーパス策定イニシアティブをリードしてきた。例えば、本書232ページ以下で紹介されているSCOREというパーパス策定の枠組みはその成果だ。[注13] 2021年にはメイヤー教授を編者の一人として『目的をいかに実践に転換するか』という論文集が公刊されている。[注14] パーパスを具体的な企業活動に落とし込む手順に関心がある読者は、これらの成果をぜひ参照してほしい。

また、2017年から著者の主導により、米国の大手食品メーカーであるマースとサイード経営大学院が共同で「企業における互恵性（互恵の経済学）プログラム」を組織した。そのプログラムはさらに「パフォーマンス再考プログラム」へと発展し、新しい利益概念の実現のカギとなる企業成果の測定手法の開発が取り組まれた。その成果が、第7、8章の基礎となっている。

他にも、著者は、2018年から、サイード経営大学院で「オーナーシップ・プロジェクト」を推進し、大規模（売上高10億ドル以上）なファミリー企業の経営を分析した。その成果は、第6章の所有構造の分析に生かされている。また、英国自然資本委員会の委員として「25年計画」の策定に関与し、これが第7章の詳細な記述の下地となり、スコットランド政府が創設した「ビジネス・パーパス委員会」など一連の地域再生プログラムへの関与が、本書の第9、10章の地域間格差とその再興に関する具体的な記述の基礎となっている。

以上のように本書の背景には、メイヤー教授の広範囲にわたるアカデミックな共同研究と、政策形成委員会への関与があり、その経験が本書の多彩な具体例の提供につながっている。そのため、本書の影響範囲は、アカデミズムだけにとどまらず、実業界や法曹界、さらに会計分野にも及ぶ。本書には、ジュリアン・ビルキンショワ（ロンドン・経営大学院副院長）、レベッカ・ヘンダーソン（ハーバード・経営大学院教授）などのアカデミクスだけでなく、リン・フォレスター（ロスチャイルド、E・L・ロスチャイルド最高経営責任者）、マーティン・リプトン（ワッチェルリプトンローゼンカッツ法律事務所創設パートナー）、コルム・ケリー（PwCプロジェクトマネジャー）などが賛辞を寄せている。

また、本書は、各国の法制度、特に会社法の改正に対して、影響を与えつつある。現在、英国では会社法の改正が議論されているが、著者の一連の著作は重要な参考文献となっている。また、影響は英国にとどまらず、カナダの会社法の改正における議員提案や、チリの企業統治改革の議論でも参照されているという。

翻訳の経緯

本書の翻訳は、前2作『ファーム・コミットメント』、『株式会社規範のコペルニクス的転回』と同様に、まず、会社法を専攻する清水真人が下訳を作成した。それを基に、今回から翻訳チームに加わった応用経済専攻の馬場晋一が経済学、金融論、会計に関連する部分を中心に論旨を可能な限り明確とする方向で加筆・修正し、最終的に宮島が内容の整合性と表現を確認するという形で進めた。本書は、道徳哲学、法学、金融論、会計学にまたがる学際的な著作である。また、本書の記述は、地理的には、現代英国から発展途上国、アジア諸国に広がり、歴史的にも、時に古代ギリシアや4世紀のローマ帝国末期にさかのぼる。そのため翻訳チームは多くの疑問に直面したが、幾度となく著書に照会し、可能な限りその解決に当たった。

著者特有の掛け言葉を多用する表現や、日本人の間で必ずしも共有されていない英国流の比喩は特に訳出が困難であり、著者との相談の上で削除した箇所もある。また、読者の理解のため文中に訳注を加え、必要と思われる箇所には新たに改行を追加した。プラトンやスミスなどからの引用の訳出には、翻訳版のある場合、可能な限り該当箇所を記した。ただし、文体の統一のため、訳出の参考としているが訳文はそのものを引用してはいない。

「終章」の末尾には、資本主義システム、株式会社を巡るコリンの著作は本書が最終作であることが宣言されている。最初の著書から下訳の作成を担当した清水真人は、総計1000ページに及ぶ英文を翻訳したこととなる。その労を多としたい。また、本書の編集を担当した日経BPの沖本健二氏にも感謝申し上げる。

私たちとしては、新たな経済道徳を基礎とする問題解決志向型資本主義の再設計という著者の構想が、的確に訳出できていることを心より願っている。本書が、企業経営に携わる経営者や社会的責任投資を担う市場関係者、会計や法務関係者、さらには社会における企業の役割に関心のある人々の眼に留まり、日本の資本主義の新たなかたちを設計するうえで、一つの手がかりとなることを期待してやまない。

原注

序文

1　『株式会社規範のコペルニクス的転回』では企業のパーパスとの関係で、「利益を上げる形で問題を解決する」ことについて触れたが、「問題を引き起こすことで利益を得てはならない」とは主張しなかった。本書では後者を重点的に取り上げ、正当な利益とは何かについて論じた。その結果、本書では、パーパスと利益を直接結びつけていない。

2　1976年10月8日の保守党大会での演説より。

3　プラトンのアルキュタス宛『第九書簡』から。「私たちは誰もが皆、自分自身のためにのみ生まれてきているのではない。私たちの生存は祖国もその一部を要求し、また両親もその一部を要求し、残りの親しい人々もその一部を要求する。しかし、その大部分は私たちの生活をわずらわすその時々の事件に対しても与えられる」。R.G. Bury (tr.) (1966), *Plato in Twelve Volumes, Vol. 7*, Cambridge, MA: Harvard University Pressで引用されている。プラトン『プラトン書簡集』山本光雄訳、角川書店、1970年。

　マルクス・トゥッリウス・キケローは、「私たちは、自分自身のためだけに生まれてきたわけではなく、その生まれの一部は祖国に、一部は友人たちに所有権がある」(義務について(第1巻)22節)。続けて、人は「自分自身の利益のために他人に害を加えることは許されない。……そこで、同じ一つのことをすべての人が目指さなければならない。それはすなわち、各個人に有益なものとすべての人々に有益なものが同じであるようにすることだ」(義務について(第3巻)23節から26節)と述べている。James Hankins (2019), *Virtue Politics: Soulcraft and Statecraft in Renaissance Italy,* Cambridge, MA: Harvard University Press, p.111.で引用されている。キケロー「義務について」高橋宏幸訳、『キケロー選集9』岩波書店、1999年。

4　Noberto Bobbio (1996), *Left and Right: The Significance of a Political Distinction*, Cambridge: Polity Press; Geoffrey Hodgson (2018), *Wrong Turning: How the Left Got Lost*, Chicago: University of Chicago Press.

序章

1　これらは「厚生経済学の基礎理論」において記述されている。例えば、Peter Hammond (1997), "The Efficiency Theorems and Market Failure", https://web.stanford.edu/~hammond/effMktFail.pdf.を参照。

2　Friedrich Hayek (1945), "The Use of Knowledge in Society", *American Economic Review,* 35, 519-530 は市場の機能に関する古典的な記述だ。また、Friedrich Hayek (1944), "*The Road to Serfdom",* Chicago: Chicago University Pressは中央計画経済を強く批判している。

3　資本主義が抱える問題に関する広範な議論については、Paul Collier, Diane Coyle, Colin Mayer, and Martin Wolf (2021), "Capitalism: What has Gone Wrong, What Needs to Change, and How It Can be Fixed", *Oxford Review of Economic Policy*, 37, 637-649 と、同号に掲載された他の論稿を参照。

4　Adam Smith (1776), *An Inquiry into the Nature and Causes of the Wealth of Nations*, London, Strahan and Cadell. アダム・スミス『国富論(上)(下)』高哲男訳、講談社、2019・2020年。

5 規制の虜に関する古典的な記述については、George Stigler (1971), "The Theory of Economic Regulation." *The Bell Journal of Economics and Management Science,* 2, 3–21を参照。

6 信頼に関して広く引用されているもう一つの調査は、エデルマン・トラストバロメーターだ。https://www.edelman.com/sites/g/files/aatuss191/files/2022-01/2022%20Edelman%20Trust%20Barometer%20FINAL_Jan25.pdf.
イプソス・モリの調査が英国に限定されているのに対し、エデルマン・トラストバロメーターは国際的な調査だ。企業への信頼度は、イプソス・モリの英国での調査よりも高い。ただし、イプソス・モリによる調査と同様、国によるばらつきがかなりあり、英国、米国、その他数カ国では、企業に対する信頼度は低い。

7 Mark Twain (1869), "An Open Letter from the Humorist to the Great Railroad King" *Marysville Daily Appeal*, Volume XIX, Number 72, 27 March 1869.

8 これは、1865年7月13日のNew-York Daily Tribuneに掲載されたホレス・グリーリーの言葉とされているが、確証はない。

9 Matthew Josephson (1934), *The Robber Barons: The Great American Capitalists, 1861–1901,* New York: Harcourt, Brace and Co. and Burton Folsom (1987), *The Myth of the Robber Barons: A New Look at the Rise of Big Business in America,* Herndon, Virginia: Young America's Foundation.

10 Rudolph Peritz (1996), *Competition Policy in America: History, Rhetoric, La*w, Oxford: Oxford University Press.

11 Jonathan Haskel and Stian Westlake (2017), *Capitalism Without Capital: The Rise of the Intangible Economy*, Princeton: Princeton University Press. ジョナサン・ハスケル&スティアン・ウェストレイク『無形資産が経済を支配する―資本のない資本主義の正体』山形浩生訳、東洋経済新報社、2020年。

12 この記述は、これらの企業の時価総額と簿価の比率に関するもの。無形資産の簿価と有形資産の簿価の比率ではない。例えば、2021年におけるアルファベットの無形資産の簿価と、有形資産(不動産、工場、機械設備など)の簿価の比率は24.4/110.6=0.22。ドイツの化学大手BASFの比率はその約3倍で13.5/21.6=0.63だった。https://www.wsj.com/market-data/quotes/GOOG/financials/annual/balance-sheet.およびhttps://www.wsj.com/market-data/quotes/BASFY/financials/annual/balance-sheet.を参照。この点について指摘してくれたフェアト・エクサーに感謝する。

13 Nick Bostrom (2014), *Superintelligence: Paths, Dangers, Strategies*, Oxford: Oxford University Press ニック・ボストロム『スーパーインテリジェンス―超絶AIと人類の命運』倉骨彰訳、日経BP、2017年; Stuart Russell (2019), *Human Compatible: AI and the Problem of Control*, New York: Viking. スチュアート・ラッセル『AI新生―人間互換の知能をつくる』松井信彦訳、みすず書房、2021年。

14 Stephanie Assad, Emilio Calvano, Giacomo Calzolari, Robert Clark, Vincenzo Denicolò, Daniel Ershov, Justin Johnson, Sergio Pastorello, Andrew Rhodes, Lei Xu, and Matthijs Wildenbeest (2021), "Autonomous Algorithmic Collusion: Economic Research and Policy Implications", *Oxford Review of Economic Policy,* 37, 459–478.

15 Gerd Gigerenzer (2022), *How to Stay Smart in a Smart World: Why Human Intelligence Still Beats Algorithms*, Cambridge, MA: MIT Pressを参照。

16 Joseph Henrich (2016), *The Secret of Our Success: How Culture is Driving Human Evolution, Domesticating Our Species, and Making Us Smarter*, Princeton, NJ: Princeton University Press. ジョセフ・ヘンリック『文化がヒトを進化させた―人類の繁栄と〈文化-遺伝子革命〉』今西康子訳、白揚社、2019年。

17 Raymond Noble and Denis Noble (2023), *Understanding Living Systems,* Cambridge: Cambridge

University Press.を参照。

18 ルネサンス初期の14世紀イタリアにおける最初の人文主義者の一人で、ペトラルカとして知られているフランチェスコ・ペトラッコは、この問題を指摘している。「人間の行動を決めるのは行為者の意図であり、どのような動機であるかで結果に大きな違いが生じる。そして、賞賛や非難に値するのは、事業そのものではなく、あなたの心(人としての心)である。それこそが、善を悪に変え、悪に見えるものを善に変える」。その結果、「不本意な法律に抵抗し、自分の都合に従わせようとする者は、法律顧問としての役割を果たし、博識者との評判を得ることができた」。しかし、こうした策略から遠く離れ、真実の正しい道を選ぶ者がまれにいたとしても、その人は利益や影響力を得ることがなく、単純で愚かな人間という悪評を得ることになるだろう」。James Hankins (2019), *Virtue Politics: Soulcraft and Statecraft in Renaissance Italy*, Cambridge, MA: Harvard University Press, p.10を引用。

19 「都市も国家も個人も、役に立たないが腐敗していない少数の哲学者たちが彼らの意志に関係なく天の意志によって国家を導くことを強いられ、または国家が彼らに従うよう義務づけられるか、あるいは王たち、または王子や王族が真の哲学を真に愛するよう神の力によって心を動かされていない限り、決して完全な状態には到達しないだろう」。Book VI in *Plato in Twelve Volumes*, translated by Paul Shorey (1969), Cambridge, MA: Harvard University Press. プラトン『国家(下)』藤沢令夫訳、岩波書店、1979年。

20 Adam Smith (1759), The Theory of Moral Sentiments, London: Strahan and Cadell, VII.ii.I.20. アダム・スミス『道徳感情論』高哲男訳、講談社、2013年。

21 Adam Smith (1776), *An Inquiry into the Nature and Causes of the Wealth of Nations*, London: Strahan and Cadell, Bk.1, Ch.2. アダム・スミス『国富論(上)(下)』高哲男訳、講談社、2019年。

22 Ryan Patrick Hanley (2019), *Our Great Purpose: Adam Smith on Living a Better Life*, Princeton: Princeton University Press は、『道徳感情論』の重要性について素晴らしい説明をしている。

23 Roger Crisp (1997), *Mill on Utilitarianism*, London: Routledgeを参照。

24 例えば、Leonard Hobhouse (1911), *Liberalism*, London: Williams and Norgateを参照。

25 「自然は人類を二人の主権者、すなわち苦痛と快楽の支配のもとに置いた。人が何をすべきか、そして何をすることになるかを決定するのは、この二人だけである」。Jeremy Bentham (1789), *An Introduction to the Principles of Morals and Legislation*, Herbert Hart (1982), Essays on Bentham, Oxford: Clarendon Pressを参照。ジェレミー・ベンサム『道徳および立法の諸原理序説(上)』中山元訳、筑摩書房、2022年。ホモ・エコノミクスの語はジョン・スチュアート・ミルによるものであり、ミルは経済人について「富を所有することを望み、その目的を達成するため複数の選択肢を比較して最も効果的な手段を選ぶことができる存在」と述べている。John Stuart Mill (1836), "*On the Definition of Political Economy; and on the Method of Investigation Proper to It*," London and Westminster Review, October. ミル『経済学試論集』末永茂喜訳、岩波書店、1949年。

26 Bernard Mandeville (1705), "*The Grumbling Hive: or, Knaves Turn'd Honest*" reprinted in (1714) as "*The Fable of the Bees or Public Vices, Public Benefits*", available Phillip Harth (1989), *The Fable of the Bees*, London: Penguin. バーナード・マンデヴィル『新訳 蜂の寓話—私悪は公益なり』鈴木信雄訳、日本経済評論社、2019年。Jonathan Bennett (2017) https://www.earlymoderntexts.com/assets/pdfs/mandeville1732_1.pdf.も参照。

27 この点に関する事例については、George Akerlof and Robert Shiller (2016), *Phishing for Phools: The Economics of Manipulation and Deception*, Princeton, NJ: Princeton University Press. ジョージ・A・アカロフ&ロバート・J・シラー『不道徳な見えざる手—自由市場は人間の弱みにつけ込む』山形浩生訳、東洋経済新報社、2017年を参照。

第1章

1 T. Hobbes Leviathan, Part 2.

2 複雑適応性と複雑系経済学に関しては膨大な研究成果が公表されている。例えば、Brian Arthur (2015), *Complexity and the Economy*, Oxford: Oxford University Press; John Miller, and Scott Page (2007), *Complex Adaptive Systems: An Introduction to Computational Models of Social Life*, Princeton, N.J.: Princeton University Press; and Melanie Mitchell (2009), *Complexity: A Guided Tour*, Oxford: Oxford University Press. メラニー・ミッチェル『ガイドツアー複雑性の世界―サンタフェ研究所講義ノートから』(高橋洋訳、紀伊國屋書店、2011年)を参照。

3 科学における還元論について大きな影響力があった著書の一つは、Ernest Nagel (1961), *The Structure of Science: Problems in the Logic of Scientific Explanation,* San Diego: Harcourt, Brace and World.

4 Matthew Lieberman (2013), *Social: Why Our Brains are Wired to Connect"*, Oxford: Oxford University Press. マシュー・リーバーマン『21世紀の脳科学―人生を豊かにする3つの「脳力」』江口泰子訳、講談社、2015年。

5 Denis Noble (2012), "A Theory of Biological Relativity: No Privileged Level of Causation", *Interface Focus*, 2, 55-64.

6 https://www.ft.com/content/c4f4745c-5f98-11e5-9846-de406ccb37f2.

7 M. Contag et al., "How They Did It: An Analysis of Emission Defeat Devices in Modern Automobiles," 2017 IEEE Symposium on Security and Privacy (SP), San Jose, CA, 2017, pp. 231-250, doi: 10.1109/SP.2017.66.

8 https://www.ft.com/content/964a2f72-e898-11e6-967b-c88452263daf.

9 the British Academy (2018), 'Reforming Business for the 21st Century: A Framework for the Future of the Corporation' the British Academy Future of the Corporation Programme, https://www.thebritishacademy.ac.uk/publications/reforming-business-21st-century-framework-future-corporation/を参照。

10 サウスウエスト航空は格安航空会社として補完関係の利用に成功した企業の例として広く知られている。Michael Porter (1996), "What is Strategy?", *Harvard Business Review*, November-December, 37-55 and Mu-Jueng Yang (2021), "The Interdependence Imperative: Business Strategy, Complementarities and Economic Policy", *Oxford Review of Economic Policy*, 37, 392–415. しかしながら、同社の業績については必ずしも問題がないわけではない。https://www.ft.com/content/b16f6a6a-19a7-47da-919f-eb589fa51136.

11 Joseph Schumpeter (1942), *Capitalism, Socialism and Democracy,* New York: Harper & Brothers. シュムペーター、J. A.『資本主義・社会主義・民主主義』中山伊知郎・東畑精一訳、東洋経済新報社、1995年。

12 Source: Oxford English Dictionary.

13 Source: Oxford English Dictionary.

14 取締役について、「同様の立場にある者が類似の状況において適切であると合理的に信じるであろう注意をもって、自らの義務を遂行するものとする」(2002年米国模範事業会社法)、「当該会社に対する関係で当該取締役が遂行する職務を遂行する者に合理的に期待することができる一般的な知識、技量、および経験」(2006年英国会社法174条)と規定している。

15 *Marchand v. Barnhill*, 2019 WL 2509617, at *15 (Del. June 18, 2019), citing *Caremark Int'l Inc. Deriv. Litig.*, 698 A.2d 959, 971 (Del. Ch. 1996).

16 Narcis Serra and Joseph Stiglitz (eds) (2008), *The Washington Consensus Reconsidered: Towards a New Global Governance,* Oxford: Oxford University Press.

17 Michael Sandel (2020), *The Tyranny of Merit: What's Become of the Common Good,* New York: Macmillan. マイケル・サンデル『実力も運のうち―能力主義は正義か』鬼澤忍訳、早川書房、2021年。

18 Alasdair MacIntyre (1981), *After Virtue: A Study in Moral Theory,* Notre Dame: University of Notre Dame Press.アラスデア・マッキンタイア『美徳なき時代【新装版】』篠﨑榮訳、みすず書房、2021年。

第 2 章

1 https://www.theguardian.com/world/2020/dec/18/belgian-minister-accidentally-tweets-eus-covid-vaccine-price-list and https://www.bbc.co.uk/news/business-55170756.

2 https://www.ox.ac.uk/news/2020-11-23-oxford-university-breakthrough-global-covid-19-vaccine-0.

3 https://www.gov.uk/government/news/government-launches-vaccine-taskforce-to-combat-coronavirus.

4 https://www.bbc.co.uk/news/health-52394485.

5 https://www.ft.com/content/ddf8ec8c-dc30-43b3-847e-c412704a0296.

6 https://www.ft.com/content/bc90afe6-fc10-11e5-a31a-7930bacb3f5f.

7 https://www.bbc.co.uk/news/business-55170756.

8 https://www.nature.com/articles/d41586-020-02450-x.

9 Bridget Kustin, Mary Johnstone-Louis, Colin Mayer, Judith Stroehle and Boya Wang (2020), "Business in times of crisis", *Oxford Review of Economic Policy,* 36, 242-255.

10 Danielle Allen "A Better Way to Defeat the Virus and Restore the Economy", *The Washington Post,* 26 March 2020.

11 Roswell Quinn (2013), "Rethinking Antibiotic Research and Development: World War II and the Penicillin Collaborative: *Am J Public Health,* 103(3): 426–434.

12 1950年12月1日、リッチモンド・メディカル・カレッジおけるジョージ・W・メルクの創業者記念講演。

13 https://www.ft.com/content/844ed28c-8074-4856-bde0-20f3bf4cd8f0.は2020年6月19日の記事、https://www.ft.com/content/f8251e5f-10a7-4f7a-9047-b438e4d7f83a.は2021年1月1日に更新された記事。

14 Robert Eccles, Colin Mayer and Judith Stroehle (2021), "The Difference Between Purpose and Sustainability (aka ESG), Harvard Law School Forum on Corporate Governance, 20 August.

15 https://www.ft.com/content/340501e2-e0cd-4ea5-b388-9af0d9a74ce2.

16 https://www.gfanzero.com/press/amount-of-finance-committed-to-achieving-1-5c-now-at-scale-needed-to-deliver-the-transition/.

17 https://assets.bbhub.io/company/sites/63/2021/11/GFANZ-Progress-Report.pdf.

18 「2030年までにマイクロソフトはカーボンネガティブとなり、そして2050年までに1975年の創業以来、直接または電力の消費により間接的に排出したすべての二酸化炭素を環境から除去する」。https://blogs.microsoft.com/blog/2020/01/16/microsoft-will-be-carbon-negative-by-2030/.

19 https://www.ft.com/content/8d0c1064-881e-42b4-9075-18e646f3e1ad.

20 David Flood et al (2021), "The state of diabetes treatment coverage in 55 low-income and middle-income countries: a cross-sectional study of nationally representative, individual-level data

in 680102 adults", *The Lancet Healthy Longevity*, 2, 340-351, page 340, https://www.thelancet.com/journals/lanhl/article/PIIS2666-7568(21)00089-1/fulltext.

21 Jeffrey Sonnenfeld, Steven Tian, Steven Zaslavsky, Yash Bhansali, and Ryan Vakil, 'It Pays for Companies to Leave Russia' (18 May 2022). Available at SSRN: https://ssrn.com/abstract=4112885 or http://dx.doi.org/10.2139/ssrn.4112885.

第3章

1 例えば、Paul Babiak, Craig Neumann and Robert Hare (2010), "Corporate Psychopathy: Talking the Walk", *Behavioral Sciences and the Law*, 28, 174-193; Joel Bakan (2004), *The Corporation: The Pathological Pursuit of Profit and Power*、ジョエル・ベイカン『ザ・コーポレーション―わたしたちの社会は「企業」に支配されている』酒井泰介訳、早川書房、2004年、Simon & Schuster; and Martin Brueckner (2013), "Corporation as Psychopath". Samuel Idowu, Nicholas Capaldi, Liangrong Zu, Ananda Gupta (eds) *Encyclopedia of Corporate Social Responsibility*, Berlin: Springer.を参照。

2 例えば、Anat Admati (2021), "Capitalism, Laws, and the Need for Trustworthy Institutions", *Oxford Review of Economic Policy*, 37, 678–689.を参照。

3 Paul Polman and Andrew Winston (2021), *Net Positive: How Courageous Companies Thrive by Giving More Than They Take*, Boston, MA: Harvard Business Review Press. ポール・ポルマン、アンドリュー・ウィンストン『ネットポジティブ―「与える＞奪う」で地球に貢献する会社』三木俊哉訳、日経BP、2022年。

4 初期のキリスト教が、富の性質に関する私たちの理解をどのように変容させ、紀元後4世紀から6世紀に貧困緩和という「高次のパーパス」を与えたかという点に関する非常に優れた説明として、Peter Brown (2012), *Through the Eye of a Needle: Wealth, the Fall of Rome, and the Making of Christianity in the West, 350-550 AD*, Princeton NJ: Princeton University Press.を参照。

5 Simon Blackburn (2006), *Plato's Republic: A Biography*, New York: Atlantic Monthly Press. サイモン・ブラックバーン『プラトンの「国家」』木田元訳、ポプラ社、2007年。

6 この点は、ナタリー・ゴールドの言う、いわゆる「非利己的なモチベーション」の一形態と位置づけることができるかもしれない。Nathalie Gold (2014), "Trustworthiness and Motivations" in Nick Morris and David Vines (eds), *Capital Failure: Rebuilding Trust in Financial Services*, Oxford: Oxford University Press.

7 Joseph Heath (2014), *Morality, Competition, and the Firm: The Market Failures Approach to Business Ethics*, Oxford: Oxford University Press.は、パレート効率的な結果の促進を基盤とする市場の失敗アプローチからビジネス倫理を考察する。Richard Endöfer and Louis Larue (2022), 'What's the Point of Efficiency? On Heath's Market Failures Approach', *Business Ethics Quarterly*, 1-25.が述べているように、ヒースのアプローチは、不完全な情報、取引費用、セカンドベストに伴う問題などから生じる市場の非効率性に対処しようとする点で過度に要求が高く、分配に関する考慮を取り入れていない点で要求が低いという問題を抱えている。代わりに、分配上の成果やパレート効率が実現される可能性のある道徳原理から出発すべきであり、その逆ではない。

8 Ken Binmore (2011), *Natural Justice*, Oxford: Oxford University Press. ケン・ビンモア『正義のゲーム理論的基礎』栗林寛幸訳、須賀晃一解説、NTT出版、2015年。

9 ジョージ・バーナード・ショーは、Man and Superman (1903) in 'Maxims for Revolutionists - The Golden Rule'で「自分がしてほしいと望むことを他人にするな。人の好みは同じでないから」と述べている。黄金律の起源と解釈に関する詳細な議論については、Jeffrey Wattles (1996), *The Golden Rule*, Oxford: Oxford University Pressを参照。

10 「黄金律が人の好みの違いを考慮していないとの批判は的外れである」と時折指摘されることがある。なぜなら、人が「他者から何かしてもらう」際に望むのは、他者の好みではなく自分の好みが取り入れられることであり、その人が他者に対して行動を起こすときにも同様の行動をとろうとするからだ。しかし、このような主張はせいぜい、従来の黄金律の不明瞭さを示しただけで、再定義された黄金律では解決済みだ。

11 さらに、再定義された黄金律は普遍的に適用されることが重要だ。相手方が行動する際に黄金律が誤った形で適用されるのを手助けしてはならない。言い換えると、再定義された黄金律では、個人間の取引関係、すなわち、例えば財やサービスの分配に及ぼす影響まで考慮することが求められる。

12 Immanuel Kant (1785), *Groundwork for the Metaphysics of Morals*, edited and translated by Allen Wood (ed.) (2018), New Haven, CT., Yale University Press. カント『道徳形而上学の基礎づけ』大橋容一郎訳、岩波書店、2024年

13 Iain McGilchrist (2009), *The Master and His Emissary: The Divided Brain and the Making of the Western World*, New Haven, CT: Yale University Press; and Iain McGilchrist (2021), *The Matter with Things: Our Brains, Our Delusions, and the Unmaking of the World*, London: Perspective Press.

14 Joseph Henrich (2016), The Secret of Our Success: How Culture is Driving Human Evolution, Domesticating Our Species, and Making Us Smarter, Princeton, NJ: Princeton University Press. ジョセフ・ヘンリック『文化がヒトを進化させた—人類の繁栄と〈文化-遺伝子革命〉』今西康子訳、白揚社、2019年。

15 Peter Birks (2005), *Unjust Enrichment*, Oxford: Oxford University Press, Ch1. 不当利得の重要な特徴の一つは、当事者の善意や悪意に関係なく利益が返還される点だ。そのため、損害賠償ではなく財産の返還が適切な対応となる。バークスは次のような例を挙げている。「友人と店に買い物に行き、あなたがお店から出ようとすると、店員が駆け寄ってきて、『おつりに20ポンド紙幣を1枚渡そうとして、誤って50ポンド紙幣を渡してしまった』と言った。店員はあなたに30ポンドも余計に渡してしまったのだ。あなたは、自分は少しも悪くないと言いたいかもしれない。友人と談笑していて、おつりをいくらもらったか気づかなかったのだろう。しかし、そうした反論は、あなたが30ポンドを返還しなくてもいい理由にはならない。善意であったかどうかは関係ない。また、店員のミスを責めても無駄だ。店員は不注意だったと認めるだろうが、あなたが誤って受け取ったお金を持っている限り、それを返してほしいという店の要求に対して反論はできない」(第1章より)。

第4章

1 https://www.youtube.com/watch?v=cUpyL1zVF50.

2 David Millon (1990), "Theories of the Corporation." *Duke Law Journal*, 39, 201–262; Michael Phillips (1994), "Reappraising the Real Entity Theory of the Corporation", *Florida State University Law Review*, 21, 1061-1123.を参照。

3 Adam Smith (1776), *An Inquiry into the Nature and Causes of the Wealth of Nations*, London, Strahan and Cadell. アダム・スミス『国富論(上)(下)』高哲男訳、講談社、2019・2020年。

4 William Lafferty, Lisa Schmidt, and Donald Wolfe (2012), "A Brief Introduction to the Fiduciary Duties of Directors Under Delaware Law", 116 *Penn St. L. Rev.*

5 *eBay Domestic Holdings, Inc. v. Newmark*, 16 A.3d 1, 34 (Del. Ch. 2010).

6 Leo Strine (2015), "The Dangers of Denial: The Need for a Clear-Eyed Understanding of the Power and Accountability Structure Established by the Delaware General Corporation Law," 50 *Wake Forest Law Review* 761,768.

7 American Law Institute (2022), Corporate Governance. https://www.ali.org/projects/show/

corporate-governance/; Stephen Bainbridge (2022), "A Critique of the American Law Institute's Draft Restatement of the Corporate Objective", UCLA School of Law, Law & Economics Research Paper No. 22-07; and Eric Orts (2022), https://clsbluesky.law.columbia.edu/2022/06/06/the-alis-restatement-of-the-corporate-objective-is-seriously-flawed/.

8 Ronn Davids (1995), "Constituency Statutes: An Appropriate Vehicle for Addressing Transition Costs?" *Columbia Journal of Law and Social Problems*, 28, 145-147.

9 Jonathan Springer (1999) "Corporate Constituency Statutes: Hollow Hopes and False Fears" *Annual Survey of American Law*, 85.

10 Anthony Bisconti (2009), "The Double Bottom Line: Can Constituency Statutes Protect Socially Responsible Corporations Stuck in Revlon Land" *Loyola of Los Angeles Law Review*, 42.

11 Jonathan Springer (1999), "Corporate Constituency Statutes: Hollow Hopes and False Fears", *Annual Survey of American Law* 85 at 108.

12 Lucian Bebchuk and Roberto Tallarita (2020), "The Illusory Promise of Stakeholder Capitalism", *Cornell Law Review*, 106, 91-177.

13 Lucian Bebchuk, Kobi Kastiel and Roberto Tallarita (2020), "For Whom Corporate Leaders Bargain", SSRN Working Draft, 367155.

14 Shannon Vaughan and Shelly Arsneault (2018), "The Public Benefit of Benefit Corporations", *Political Science & Politics*, 51, 54-60.

15 Joan MacLeod Heminway (2018), "Let's Not Give Up on Traditional For-Profit Corporations for Sustainable Social Enterprise", *University of Missouri-Kansas City Law Review*, 86, 779.

16 Kennan El Khatib (2015), "The Harms of the Benefit Corporation", *American University Law Review*, 65, 151.

17 Ellen Berrey (2018), "Social Enterprise Law in Action: Organizational Characteristics of U.S. Benefit Corporations", *Transactions: The Tennessee Journal of Business Law*, 20, 21-114.

18 Michael Dorff, James Hicks and Steven Davidoff Solomon (2021), "The Future or Fancy? An Empirical Study of Public Benefit Corporations", *Harvard Business Law Review*, 11, 114-158.

19 現実的との見解もある。例えば、Martin Lipton (2019), "Directors Have a Duty to Look Beyond Their Shareholders", *Financial Times*, 17 September 2019. を参照。彼らは、企業の成功は長期的観点から評価されるべきであり、企業とその影響を受ける人々の利益は密接に結びついているので、長い目で見れば一致すると主張する。しかし、たとえそれが正しかったとしても、短期的な利益の不一致や、第2章で述べた「罪ある株」と呼ばれる企業において短期的な利益が驚くほど持続しているという事実には対処できない。

20 This chapter refers to Colin Mayer (2022), "What is Wrong with Corporate Law? The Purpose of Law and the Law of Purpose", *Annual Review of Law and Social Science*, 18, 283-296 with permission from the *Annual Review of Law and Social Science*, Volume 18, copyright 2022 Annual Reviews.

21 例えば、Companies Act (1862).

22 Chrispas Nyombi (2014), "The Gradual Erosion of the Ultra Vires Doctrine in English Company Law", *International Journal of Law and Management*, 56, 347-362.

23 信認義務には二つの類型がある。一つは受託者が財産を管理し、その財産に対して支配権を持つ場合であり、もう一つは受託者が自らの利益ではなく受益者の利益のために行動するよう委任を受けた場合だ。前者の場合、受託者は自己の財産と分別管理し、自らの利益のために利用してはならない。後者の場合、受託者は自らの利益ではなく他者の利益のために行動しなければならない。

したがって、信認義務は、個人が「他者の財産を管理している場合や、自らの利益のためではなく他者の利益のために行動することを引き受けた場合に発生する」(Sarah Worthington (2021), "Fiduciaries Then and Now", *Cambridge Law Journal*, 80, 154-178, at p.163. また、Len Sealy (1962), "Fiduciary Relationships", *Cambridge Law Journal*, 20, 69-81; Len Sealy (1963), "Some Principles of Fiduciary Obligation", *Cambridge Law Journal*, 21, 119-140; and Len Sealy (1967), "The Director as Trustee", *Cambridge Law Journal*, 25, 83-103.も参照)。これにより、衡平法上の義務と責任が生じ、受託者が回避すべきモラルハザードのリスクが明確になる。

受託者が利益相反を避け、自己の利益を得ようとしないことが、信認義務の大きな特徴だ。「受託者は誠実に行動しなければならない。信託財産から利益を得てはならない。義務と利益が相反する可能性のある立場に身を置いてはならない。また、受託者は、受益者の同意を得ずに、自己または第三者の利益のために行動してはならない。(中略)単なる能力不足は信認義務違反の原因にはならない。主人のために忠実に最善を尽くしている無能な使用人は、不誠実ではなく、信認義務違反を問われない」(*Bristol and West Building Society v. Mothew* [1998] Ch. 1, 16, 18 (C.A.) (Millett L.J.).)。

信認義務は信頼や信用に由来するのではない。人ではなく管理している資産や権利に関連するものだ。また、信認義務は権力や影響力に基づくものではない。最も重要な要素は、個人的な利益の回避だ。信認義務は、特に利益相反の回避や無許可の利益を得ることを回避するために、何をしてはならないのかを定める規制的なものであり、何をすべきかを指示する規範的なものではない。

契約上の義務や、注意を払い技量を持って行動することは信認義務には該当せず、受託者だけでなく受託者以外にも等しく適用される。これらは、契約上の義務や不法行為法上の義務を生じさせる。したがって、影響力の不適切な行使や信頼を裏切る行為は、信認義務には当たらない。同様に、権限を持つ者は、自己利益を否定する必要はなく、誠意をもって業務を遂行すればよい。権限を持つ者にとって重要なのは、自己利益の回避ではなく目的を達成することだ。

レガット判事は誠実義務を次のように定義している。誠実義務とは、「契約の一方の当事者が自らの事業上の利益を相手方の利益に従属させるよう要求するものだ。誠実義務は利他主義ではない。一方の当事者が、自らの利益ではなく相手方の利益を優先するよう求めるのは信認義務の本質であり、誠実義務はこれと異なる。相手方ではなく、契約そのものに忠実さを求めるのが誠実義務だ。つまり、当事者が相互に協力してそれぞれの事業上の利益の向上を追求するために結んだ契約に対して忠実であることを要求する」(Georg Leggatt (2016), "Contractual Duties of Good Faith", Lecture to the Commercial Bar Association on 18 October 2016, available at https://www.judiciary.uk/wp-content/uploads/2016/10/mr-justice-leggatt-lecture-contractual-duties-of-faith.pdf.)。つまり、誠実義務は契約当事者の利益ではなく、契約の目的に関連している。

これに対し、受託者の義務は、自身の利益ではなく受益者の利益のために行動することにある。それは契約や不法行為法上の義務の重要性を損なうものではなく、受託者に課せられる義務やそれに関連する救済手段を補完するものだ。また、誠意をもって適正な目的のために行使される権力の重要性を損なうものでもない。ここで言う権力とは、憲法やガバナンスの問題と関連するものだ。

信認義務は、受託者が他者の利益を犠牲にして自己の利益を追求することを避ける追加的な義務を課す点で、契約や不法行為法上の義務を超えるものである。信認義務は他者の利益のために行動する義務を直接的に課すものではなく、受託者に行動を義務づけるものではないが、もし行動する場合には、他者の利益を判断する際に自己の利益を脇に置かなければならない。したがって、信認義務違反に対する救済手段は、請求者自身の損害を賠償することではなく、財産の原状回復、復元や修復に関連する。信認義務の焦点は、個人に対する影響ではなく、資産の管理と資産に対する影響にある。

24 Reinier Kraakman, John Armour, Paul Davies, Luca Enriques, Henry Hansmann, Gerard Hertig, Klaus Hopt, Hideki Kanda, Mariana Pargendler, Wolf-Georg Ringe, and Edward Rock (2017), *The Anatomy of Corporate Law*, Oxford: Oxford University Press. レイニア・クラークマンほか『会社法の解剖学—比較法的&機能的アプローチ』布井千博監訳、レクシスネクシス・ジャパン、2009年; David Kershaw (2018), *The Foundations of Anglo-American Corporate Fiduciary Law*, Cambridge: Cambridge University Press.

25 アサフ・ラズは、会社法を私法ではなく公法に分類すべきという意見を退けている。彼は次のように述べている。「デラウェア州一般事業会社法などの会社法が、会社は『合法的な行為や活動のみに従事することができる』と定めているのは偶然ではない。実際、『企業がその目的を「合法的な活動を行うこと」と広く定めることを許す現代の慣行は、依然として企業活動に対する公的な制限を反映している』。この主張は全く正しい。しかし、『公的な制限』と『公法』は同じではなく、また『国家』が企業活動に直接関与しているわけでもないことを忘れてはならない。これは、契約法が違法な契約条項を禁止しているからといってそれだけで公法になるわけではないのと同様で、国家がすべての契約の当事者となるわけではない」(Asaf Raz (2021), "Why Corporate Law is Private Law", SSRN Working Paper No. 3991950, p. 27)。

26 「疑問を抱くことなく規律を受け入れ、精神的あるいは世俗的な指導者の命令に素直に従い、その言葉を絶対的な法として全面的に受け入れる人々、あるいは、自らの方法で何をすべきか、何になるべきかにについて明確で揺るぎない確信に達し、どんな疑念も抱かない人々は幸せだ。しかし、私はこうも言わざるを得ない。そうした快適なドグマ(教義)の上に安住する人々は、自己催眠による近視眼的な見方の犠牲者であり、満足感を得られるかもしれないが、人間であることの意味を理解する助けにはならない」(Isaiah Berlin (1997), "The Pursuit of an Ideal", in Henry Hardy and Roger Hausbeer (eds), *The Proper Study of Mankind*, Chatto and Windus, page 14)。

27 Explanatory Notes to the UK Companies Act 2006, s.172 note 330.

28 British Academy (2022), "Implications of the British Academy Future of the Corporation Findings for Corporate Legal Responsibility", Discussion Paper for the Standing International Forum of Commercial Courts (SIFoCC).

29 British Academy (2019), "Principles for Purposeful Business", the British Academy Future of the Corporation Programme, https://www.thebritishacademy.ac.uk/publications/future-of-the-corporation-principles-for-purposeful-business/; British Academy (2021), "Policy and Practice for Purposeful Business: The Final Report of the Future of the Corporation Programme", https://www.thebritishacademy.ac.uk/publications/policy-and-practice-for-purposeful-business/.を参照。

30 Oliver Hart and Luigi Zingales, (2017), "Companies Should Maximize Shareholder Welfare Not Market Value", *Journal of Law, Finance, and Accounting*, 2, 247–274; Eleonora Broccardo, Oliver Hart and Luigi Zingales (2020), "Exit vs. Voice", European Corporate Governance Institute, Finance Working Paper No. 694/2020; Oliver Hart and Luigi Zingales (2022), "The New Corporate Governance", ECGI Working Paper, 640/2022; Paul Brest, Ron Gilson and Mark Wolfson (2019), "How Shareholders Can (and Can't) Create Social Value", *Journal of Corporation Law*, 44, 205.

31 利益以外の理由で、企業が他の当事者に対しメリットを与えたいと考える理由が存在する場合がある。例えば、Roland Bénabou and Jean Tirole (2010), "Individual and Corporate Social Responsibility", *Economica*, 77, 1-19; and John Armour, Geeyoung Min, Brandon Garrett and Jeffrey Gordon (2020), "Board Compliance", *Minnesota Law Review*, 104, 1191を参照。

32 Martin Wolf (2023), *The Crisis of Democratic Capitalism*, London: Penguin Random House.

第５章

1 Honoré, Tony, (1987) *Making Law Bind*, Oxford: Clarendon Press 1987, 166–79.

2 本節の記述は、Colin Mayer (2020), “Ownership, Agency, and Trusteeship: An Assessment”, *Oxford Review of Economic Policy*, 36, 223–240. および同号に掲載されている他の論稿に依拠している。

3 経済学における残余権とエージェンシー理論については、特に次の研究を参照。Ronald Coase (1960) “The Problem of Social Cost,” *Journal of Law and Economics*, 3, 1- 44; Harold Demsetz (1967), “Toward a Theory of Property Rights”, *American Economic Review*, 57, 347-359; Sanford Grossman and Oliver Hart (1986) “The Costs and Benefits of Ownership: A Theory of Lateral and Vertical Integration,” *Journal of Political Economy*, 94, 691- 719; Oliver Hart (1995), *Firms, Contracts and Financial Structure*, Oxford: Oxford University Press. オリバー・ハート『企業 金融 契約構造』鳥居昭夫訳、慶応義塾大学出版会、2010年; Michael Jensen and William Meckling (1976), “Theory of the Firm: Managerial Behavior, Agency Costs and Ownership Structure”, *Journal of Financial Economics*, 3, 305-360.

4 Jim Collins (1994), *Built to Last*, London: Random House Press. ジム・コリンズ＆ジェリー・ポラス『ビジョナリー・カンパニー――時代を超える生存の原則』山岡洋一訳、日経BP、1995年

5 Oliver Hart and Luigi Zingales (2017), “Companies Should Maximize Shareholder Welfare Not Market Value”, European Corporate Governance Institute, Finance Working Paper Series, no. 521.

6 Maria Rosa Antognazza (2016), *Liebniz: A Very Short Introduction*, Oxford: Oxford University Press.を参照。

7 https://www.thetimes.co.uk/article/paris-overtakes-london-as-europes-biggest-stock-market-k05h785d2.

8 Belen Villalonga, Peter Tufano and Boya Wang (2022), “Corporate Ownership and ESG Performance”, Working Paper, Said Business School, University of Oxford.

9 https://www.justice.gov/opa/pr/boeing-charged-737-max-fraud-conspiracy-and-agrees-pay-over-25-billion.

10 Peter Brown (2012), *Through the Eye of a Needle: Wealth, the Fall of Rome, and the Making of Christianity in the West, 350-550 AD*, Princeton NJ: Princeton University Press.を参照。

11 Ammianus Marcellinus (c.330-395 A.D.), *History, XIV.16: The Luxury of the Rich in Rome, c. 400 A.D.* William Stearns Davis, (ed.) (1912), *Readings in Ancient History: Illustrative Extracts from the Sources*, 2 Vols., Boston: Allyn and Bacon, Vol. II: Rome and the West.

12 全世界の純民間資産とは、民間部門が保有するすべての金融資産と非金融資産の合計。Lucas Chancel, Thomas Piketty, Emmanuel Saez, and Gabriel Zucman et al. World Inequality Report 2022, World Inequality Lab, https://wir2022.wid.world/www-site/uploads/2022/03/0098-21_WIL_RIM_RAPPORT_A4.pdf を参照。

13 World Federation of Exchanges, 2021 Market Highlights, https://www.world-exchanges.org/storage/app/media/FY%202021%20Market%20Highlights%20v3.pdf.

14 Financial Action Task Force (2022), https://www.fatf-gafi.org/publications/fatfrecommendations/documents/r24-statement-march-2022.html.

15 Adriana De La Cruz, Alejandra Medina and Yung Tang (2019), “Owners of the World’s Largest Companies”, OECD Capital Market Series, Paris.

16 John Armour (2020), "Shareholder Rights", *Oxford Review of Economic Policy*, 36, 314-340 は、規制を緩和させるためのロビー活動や政治献金が、特に規制の多い業界や寡占産業において、株主にとってプラスのリターンをもたらしているようだと指摘している。John Coates (2012), "Corporate Politics, Governance, and Value Before and After Citizens United", *Journal of Empirical Legal Studies*, 9, 657-696.

17 Peter Hall and David Soskice (2001), *Varieties of Capitalism: The Institutional Foundations of Comparative Advantage*, Oxford: Oxford University Press.

第 6 章

1 Enacting Purpose Initiative (2020), "Enacting Purpose within the Modern Corporation: A Framework for Boards of Directors".

2 https://www.novonordisk.com/about/defeat-diabetes.html.

3 Niels Kroner (2011), *A Blueprint for Better Banking: Svenska Handelsbanken and a Proven Model for More Stable and Profitable Banking*, Petersfield: Harriman House.

4 Ben Jackson and Joy Genevieve (2021), "Mahindra First Choice: Orchestrating the Used-Cars Ecosystem", in Bruno Roche and Colin Mayer (eds), *Putting Purpose into Practice: The Economics of Mutuality*, Oxford: Oxford University Press.

第 7 章

1 本章は、Colin Mayer (2019), "Valuing the Invaluable: How Much is the Planet Worth?", *Oxford Review of Economic Policy*, 35, 109-119. に加筆・修正して作成した。

2 HM Government (2018), *A Green Future: Our 25 Year Plan to Improve the Environment*

3 HM Government (2011), *The Natural Choice: Securing the Value of Nature*, CM 8082.

4 Natural Capital Coalition (2016). *Natural Capital Protocol*. London: Natural Capital Coalition.

5 Ernst Schumacher (1989), *Small is Beautiful: A Study of Economics as if People Mattered*, Harper Perennial. E・F・シューマッハー『スモール イズ ビューティフル――人間中心の経済学』小島慶三・酒井懋訳、講談社、1986年。

6 Natural Capital Committee (2014), *The State of Natural Capital: Restoring Our Natural Assets: Second Report to the Economic Affairs Committee* and Natural Capital Committee (2017), "How to Do It: A Natural Capital Workbook."

7 Kenneth Arrow, Partha Dusgupta, Lawrence Goulder, Kevin Mumford, and Kirsten Oleson (2012), 'Sustainability and the Measurement of Wealth', *Environment and Development Economics* 17, 317-353; Kirk Hamilton and Cameron Hepburn, (2017), *National Wealth: What Is Missing, Why It Matters*, Oxford: Oxford University Press; 並びに United Nations (2014), *System of Environmental Economic Accounting 2012 – Central Framework*.

8 実際、環境に対する懸念は古くからある。1800年には、アレクサンダー・フォン・フンボルトが「人類は環境を破壊する力を持っており、その結果は壊滅的なものとなる可能性がある」と警鐘を鳴らしていた。Alexander von Humboldt Diary 4 March 1800 quoted in Andrea Wulf (2016), *The Invention of Nature: The Adventures of Alexander von Humboldt, The Lost Hero of Science*, London: John Murray.

9 Natural Capital Committee (2017), "Economic Valuation and Its Applications in Natural Capital Management and the Government's 25-year Environment Plan", Working Paper.

10 Friedrich Hayek (1935), "The Maintenance of Capital", *Economica*, 2, 241–274; John Hicks

(1965), *Capital and Growth*, Oxford: Clarendon Press J.R. ヒックス『資本と成長 I 』安井琢磨・福岡正夫訳、岩波書店、1970年; John Hicks (1974), "Capital Controversies: Ancient and Modern", *American Economic Review*, 64, 307–316.

11 Dieter Helm (2015), *Natural Capital*, New Haven, CT: Yale University Press.

12 Jeremy Edwards, John Kay, and Colin Mayer (1987) *The Economic Analysis of Accounting Profitability,* Oxford: Clarendon Press.

13 John Piccolo (2017), "Intrinsic Values in Nature: Objective Good or Simply Half of an Unhelpful Dichotomy?", *Journal of Nature Conservation.* 37, 8-11.

14 最近の抗生物質に関する例は以下を参照。Bradley Hover (2018) et al, "Culture-Independent Discovery of the Malacadins as Calcium-Dependent Antibiotics with Activity against Multidrug-Resistant Gram-Positive Pathogens", *Natural Microbiology*, 3, 415-422.

15 このような進化がどれくらい速く起こり得るかに関する証拠については以下を参照。Sangeet Lamichhaney, et al (2017), "Rapid Hybrid Speciation in Darwin's Finches", *Science*, 23, 224-228.

16 Ernst Schumacher (1989), *Small is Beautiful: A Study of Economics as if People Mattered*, Harper Perennial.

17 Colin Mayer (2013), "Unnatural Capital Accounting", Natural Capital Committee Discussion Paper; Colin Mayer (2016) *Introduction to the Natural Capital Committee's Corporate Natural Capital Accounting Project.* London: ICAEW.

18 Natural Capital Committee (2015), *Corporate Natural Capital Accounting.* London: Natural Capital Committee.

19 これは、エドワード・バービアの次の主張と一致している。「人類の活動が地球規模の重要な資源や吸収源に及ぼす制限するために、プラネタリーバウンダリーの設定の必要性を訴える科学者たちは、一部の自然資本が代替できず、不可侵であるという強い代替不可能性の視点に賛同している」。Edward Barbier (2019), "The Concept of Natural Capital", *Oxford Review of Economic Policy*, 35,14-36を参照。また、以下も参照。David Pearce (1988), "Economics, Equity and Sustainable Development", *Futures*, 20, 598–605, and Eric Neumayer (2013), *Weak vs Strong Sustainability: Exploring the Limits of Two Opposing Paradigms* (4th edition), Cheltenham: Edward Elgar.

20 Alex Edmans and Marcin Kacperczyk (2022), "Sustainable Finance", *Review of Finance*, 26, 1309–1313. および同号の他の論文; Dirk Schoenmaker and Willem Schramade (2019), Principles of Sustainable Finance, Oxford: Oxford University Press; the European Green Deal https://commission.europa.eu/strategy-and-policy/priorities-2019-2024/european-green-deal_en; the Corporate Sustainability Reporting Directive https://finance.ec.europa.eu/capital-markets-union-and-financial-markets/company-reporting-and-auditing/company-reporting/corporate-sustainability-reporting_en; the Sustainable Finance Disclosure Regulation https://eur-lex.europa.eu/legal-content/EN/TXT/PDF/?uri=CELEX:32019R2088&from=EN; and the EU Taxonomy https://finance.ec.europa.eu/sustainable-finance/tools-and-standards/eu-taxonomy-sustainable-activities_en.を参照。

第 8 章

1 金融セクターにおけるサステナビリティ関連の情報開示に関するEU規則は、害を及ぼさない成果に対する測定の必要性を認識している。EU規則2019/2088の第17項には、「『持続可能な投資』について調和のとれた定義をする必要があり、それにより投資先企業が良好なガバナンスの慣行を遵守し、環境や社会に『重大な害を及ぼさない』という予防原則が確保されるべきである」と記されている。以下を参照。https://eur-lex.europa.eu/legal-content/EN/TXT/?uri=CELEX:32019R2088.

2 これらの問題に関するより広範な議論については、以下を参照。Clara Barby, Richard Barker, Ronald Cohen, Robert Eccles, Christian Heller, Colin Mayer, Bruno Roche, George Serafeim, Judith Stroehle, Rupert Younger, and Thaddeus Zochowski (2021), "Measuring Purpose: An Integrated Framework", https://papers.ssrn.com/sol3/papers.cfm?abstract_id=3771892.

3 ロバート・カプランとカシーク・ラマンナは、サプライチェーンにおいて企業活動が環境に与える悪影響の負担をどう割り当てるかに関して、E負債（環境負債）という概念を用いた解決策を提案している。E負債は、企業がサプライチェーンで引き起こす環境インパクト（例えば、二酸化炭素排出）を反映するものであり、これは、サプライチェーンにおいて生み出された付加価値を最終製品に割り当てることと類似している。Robert Kaplan and Karthik Ramanna (2021), 'Accounting for Climate Change: The First Rigorous Approach to ESG Reporting', *Harvard Business Review*, November-December, https://hbr.org/2021/11/accounting-for-climate-change.を参照。

4 https://thegiin.org/impact-investing/need-to-know/.を参照。

5 Oliver Hart and Luigi Zingales (2018). "Companies Should Maximize Shareholder Welfare Not Market Value", *Journal of Law, Finance and Accounting,* 2, 247-274; and Oliver Hart and Luigi Zingales (2022), "The New Corporate Governance", European Corporate Governance Institute, Law Working Paper, No.640/2022.

6 以下を参照。the Impact-Weighted Accounts Project at Harvard Business School, https://www.hbs.edu/impact-weighted-accounts/Pages/default.aspx, and the Value Balancing Alliance, https://www.value-balancing.com/.

7 例えば、以下を参照。Malcolm Baker, Daniel Bergstresser, George Serafeim, and Jeffrey Wurgler (2022), "The Pricing and Ownership of US Green Bonds", *Annual Review of Financial Economics*, 14, 415-437. 現在のグリーンボンドの市場規模は、全世界で約2兆ドルと推計されている。https://www.climatebonds.net/2022/11/green-bond-market-hits-usd2tn-milestone-end-q3-2022#:~:text=The%20total%20green%2C%20social%2C%20sustainability,by%20the%20end%20of%20Q3.

8 企業のパーパス、ビジネスモデル、会計、報告の関係についての詳細な議論は、以下を参照。Colin Mayer, Anette Mikes and Sudhir Rama Murthy (2023), "Responsible Business Theory and Accounting", mimeo, Said Business School.

9 https://www.sbs.ox.ac.uk/research/centres-and-initiatives/oxford-initiative-rethinking-performance.

10 Novartis (2021), "Measuring and Valuing Our Impact", https://www.reporting.novartis.com/2021/novartis-in-society/our-approach/how-we-create-value/measuring-and-valuing-our-impact.html.

第 9 章

1 Raghuram Rajan and Luigi Zingales (2003), *Saving Capitalism from the Capitalists: Unleashing the Power of Financial Markets to Create Wealth and Spread Opportunity*, New York: Crown Publishing.ラグラム・ラジャン＆ルイジ・ジンガレス『セイヴィング キャピタリズム』堀内昭義、アブレウ聖子、有岡律子、関村正悟訳、慶応義塾大学出版会、2006年。

2 Francesco Cordaro, Marcel Fafchamps, Colin Mayer, Muhammad Meki, Simon Quinn and Kate Roll (2022), "Microequity and Mutuality: Experimental Evidence on Credit with Performance-

Contingent Repayment", National Bureau of Economic Research Working Paper No. 30411.

3 このセクションは、Colin Mayer, Philip McCann and Jacob Schumacher (2021), "The Structure and Relations of Banking Systems: The UK Experience and the Challenges of 'Levelling-Up'", *Oxford Review of Economic Policy*, 37, 152-171.をもとにしている。

4 Papoutsi, Melina (2021), "Nothing Compares to your Loan Officer – Continuity of Relationships and Loan Renegoitation" *European Central Bank, Research Bulletin.*

5 Colin Mayer (2013), *Firm Commitment: Why the Corporation is Failing Us and How to Restore Trust in It,* Oxford: Oxford University Press. コリン・メイヤー『ファーム・コミットメント――信頼できる株式会社をつくる』宮島英昭監訳、清水真人・河西卓弥訳、NTT出版、2014年; Colin Mayer (2018), *Prosperity: Better Business Makes the Greater Good*, Oxford University Press.コリン・メイヤー『株式会社規範のコペルニクス的転回――脱・株主ファーストの生存戦略』宮島英昭監訳、清水真人・河西卓弥訳、東洋経済新報社、2021年。

6 Thorsten Beck, Ross Levine, and Alexey Levkov (2010), "Big Bad Banks? The Winners and Losers from Bank Deregulation in the United States", *The Journal of Finance*, 65, 1637–67; Sean Becketti and Charles Morris (1992), "Are Bank Loans Still Special?", *Economic Review—Federal Reserve Bank of Kansas City*, 77, 71–1; John Boyd and Mark Gertler (1993), "US Commercial Banking: Trends, Cycles, and Policy", *NBER Macroeconomics Annual*, 8, 319–68; Jan-Pieter Krahnen and Reinhard Schmidt (2004), *The German Financial System*, Oxford, Oxford University Press.

7 Hoai-Luu Nguyen (2019), "Are Credit Markets Still Local? Evidence from Bank Branch Closings." *American Economic Journal: Applied Economics*, 11, 1-32.

8 Sumit Agarwal and Robert Hauswald (2010), "Distance and Private Information in Lending", *Review of Financial Studies*, 23, 2757–88; and Andrea Bellucci, Alexander Borosiv and Alberto Zazzaro (2014), "Do Banks Price Discriminate Spatially? Evidence from Small Business Lending in Local Credit Markets", *Journal of Banking and Finance*, 37, 4183–97.

9 Allen Berger and Gregory Udell (1995), "Relationship Lending and Lines of Credit in Small Firm Finance", *The Journal of Business*, 68, 351-382; Rodrigo Canales and Ramana Nanda (2012), "A Darker Side to Decentralized Banks: Market Power and Credit Rationing in SME Lending", *Journal of Financial Economics*, 105, 353–366; Hans Degryse and Steven Ongena (2005), "Distance, Lending Relationships, and Competition", *The Journal of Finance*, 60, 231–66; Gabriel Jiménez, Vicente Salas and Jesus Saurina (2009), "Organizational Distance and Use of Collateral for Business Loans", *Journal of Banking & Finance*, 33, 234-43.

10 Hoai-Luu Nguyen (2019), "Are Credit Markets Still Local? Evidence from Bank Branch Closings." *American Economic Journal: Applied Economics*, 11, 1-32.

11 Christopher Simpson (2013), *The German Sparkassen (Savings Banks)*, London: Civitas.

12 Franz Flögel (2018), "Distance and Modern Banks' Lending to SMEs: Ethnographic Insights from a Comparison of Regional and Large Banks in Germany", *Journal of Economic Geography*, 18, 35-57.

13 Dariusz Wójcik and Duncan MacDonald-Korth (2015), "The British and the German Financial Sectors in the Wake of the Crisis: Size, Structure and Spatial Concentration", *Journal of Economic Geography*, 15, 1033–54; Britta Klagge, Ron Martin and Peter Sunley (2018), "The Spatial Structure of the Financial System and the Funding of Regional Business: A Comparison of Britain and Germany", in Ron Martin and Jane Polland (eds), *Handbook on the Geographies of*

Money and Finance, Cheltenham: Edward Elgar.

14 Hans Degryse, Kent Matthews and Tianshu Zhao (2018), "SMEs and Access to Bank Credit: Evidence on the Regional Propagation of the Financial Crisis in the UK", *Journal of Financial Stability*, 38, 53–70.

15 Stefan Gartner and Franz Flögel (2013), "Dezentrale vs. zentrale Bankensysteme? Geographische Marktorientierung und Ort der Entscheidungsfindung als Dimensionen zur Klassifikation von Bankensystemen", *Zeitschrift für Wirtschaftsgeographie*, 57, 105–21.

16 *The Economist* (2019), "They Know Their Customers—The State of America's Community Banks: Don't Write off the Admirable Bantamweights of the Industry", 9 May, https://www.economist.com/finance-and-economics/2019/05/11/the-state-of-americas-community-banks.を参照。

17 Luke Petach, Stephen Weiler and Tessa Conroy (2021), "It's a Wonderful Loan: Local Financial Composition, Community Banks, and Economic Resilience", *Journal of Banking and Finance,* 126, 1-20.

18 Robert King and Ross Levine (1993), "Financial Intermediation and Economic Development" in Colin Mayer and Xavier Vives (eds), *Capital Markets and Financial Intermediation*, Cambridge: Cambridge University Press.

19 Colin Mayer (1988), 'New Issues in Corporate Finance', *European Economic Review*, 32, 1167–1183.

20 Julian Franks, Colin Mayer, Hideaki Miyajima and Ryo Ogawa (2022), "Managing Ownership by Management: The Evidence from Japan", RIETI Discussion Paper.

第 10 章

1 アジアの四虎とは、香港、シンガポール、韓国、台湾を指し、東アジアの奇跡とは、これらにインドネシア、日本、マレーシア、タイを加えたものを指す。以下を参照。Jose Campos and Hilton Root (1996), *The Key to the Asian Miracle: Making Shared Growth Credible*, Washington D.C.: Brookings Institution.

2 本章は、以下を参考にしている。Colin Mayer (2022), "Inequality, Firms, Ownership and Governance", IFS Deaton Review of Inequalities, https://ifs.org.uk/inequality/inequality-firms-ownership-and-governance.

3 https://researchbriefings.files.parliament.uk/documents/SN02784/SN02784.pdf.

4 Alex Davenport and Ben Zarenko, (2020), "Levelling Up: Where and How" in Carl Emmerson, Christine Farquharson, and Paul Johnson, *IFS Green Budget: October 2020*, 315-371, Institute for Fiscal Studies, London; Luke Raikes, Arianna Giovannini, and Bianca Getzel (2019), "Divided and Connected: Regional Inequalities in the North, the UK and the Developed World. The State of the North 2019", *Institute for Public Policy North*, November; Philip McCann (2020), "Perceptions of Regional Inequality and the Geography of Discontent: Insights from the UK", *Regional Studies*, 54, 256-267.

5 問題は地域間格差だけではない。米国と同様に英国も、世帯所得の上位10パーセントと下位10パーセントの間に非常に大きな格差がある。以下を参照。John Burn Murdoch, "Britain and the US are Poor Societies with Some Very Rich People", Financial Times, 16 September 2022.

6 FCA, Listing Rules (Listing Regime Enhancements) Instrument 2014 (FCA 2014/33). これは最近改正され、プレミアム市場においてデュアルクラス株式の発行が許可されるようになった。以下を

参照。https://www.fca.org.uk/publication/policy/ps21-22.pdf.

7 Gareth Campbell, Meeghan Rogers, and John Turner (2016), "The Rise and Decline of the UK's Provincial Stock Markets, 1869-1929", Working Paper Series, No. 2016-03, Queen's University Centre for Economic History, Belfast.

8 Colin Mayer (2013), *Firm Commitment: Why the Corporation is Failing Us and How to Restore Trust in It",* Oxford: Oxford University Press. コリン・メイヤー『ファーム・コミットメント――信頼できる株式会社をつくる』宮島英昭監訳、清水真人・河西卓弥訳、NTT出版、2014年。

9 Saul Estrin and Adeline Pelletier (2018), "Privatisation in Developing Countries: What are the Lessons of Experience", *The World Bank Research Observer*, 33, 65–102; Donal Palcic and Eoin Reeves (2019), "Performance: The Missing "P" in PPP Research", *Annals of Public and Cooperative Economics*, 9, 221-226.

10 the 2021 Sustainability First report 'Regulation for the Future: The Implications of Public Purpose for Policy and Regulation in Utilities', https://www.sustainabilityfirst.org.uk/publications-project-research-reports/242-regulation-for-the-future.を参照。

11 Susanne Frick and Ian Taylor (2022), "Insights from Resilient Cities: A Research Note", Blavatnik School of Government, University of Oxford: https://www.bsg.ox.ac.uk/sites/default/files/2022-03/2022-03%20Research%20note%20-%20Insights%20from%20Resilient%20Cities_1.pdf

12 エリノア・オストロムは、複雑なシステムにおいては、マルチレベル・ガバナンスよりもポリセントリック・ガバナンス[複数の独立した意思決定の中心があり、それらが連携・協力・競争しながら全体のガバナンスを構築する仕組み]のほうが効果的だと主張している。詳細については以下を参照。Elinor Ostrom (2010), "Beyond Markets and States: Polycentric Governance of Complex Economic Systems", *American Economic Review*, 100, 641–672.

13 James Hankins (2019), *Virtue Politics: Soulcraft and Statecraft in Renaissance Italy,* Cambridge, MA: Harvard University Press.

14 British Academy (2022), "Teaching Purposeful Business in UK Business Schools", A Future of the Corporation Briefing Note, https://www.thebritishacademy.ac.uk/documents/4400/Teaching_Purposeful_Business_in_UK_Business_Schools_Future_of_the_Corporation.pdf.

終章

1 https://www.federalreserve.gov/newsevents/speech/powell20220826a.htm.

2 https://www.energy.gov/articles/doe-national-laboratory-makes-history-achieving-fusion-ignition; https://www.nature.com/articles/d41586-022-04440-7.

3 Thomas Eliot (1942), *Four Quartets: The Little Gidding*, London: Faber and Faber. T.S.エリオット『四つの四重奏』岩崎宗治訳、岩波書店、2011年。

4 Milton Friedman (1962), *Capitalism and Freedom*, Chicago: Chicago University Press. ミルトン・フリードマン『資本主義と自由』村井章子訳、日経BP、2008年。

5 Milton Friedman (1962), *Capitalism and Freedom*, Chicago: Chicago University Press.

解説

1 宮島英昭監訳、清水真人・河西卓弥訳『ファーム・コミットメント』NTT出版、2014年、同『株式会社規範のコペルニクス的転回』東洋経済新報社、2021年。

2 例えば、Bebchuk, L. and R. Tallarita, "The Illusory Promise of the Stakeholder Governance",

Cornell Law Review, Vol. 106 (1), 2020、参照。

3 水田洋「解説」、アダム・スミス、水田洋訳『道徳感情論』筑摩書房、1978年、p.535。

4 日本資本主義形成期のおける経済道徳については、やや古いが水沼知一「実業と虚業」長幸男、住谷一彦編『近代日本経済思想史II』(有斐閣、1971年)、渋沢栄一の活動については、スタンダードな解説は、島田昌和『渋沢栄一』(岩波書店、2011年)、渋沢の経済思想とスミスとの関係については、田中一弘「道徳経済合一説」、橘川武郎・パトリックフリデンソン『グローバル資本主義の中の渋沢栄一』(東洋経済新報社、2014年)を参照。

5 ハノック・ダーガン、UCバークレー、法科大学院教授の推薦の辞。

6 前掲、メイヤー『株式会社規範のコペルニクス的転回』、第6章。

7 産業財団については、スティーン・トムセン『デンマークの産業財団』(尾崎俊哉訳、ナカニシヤ出版、2024年)が参考となる。

8 近年のESG投資の背後には、年金基金の成長によるユニバーサル投資家の比重の上昇とブラックロックなどの機関投資家の影響力の増大があり、主流派の経済学者の中でもこの動向が注目されている。例えば、オリバー・ハートとルイジ・ジンガルス両教授(Hart, O and L. Zingales, "Companies Should Maximize Shareholder Welfare Not Market Value", Journal of Law, Finance, and Accounting, 2017, Vol 2(2): 247-274)は、この新たな株主の出現を念頭に置いて、企業の目的を株主価値の最大化から株主福祉最大化(Shareholder welfare maximation)に転換することを提唱しており、これに対して著者も賛意を示している。

9 La Porta, R., F. Lopez, and A. Shleifer, "Corporate Ownership around the World". *The Journal of Finance*, 54, 1999. Aminadav, G., and E. Papaioannou, "Corporate Control around the World", *The Journal of Finance*, 75, 2020.

10 メイヤー教授らの共同研究は、事業法人間の株式相互保有を、(1)少額の相互持合いと、(2)一定額以上のブロック保有に区分し、前者が経営者のエントレンチメントの温床となるのに対して、後者が適切な市場からの規律付けを条件として、企業価値の創出に貢献していることを示した(Franks, J., M. Colin, H. Miyajima and R. Ogawa, "Managing Ownership by Management", ECGI Working Paler, No. 977, 2024).

11 アレックス・エドマンズ『GROW THE PIE——パーパスと利益の二項対立を超えて、持続可能な経済を実現する』(川口大輔・霜山元・長曽崇志訳、ヒューマンバリュー、2023年)の第5章が参考となる。

12 経済産業政策局『価値創造経営の推進に向けて』2024年1月。

13 ロバート・エクルス、メアリー・ジョンストン＝ルイス、コリン・メイヤー、ジュディス・ストロール「取締役会が担うサステナビリティ経営の責務」『DIAMOND ハーバード・ビジネス・レビュー』2021年1月号。

14 Bruno Roche and Colin Mayer, *Putting Purpose into Practice: The Economics of Mutuality*, Oxford University Press, 2021.

参考文献

本書に深く関連する近刊書籍を
テーマ別にまとめた。

資本主義について

Acemoglu, Daron and James Robinson (2012), *Why Nations Fail*, New York, NY: Crown Publishers. ダロン・アセモグル&ジェイムズ・A・ロビンソン『なぜ国家は衰退するのか――権力・繁栄・貧困の起源(上・下)』鬼澤忍訳、早川書房、2013年。

Aghion, Philippe, Celine Antonin, and Simon Bunel (2021), *The Power of Creative Destruction*, Cambridge, MA, Harvard University Press. フィリップ・アギヨン、セリーヌ・アントニン&サイモン・ブネル『創造的破壊の力――資本主義を改革する22世紀の国富論』村井章子訳、東洋経済新報社、2022年。

Akerlof, George and Robert Shiller (2016), *Phishing for Phools: The Economics of Manipulation and Deception*, Princeton, NJ: Princeton University Press. ジョージ・A・アカロフ&ロバート・J・シラー『不道徳な見えざる手』山形浩生訳、東洋経済新報社、2017年。

Allen, Danielle (2023), *Justice by Means of Democracy*, Chicago, IL: Chicago University Press.

Atkinson, Anthony (2015), *Inequality: What Can Be Done?*, Cambridge, MA,: Harvard University Press. アンソニー・B・アトキンソン『21世紀の不平等』山形浩生・森本正史訳、東洋経済新報社、2015年。

Bowles, Samuel (2016), *The Moral Economy: Why Good Incentives Are No Substitute for Good Citizens*, New Haven, CT: Yale University Press. サミュエル・ボウルズ『モラル・エコノミー――インセンティブか善き市民か』植村博恭・磯谷明徳・遠山弘徳訳、NTT出版、2017年。

Carney, Mark (2021), *Value(s): Building a Better World for All*, London: William Collins.

Case, Anne and Angus Deaton (2020), *Deaths of Despair and the Future of Capitalism*, Princeton, NJ: Princeton University Press. アン・ケース&アンガス・ディートン『絶望死のアメリカ――資本主義がめざすべきもの』松本裕訳、みすず書房、2021年。

Christakis, Nicholas (2019), *Blueprint: The Evolutionary Origins of a Good Society*, New York, NY: Hachette. ニコラス・クリスタキス『ブループリント――「よい未来」を築くための進化論と人類史(上・下)』鬼澤忍・塩原通緒訳、NewsPicksパブリッシング、2020年。

Collier, Paul (2018), *The Future of Capitalism: Facing the New Anxieties*, New York, NY: Harper. ポール・コリアー『新・資本主義論――「見捨てない社会」を取り戻すために』伊藤真訳、白水社、2020年。

Collier, Paul and John Kay (2020), *Greed is Dead: Politics After Individualism*, London: Allen Lane. ポール・コリアー&ジョン・ケイ『強欲資本主義は死んだ――個人主義からコミュニティの時代へ』池本幸生・栗林寛幸訳、勁草書房、2023年。

Coyle, Diane (2021), *Cogs and Monsters: What Economics Is, and What It Should Be*, Princeton, NJ: Princeton University Press. ダイアン・コイル『経済学オンチのための現代経済学講義』小坂恵理訳、筑摩書房、2024年。

DeLong, Bradford (2022), *Slouching Towards Utopia: An Economic History of the Twentieth Century*, London: Basic Books. ブラッドフォード・デロング『20世紀経済史――ユートピアへの緩慢な歩み(上・下)』村井章子訳、日経BP、2024年。

Haskell, Jonathan and Stian Westlake (2017), *Capitalism without Capital: The Rise of the Intangible Economy*, Princeton, NJ: Princeton University Press. ジョナサン・ハスケル＆スティアン・ウェストレイク『無形資産が経済を支配する――資本のない資本主義の正体』山形浩生訳、東洋経済新報社、2020年。

Henderson, Rebecca (2020), *Reimagining Capitalism in a World on Fire*, New York, NY: Hachette. レベッカ・ヘンダーソン『資本主義の再構築――公正で持続可能な世界をどう実現するか』高遠裕子訳、日経BP日本経済新聞出版本部、2020年。

Henrich, Joseph (2016), *The Secret of Our Success: How Culture is Driving Human Evolution, Domesticating Our Species, and Making Us Smarter*, Princeton, NJ: Princeton University Press. ジョセフ・ヘンリック『文化がヒトを進化させた――人類の繁栄と〈文化-遺伝子革命〉』今西康子訳、白揚社、2019年。

Henrich, Joseph (2020), *The Weirdest People in the World: How the World Became Psychologically Peculiar and Particularly Prosperous*, London: Allen Lane. ジョセフ・ヘンリック『WEIRD（ウィアード）「現代人」の奇妙な心理：経済的繁栄、民主制、個人主義の起源（上・下）』今西康子訳、白揚社、2023年。

Kay, John and Mervyn King (2020), *Radical Uncertainty: Decision-Making for an Unknowable Future*, London: Bridge Street Press.

Mazzucato, Mariana (2021), *Mission Economy: A Moonshot Guide to Changing Capitalism*, New York, NY: Penguin Random House Press. マリアナ・マッツカート『ミッションエコノミー――国×企業で「新しい資本主義」をつくる時代がやってきた』関美和・鈴木絵里子訳、NewsPicksパブリッシング、2021年。

Piketty, Thomas (2014), *Capital in the Twenty-first Century*, Cambridge, MA: The Belknap Press of Harvard University Press. トマ・ピケティ『21世紀の資本』山形浩生・守岡桜・森本正史訳、みすず書房、2014年。

Putnam, Robert and Shaylyn Garrett (2020), *The Upswing: How America Came Together a Century Ago and How We Can Do It Again*, New York, NY: Simon & Schuster. ロバート・D・パットナム＆シェイリン・ロムニー・ギャレット『上昇（アップスウィング）：アメリカは再び〈団結〉できるのか』柴内康文訳、創元社、2023年。

Rajan, Raghuram (2019), *The Third Pillar: How Markets and the State Leave the Community Behind*, New York, NY: Penguin Random House. ラグラム・ラジャン『第三の支柱――コミュニティ再生の経済学』月谷真紀訳、みすず書房、2021年。

Sandel, Michael (2012), *What Money Can't Buy: The Moral Limits of Markets*, New York, NY: Farrar, Straus and Giroux. マイケル・サンデル『それをお金で買いますか――市場主義の限界』鬼澤忍訳、早川書房、2012年。

Sandel, Michael (2020), *The Tyranny of Merit: What's Become of the Common Good?*, London: Allen Lane. マイケル・サンデル『実力も運のうち――能力主義は正義か』鬼澤忍訳、早川書房、2021年。

Smith, Vernon and Bart Wilson (2019), *Humanomics: Moral Sentiments and the Wealth of Nations for the Twenty-First Century*, Cambridge: Cambridge University Press.

Wolf, Martin (2023), *The Crisis of Democratic Capitalism*, London: Penguin Random House. マーティン・ウルフ『民主主義と資本主義の危機』小川敏子訳、日経BP日本経済新聞出版、2024年。

Zuboff, Shoshana (2019), *The Age of Surveillance Capitalism*, New York, NY: Hachette. ショシャナ・ズボフ『監視資本主義――人類の未来を賭けた闘い』野中香方子訳、東洋経済新報社、2021年。

企業について

Edmans, Alex (2020), *Grow the Pie: How Great Companies Deliver Both Purpose and Profit*, Cambridge: Cambridge University Press. アレックス・エドマンズ『GROW THE PIE――パーパスと利益の二項対立を超えて、持続可能な経済を実現する』川口大輔・霜山元・長曽崇志訳、ヒューマンバリュー、2023年。

Gulati, Ranjay (2022), *Deep Purpose: The Heart and Soul of High-Performance Companies,* New York, NY: Harper Collins. ランジェイ・グラティ『DEEP PURPOSE――傑出する企業、その心と魂』山形浩生訳、東洋館出版社、2023年。

Harris, Ron (2020), *Going the Distance: Eurasian Trade and the Rise of the Business Corporation, 1400 – 1700*, Princeton, NJ: Princeton.

Keefe, Patrick (2021), *Empire of Pain: The Secret History of the Sackler Dynasty*, London: Picador.

Oreskes, Naomi and Erik Conway (2011), *Merchants of Doubt: How a Handful of Scientists Obscured the Truth on Issues from Tobacco Smoke to Climate Change*, New York, NY: Bloomsbury. ナオミ・オレスケス&エリック・M・コンウェイ『世界を騙しつづける科学者たち(上・下)』福岡洋一訳、楽工社、2011年。

Polman, Paul and Andrew Winston (2021), *Net Positive: How Courageous Companies Thrive by Giving More Than They Take,* Boston, MA: Harvard Business Review Press. ポール・ポルマン&アンドリュー・ウィンストン『ネットポジティブ――「与える>奪う」で地球に貢献する会社』三木俊哉訳、日経BP、2022年。

Wylie, Bob (2020), *Bandit Capitalism: Carillion and the Corruption of the British State*, Edinburgh: Birlinn.

金融について

Admati, Anat and Martin Hellwig (2013), *The Bankers' New Clothes: What's Wrong with Banking and What to Do about It*, Princeton, NJ: Princeton. アナト・アドマティ&マルティン・ヘルビッヒ『銀行は裸の王様である――金融界を震撼させた究極の危機管理』土方奈美訳、東洋経済新報社、2014年。

Gorton, Gary (2010), *Slapped by the Invisible Hand: The Panic of 2007*, Oxford: Oxford University Press.

Kay, John (2016), *Other People's Money: Masters of the Universe or Servants of the People?* London: Profile Books. ジョン・ケイ『金融に未来はあるか――ウォール街、シティが認めたくなかった意外な真実』薮井真澄訳、ダイヤモンド社、2017年。

Tooze, Adam (2018), *Crashed: How a Decade of Financial Crises Changed the World*, New York, NY: Viking. アダム・トゥーズ『暴落――金融危機は世界をどう変えたのか(上・下)』江口泰子・月沢李歌子訳、みすず書房、2020年。

法について

Armour, John et al (2016), *Principles of Financial Regulation,* Oxford: Oxford University Press. ジョン・アーマーほか『金融規制の原則』大久保良夫・高原洋太郎監訳、明日の金融システムを考える会訳、金融財政事情研究会、2020年。

Dagan, Hanoch (2021), *A Liberal Theory of Property,* Cambridge: Cambridge University Press.

Davies, Paul (2020), *Introduction to Company Law,* Oxford: Oxford University Press.

Eisinger, Jesse (2017), *The Chickenshit Club: Why the Justice Department Fails to Prosecute Executives*,

New York, NY: Simon and Schuster.
Garrett, Brandon (2016), *Too Big to Jail, How Prosecutors Compromise with Corporations*, Cambridge, MA: Belknap Press.
Kershaw, David (2018), *The Foundations of Anglo-American Corporate Fiduciary Law*, Cambridge: Cambridge University Press.
Kraakman, Reinier et al (2017), *The Anatomy of Corporate Law: A Comparative and Functional Approach*, Oxford: Oxford University Press. レイニア・クラークマンほか『会社法の解剖学――比較法的&機能的アプローチ』布井千博監訳、レクシスネクシス・ジャパン、2009年。
Kuran, Timur (2011), *The Long Divergence: How Islamic Law Held Back the Middle East*, Princeton, NJ: Princeton University Press.
Pistor, Katharina (2019), *The Code of Capital: How the Law Creates Wealth and Inequality*, Princeton, NJ: Princeton University Press.
Stout, Lynn (2012), *The Shareholder Value Myth: How Putting Shareholders First Harms Investors, Corporations, and the Public*, San Francisco, CA: Berrett-Koehler.

哲学について

Boucher, David and Paul Kelly (2017), *Political Thinkers: From Socrates to the Present*, Oxford: Oxford University Press.
Briggs, Andrew (2021), *Human Flourishing: Scientific Insight and Spiritual Wisdom in Uncertain Times*, Oxford: Oxford University Press.
Brown, Peter (2012), *Through the Eye of a Needle: Wealth, the Fall of Rome, and the Making of Christianity in the West, 350-550 AD*, Princeton NJ: Princeton University Press.
Hankins, James (2019), *Virtue Politics: Soulcraft and Statecraft in Renaissance Italy*, Cambridge, MA: Harvard University Press.
Hanley, Ryan (2019), *Our Great Purpose: Adam Smith and Living a Better Life*, Princeton, NJ: Princeton University Press.
Runciman, David (2022), *Confronting Leviathan: A History of Ideas*, London: Profile Books.
Sachs, Jonathan (2020), *On Morality: Restoring the Common Good in Divided Times*, London: Hodder and Stoughton.
Siedentop, Larry (2014, *Inventing the Individual: The Origins of Western Liberalism*, London: Allen Lane.
Wolff, Jonathan (2023), *An Introduction to Political Philosophy*, Oxford: Oxford University Press. ジョナサン・ウルフ『政治哲学入門』坂本知宏訳、晃洋書房、2000年。

科学について

Brasier, Martin (2012), *Secret Chambers: The Inside Story of Cells and Complex Life*, Oxford: Oxford University Press.
Ellis, George and Mark Solms (2018), *Beyond Evolutionary Psychology: How and Why Neuropsychological Modules Arise*, Cambridge: Cambridge University Press.
Gigerenzer, Gerd (2022), *How to Stay Smart in a Smart World: Why Human Intelligence Still Beats Algorithms*, Cambridge, MA: MIT Press.
Ginsburg, Simona and Eva Jablonka (2019), *The Evolution of the Sensitive Soul: Learning and the Origins of Consciousness*, Cambridge, MA: MIT Press. シモーナ・ギンズバーグ&エヴァ・ヤブロンカ

『動物意識の誕生――生体システム理論と学習理論から解き明かす心の進化(上・下)』鈴木大地訳、勁草書房、2021年。
Heyes, Cecilia (2018), *Cognitive Gadgets: The Cultural Evolution of Thinking,* Cambridge, MA: Belknap Press.
McGilchrist, Iain (2009), *The Master and His Emissary: The Divided Brain and the Making of the Western World*, New Haven, CT: Yale University Press.
McGilchrist, Iain (2021), *The Matter with Things: Our Brains, Our Delusions, and the Unmaking of the World,* London: Perspective Press.
Noble, Denis (2016), *Dance to the Tune of Life: Biological Relativity*, Cambridge: Cambridge University Press.
Noble, Raymond and Denis Noble (2023), *Understanding Living Systems,* Cambridge: Cambridge University Press.
Seth, Anil (2021), *Being You: A New Science of Consciousness*, London: Faber and Faber.
Shapiro, James (2022), *Evolution: A View from the 21st Century. Fortified. Why Evolution Works as Well as It Does,* Chicago, IL: Cognition Press.
Tallis, Frank (2021), *The Act of Living: What the Great Psychologists Can Teach Us About Surviving Discontent in an Age of Anxiety*, London: Little Brown.
Walker, Sara, Paul Davies, and George Ellis (2017), *From Matter to Life: Information and Causality*, Cambridge: Cambridge University Press.
Wilson, Edward (2012), *The Social Conquest of Earth*, New York, NY: Liveright Publishing. エドワード・O・ウィルソン『人類はどこから来て、どこへ行くのか』斉藤隆央訳、化学同人、2013年。

■著者紹介

コリン・メイヤー　Colin Mayer

オックスフォード大学サイード経営大学院(ビジネススクール)経営学名誉教授。同大学ブラバトニック公共政策大学院客員教授、英国学士院フェロー。1953年生まれ。オックスフォード大学卒業、同大学経済学博士。ロンドン・シティ大学教授などを経て、1994年にオックスフォード大学サイード・ビジネススクール教授に就任、2006〜11年まで同大学院長を務めた。同大学ワダムカレッジフェロー、セントアンズカレッジ名誉フェロー。金融論のトップジャーナルの編集委員を務める一方、ヨーロッパ経済政策研究センター(CEPR)フェロー、ヨーロッパ・コーポレートガバナンス研究所(ECGI)フェロー、英イングランド銀行ホーブロン・ノーマンフェローなどを歴任。また、英国競争審判所審判官、スコットランド政府ビジネス・パーパス委員会共同委員長、英国政府自然資本委員会委員、英国学士院「企業の未来」リサーチプログラムのアカデミック代表を務める。こうした活動により、2017年、大英帝国勲章CBE(Commander of the Order of the British Empire)を授与された。

■監訳者紹介

宮島英昭　みやじま・ひであき

早稲田大学 常任理事・商学学術院教授。1955年生まれ。立教大学経済学部卒業、東京大学大学院経済学研究科博士課程単位取得修了、早稲田大学商学博士。東京大学社会科学研究所助手、ハーバード大学ライシャワー研究所客員研究員などを経て現職。財務省財務総合研究所・特別研究官、独立行政法人経済産業研究所(RIETI)ファカルティフェロー、早稲田大学高等研究所所長を歴任。また、経済産業省「コーポレートガバナンスシステム研究会」委員、同「我が国企業による海外M&A研究会」座長、RIETI「企業統治分析のフロンティア」プロジェクトリーダーを務める。主な著作に『企業統治と成長戦略』(編著、東洋経済新報社)、Corporate Governance in Japan(共編著、Oxford University Press)などがある。

■訳者紹介

清水真人　しみず・まさと

徳島大学大学院社会産業理工学研究部准教授。1978年生まれ。早稲田大学法学部卒業、同大学大学院法学研究科博士後期課程単位取得満期退学。早稲田大学法学学術院助手を経て現職。専門は会社法制。翻訳に、コリン・メイヤー『株式会社規範のコペルニクス的転回』(共訳、東洋経済新報社)、インゴ・ゼンガー「ドイツ会社法における信託」(共訳、『会報信託』第272号82〜97頁)、コリン・メイヤー『ファーム・コミットメント』(共訳、NTT出版)などがある。

馬場晋一　ばば・しんいち

長崎県立大学経営学部経営学科講師。1974年生まれ。立教大学大学院博士課程後期課程修了(博士、経営管理学)。独立行政法人経済産業研究所(RIETI)アシスタントを経て現職。専門はコーポレートファイナンス、アントレプレナーシップ研究。共著に『市場とイノベーションの企業論』(中央経済社)などがある。モンペルラン・ソサエティ(米)客員会員。

索引

注　例えば、「178-179」の表示は、必ずしも連続してその用語に関するトピックが議論されているわけではなく、その範囲内の異なる場所で議論されていることがある。参照が多数ある用語は、可能な限りサブトピックに分割するか、そのトピックに関する最も重要な議論のみを記載した。本書全体が「資本主義」に関する内容のため、「資本主義」や頻繁に登場するいくつかの用語は、参照ページを載せるのを控えた。できるだけ細かいカテゴリーで用語を探してほしい。

A～Z

あ行

か行

さ行

な行

た行

ま行

は行

わ行

や行

ら行

資本主義再興

危機の解決策と新しいかたち

2024年12月16日　第1版第1刷発行

著者	コリン・メイヤー
監訳者	宮島 英昭
訳者	清水 真人、馬場 晋一
発行者	中川 ヒロミ
発行	株式会社日経BP
発売	株式会社日経BPマーケティング 〒105-8308 東京都港区虎ノ門4-3-12 https://bookplus.nikkei.com/

カバー・本文デザイン	小口 翔平＋後藤 司＋神田 つぐみ（tobufune）
DTP・制作	河野 真次
編集担当	沖本 健二
印刷・製本	中央精版印刷株式会社

ISBN 978-4-296-00206-1
Printed in Japan

本書籍に関するお問い合わせ、ご連絡は下記にて承ります。
https://nkbp.jp/booksQA